KENZA
AIT SI ABBOU

Keine P@nik, ist nur Technik

Warum man auf Algorithmen
super tanzen kann und wie man
ihnen den Takt vorgibt

INHALT

VORWORT

Ich bin bei einem Workshop für Kinder zwischen sechs und zwölf zum Thema künstliche Intelligenz (KI). Den Workshop haben eine Kollegin und ich mit dem Weizenbaum-Institut und Stefania Druga organisiert. Stefania forscht an der University of Washington und hat am Massachusetts Institute of Technology (MIT) eine kostenlose Plattform namens »Cognimates« zum Programmieren von intelligenten Robotern für Kinder gegründet. Sie untersucht den Einfluss von KI auf Kinder und setzt sich für die Alphabetisierung von Kindern und deren Eltern in der KI ein. Bevor die Kinder mit den Robotern spielen dürfen, fragen wir sie: »Glaubt ihr, dass Alexa intelligent ist?«

»Ja!«, antworten alle Kinder.

»Warum?«, fragen wir.

»Weil sie alles weiß. Sie kann alle meine Fragen beantworten.«

Nun dürfen die Kinder mit verschiedenen Robotern spielen, die unter anderem auf Alexa zurückgreifen, in Begleitung von Wissenschaftlern, die ihnen erklären, wie sie diese programmieren können. Nach dem Spiel fragen wir sie noch einmal: »Glaubt ihr, Alexa ist intelligent?«

»Nein!«, antworten sie diesmal.

»Warum nicht?«, fragen wir.

»Weil ich ihr sage, was sie machen soll!«

Interessant, denke ich, sogar kleine Kinder können sich innerhalb kürzester Zeit wie große Programmierer fühlen. Angst vor den Robotern haben sie auch nicht. Natürlich sind alle, die wir verwendet haben, klein und niedlich, extra für Kinder ausgestattet, und sehen aus wie gewöhnliches Spielzeug. Die Kids haben sie sofort untersucht, mit ihnen gespielt, programmiert und ihnen ein paar Tricks beigebracht.

Diese Haltung wünsche ich mir auch von uns Erwachsenen. Warum bleiben wir nicht neugierig, wenn wir groß sind? Warum haben wir Angst vor neuen Sachen? Warum scheuen viele Begriffe wie

»künstliche Intelligenz«, »Technik« oder »Programmieren«? Wir nutzen tagtäglich technische Geräte, wir können nicht mehr ohne sie leben – und trotzdem meiden wir die Logik dahinter, anstatt uns mit ihr zu beschäftigen.

Wie so viele Nerds wünsche ich mir, dass Kenntnisse über Codes, Computer und Digitalisierung irgendwann so alltäglich sind wie das perfekte Risotto-Rezept oder die Fähigkeit, einen Fahrradplatten zu reparieren. Denn mit jedem, der die digitale Suppe ein wenig verfeinert, wird sie schmackhafter und besser. Und während ich diese Zeilen schreibe, passiert weltweit genau das: Von Shanghai bis Los Angeles kämpfen Ärztinnen, Programmiererinnen, Politiker, Journalistinnen und Soziologen mit Hilfe digitaler Instrumente oder Simulationen darum, dass unsere Welt durch die Corona-Pandemie nicht aus den Fugen gerät. Wie wichtig eine gelungene Digitalisierung beim Kampf gegen das Virus ist, sehen wir gerade ganz praktisch bei der schnellen Umstellung auf Homeoffice, Videokonferenz und Cloud-Dienste. Aber auch an der weltweiten Vernetzung von Forscherinnen und Medizinern bei der Suche nach einem Impfstoff oder in der Meldung von Fallzahlen und Infektionsraten über digitale Systeme, die automatisiert Simulationen rechnen und Szenarien entwerfen können.

Mit diesem Buch möchte ich diese unzähligen Chancen und Fähigkeiten künstlicher Intelligenz vorstellen und zeigen, wie wir sie nutzen können, ohne von ihnen ausgenutzt zu werden.

Rund um das Thema KI herrscht viel Unwissen – und vor allem Verwirrung und Angst. Man kann heute keine Zeitung mehr aufschlagen, ohne das Wort KI in irgendeiner Überschrift zu lesen. Meistens sind die Inhalte aber gruselig, so in der Art: »Algorithmen entscheiden über meinen Job, meinen Krankenversicherungstarif, meine finanzielle Situation und machen dabei einen schlechten Job – das darf nicht wahr sein!« oder »KI wird im Bahnhof Südkreuz eingesetzt – die komplette Überwachung ist am Start« oder »Soll das selbstfahrende Auto das Kind oder die Oma über den Haufen fahren?« Derartige Schlagzeilen verkaufen sich gut, doch wenn es um das Wie und Warum dahinter geht, um verständliche Erklärungen statt dramatisierte Extremfälle, geht vielen schnell die Puste aus.

Ich habe mich also gefragt, wie man künstliche Intelligenz und deren Methoden einfach und unterhaltsam erklären kann. Es steckt viel Mathematik und Statistik dahinter, und das mögen viele nicht, deswegen verzichte ich in meinen Erklärungen komplett auf Formeln. Ich habe viele Workshops gehalten und mich mit den großen und kleinen Teilnehmern lange unterhalten, ihre Fragen beantwortet und über ihre Ängste gesprochen. Immer wieder konnte ich dabei feststellen, dass die Angst vor KI nach den Workshops immer geringer war. Nachdem die Teilnehmer verstanden hatten, was im Maschinenraum passiert, waren die Science-Fiction und die Terminator-Bilder im Kopf weg.

Ich muss zugeben, nicht alles, was mit KI zusammenhängt, ist positiv, es gibt auch Risiken und ethische Aspekte, die eine wichtige Rolle spielen und auch in diesem Buch nicht verschwiegen werden. Aber um die Diskussion wirklich verfolgen zu können, muss man erst einmal verstehen, wie diese intelligenten Maschinen funktionieren. Der wahrscheinlich wichtigste Punkt: Wir Menschen sind es, die die Maschinen programmieren. Wenn wir unseren Job gut machen, dann sollten wir nichts befürchten müssen. Die Frage ist: Was genau bedeutet hier »unseren Job gut machen«?

In diesem Buch werden wir sehen, wo künstliche Intelligenz in unserem Alltag schon überall ist. Wir werden ein Gefühl dafür entwickeln, wie Maschinen programmiert werden, und zwar egal, ob intelligent oder nicht. Wir werden uns daher zum einen mit der Sprache der Maschinen beschäftigen. Und da Sprache ohne Struktur keinen Sinn ergibt, werden wir uns auch kurz mit den Algorithmen beschäftigen und sehen, wie diese Handlungsanweisungen an die Maschinen funktionieren. Damit die Maschinen nicht nur unsere Handlungsanweisungen brav verfolgen, sondern auch ein bestimmtes Ergebnis erarbeiten, schauen wir uns außerdem an, was ein Modell ist und wie man so ein Modell aus der komplexen Realität herleiten kann. Dann folgen die wichtigsten Methoden des maschinellen Lernens, ein spannendes Thema und, wie gesagt: garantiert ohne Mathematik-Formeln!

Später schauen wir uns anhand vieler Praxisbeispiele an, in welchen unterschiedlichen Bereichen KI eingesetzt wird, bei der

Jobsuche, im Gesundheitswesen – wie aktuell bei der weltweiten Bekämpfung der Covid19-Pandemie, in der Landwirtschaft, Umweltforschung oder Finanzwelt. Wir werden uns auch noch über Risiken wie Diskriminierung unterhalten und warum diese entstehen. Dabei wird uns zum Beispiel die Weiße-Männer-KI begegnen, und wir werden sehen, warum Homogenität in Entwicklerteams nicht nachhaltig ist und dringend geändert werden muss. Und zum Schluss geht es darum, wie wir alle dafür sorgen können, dass wir die richtige Zukunft bauen, und wie sich jeder einbringen kann, egal ob Informatiker oder nicht. Denn die Zukunft gehört uns allen, und die sollten wir nicht leichtfertig einigen wenigen überlassen.

Und nun schließt kurz die Augen, und stellt euch vor, ihr seid sieben Jahre alt. Mit genau dieser Lebensbegeisterung und Neugierde solltet ihr die folgenden Seiten durchlesen. Viel Spaß dabei!

DIE KUNTERBUNTE WELT DER TECHNIK

Wo wir ihr begegnen und warum wir keine Angst vor ihr haben müssen

Es ist ein sonniger Herbsttag im Jahr 2001. Ich sitze in einem Unterrichtsraum der Universitat de València und höre, wie Professor Emilio Soria mit Begeisterung erklärt, was ein neuronales Netz ist. Zum ersten Mal in meinem Studium habe ich das Gefühl, dass ich den richtigen Studiengang gewählt habe. Ich mag Mathematik, und konkrete Zukunftsaussichten sind mir auch wichtig. Die Telekommunikationsbranche ist in diesen Jahren im Aufbruch, und so habe ich mich für Telekommunikationsingenieurwesen mit Schwerpunkt Elektrotechnik eingeschrieben.

Ich bin in Marokko zur Schule gegangen, dort bin ich sehr gut in Mathe und Physik ausgebildet worden, aber einen Computerraum hatten wir nicht. Programmieren ist für mich neu und Leiterplatten allenfalls etwas, was ich im Müll gesehen habe, wenn irgendein kaputter Fernseher oder Mixer nur noch Schrott war. (Eine Leiterplatte, auch Platine genannt, ist übrigens die Platte, auf der die elektronischen Bauteile eines Elektrogeräts befestigt sind. Meistens sind sie grün mit vielen kleinen Teilchen darauf.) Aber an diesem sonnigen Tag im spanischen Herbst zeigt mein Studium plötzlich sein menschliches Gesicht. Emilio erklärt uns, wie die Nervenzellen (Neuronen) im menschlichen Gehirn funktionieren, und zwar aus der Perspektive eines Elektrotechnik-Professors. Wenn wir etwas denken, zum Beispiel »Ich habe Hunger«, dann wandert die Information mittels Neurotransmitter (chemische Botenstoffe), aber auch in Form eines Elektroimpulses von einer Nervenzelle über die Synapsen zur nächsten Zelle und verbreitet sich so im ganzen neuronalen Netz. Also in diesem Fall dem Gehirn, bis dieses meinen Körper zum nächsten Snackautomaten steuert. Das habe ich in der Schule bereits gehört. Neu ist für mich allerdings, dass solche Phänomene auch technisch herstellbar sind. Bereits in den Vierzigerjahren, zeitgleich zum ersten Einsatz programmierbarer Computer auf elektronischer Basis, haben sich Forscher dafür interessiert, Verknüpfungen von elementaren Einheiten herzustellen, um jede logische oder arithmetische Funktion berechnen lassen zu können. Ähnlich, wie die Neuronen im Gehirn vernetzt sind.

Sich anzuschauen, wie die Natur funktioniert, um bestimmte Probleme zu lösen, ist nichts Neues. Die Menschen haben immer Phänomene der Natur auf die Technik übertragen, um vom evolutionären Prozess der Natur lernen und profitieren zu können. So hat zum Beispiel Leonardo da Vinci die Idee entwickelt, den Vogelflug auf Flugmaschinen zu übertragen. Heute werden hydrophobe Glasoberflächen gebaut, inspiriert von der Lotosblume, die eine wasserabweisende mikro- und nanoskopische Oberflächenarchitektur hat, die nicht nur die Haftung von Wasser, sondern auch von Schmutzpartikeln minimiert. Darüber freue ich mich als Brillenträgerin besonders.

Unsere menschliche Fähigkeit zu lernen sollte also auf die Computer übertragbar gemacht werden. Denn unsere neuronalen Netze haben die wunderbare Eigenschaft, komplexe Muster erlernen zu können, und zwar nicht nach einer fixen Logik und klar definierten, unveränderbaren Regeln, sondern nach einer intuitiven Musterverarbeitung. Je öfter ein neuronales Netz eine Lernerfahrung macht, desto erfolgreicher wird es das Muster erkennen. So lernt unser Gehirn ein ganzes Leben lang. Die digitale Abbildung dieses Lernens eröffnet natürlich ein riesiges Potenzial für die Forschung, denn damit können Experimente durchgeführt werden, die mit natürlichen neuronalen Netzen nicht möglich sind. Gerade auf dem weiten Feld der Medizin bieten sich dafür großartige Optionen: So kann man zum Beispiel ein künstliches neuronales Netz darauf trainieren, gut- und bösartige Hautveränderungen voneinander zu unterscheiden, indem man es mit vielen Tausend Bildern und der jeweiligen Diagnose füttert. Dieselbe Anzahl an Bilder anzuschauen, auszuwerten und eine Diagnose auszusprechen wäre für einen Menschen in derselben Zeit unmöglich. Unser Gehirn hat einfach natürliche Grenzen, die wir nicht steuern können, und so können künstliche neuronale Netze eine große Hilfe sein.

Alles technisch? Logisch!

Dieser Herbsttag war der echte Anfang meiner Leidenschaft für die Technik. Ich hatte endlich den Eindruck, etwas Sinnvolles mit den Leiterplatten anfangen zu können.

Bis dahin basierte alles, was ich im Studium lernte, auf der booleschen Algebra, verkürzt gesagt: der Lehre der Nullen und Einsen. Egal, was man über den Bildschirm einprogrammiert hat, ist am Ende in der Leiterplatte als Null, also »Strom aus«, oder Eins, »Strom an«, angekommen. Diese binäre Methodik bildet die Grundlage für die digitale Elektronik, genauso wie die Mathematik darauf aufbaut, dass etwas entweder »wahr« oder »falsch« sein kann.

Was mich daran schon immer gestört hat: Wieso soll ich alles in Schwarz und Weiß darstellen, wenn unsere Welt doch so viel komplexer und bunter ist?

Eine erste positive Überraschung war es, als mir die »Fuzzylogik« begegnete, auch Unschärfelogik genannt. Demnach kann man den Satz »Das Wasser ist sehr warm« etwa so modellieren: »Das Wasser ist zu 80 Prozent warm und zu 20 Prozent heiß.« Das erlaubt den Programmierern dann unpräzise beziehungsweise unscharfe sprachliche Ausdrücke wie »sehr«, »ein bisschen«, »etwa« in präzisen Code umzuwandeln.

Dank dieser Logik kann man nicht mehr nur die Antworten »ja« und »nein« ausdrücken, auch das »vielleicht« bekommt ganz offiziell seinen Platz in der Elektronik. Das erinnert mich an eine Karikatur, die den Titel »Das erste Betriebssystem für Frauen« trug. Da saß eine Frau am Rechner, auf dem Bildschirm vor ihr stand die Frage »Wollen Sie das Dokument speichern?« und darunter die Antwortmöglichkeiten »ja«, »nein«, »vielleicht«. Die Fuzzylogik wird zwar nicht wie in der Karikatur verwendet, aber sie erlaubt es, komplexe und unpräzise Phänomene so zu modellieren, dass die unscharfen Eigenschaften bestehen bleiben. Diese Logik wird heute in vielen Steuerungssystemen verwendet. Die Japaner waren auf diesem Gebiet die Pioniere und setzte sie bereits in den Achtzigerjahren für die Zugsteuerung der vollautomatischen U-Bahn Sendai ein.

Solch eine Komplexität einzuprogrammieren ist natürlich nicht einfach, und wenn statistische Werte fehlen, wie im Beispiel mit dem »sehr warmen Wasser«, dann wird die Herausforderung, das Ganze abzubilden, für das Programmierteam sehr groß.

Seit dem Tag, an dem ich meine Begeisterung für künstliche neuronale Netze und Fuzzylogik entdeckt habe, hat sich die Technologie enorm weiterentwickelt. Sie ist noch viel näher an die menschliche Denkweise herangerückt, als das anfangs vorstellbar war.

Viele Menschen halten Technik aber immer noch für ein elitäres Gebiet, das nur für Nerds zugänglich und überhaupt verständlich ist. Und dieser Eindruck bestätigt sich, wenn man mal ein paar Informatiker oder Ingenieurinnen sich unterhalten hört. Oder noch schlimmer, wenn man wissenschaftliche Artikel oder Veröffentlichungen liest. Dabei ist es mit Ärztinnen, Anwälten, Finanzbeamtinnen oder Handwerkern nicht anders – man darf sich vom Fachjargon einfach nicht einschüchtern lassen. Genauso wie es keinen Grund gibt, wegen Technik in Panik zu geraten!

KI, mein ständiger Begleiter

Machen wir uns nichts vor: Wir sind faul. Das ist aber nicht nur negativ, unsere Faulheit hat auch viele positive Aspekte. Die besten Innovationen sind entstanden, weil wir zu faul waren, irgendwelche lästigen Aufgaben zu erledigen. Zum Beispiel der Wischmopp: Bevor der Wischmopp entdeckt wurde, mussten die Hausfrauen sich hinknien, um die Böden zu putzen. Im 15. Jahrhundert hatten die Engländer die Idee, Kammgarnstoff an einer Stange zu befestigen. Sie taten das nicht, um den Hausfrauen die Arbeit zu erleichtern, sondern um die Decks der Boote zu reinigen, auf denen sie die Welt eroberten. Die Hausfrauen mussten allerdings bis zur Mitte des 20. Jahrhunderts auf Knien weiterschrubben. Bis ein Spanier namens Manuel Jalón Cominas die Variante des Wischmopps inklusive Eimer und Auswringer, die wir heute kennen, patentieren ließ und kommerzialisierte.

Diese Geschichte haben mir meine Mitbewohner in Valencia sehr stolz erzählt. Sie kamen nämlich aus der Region La Rioja, aus der auch Señor Cominas stammte. Natürlich ist der Wischmopp keine extravagante technische Erfindung, aber er macht uns das Leben einfacher, und ich freue mich darüber, dass Manuel ihn sich ausgedacht hat.

Heute bauen wir Maschinen, die deutlich fortgeschrittener und raffinierter sind als ein Wischmopp, um uns lästige Aufgaben abzunehmen. Bereits seit Jahren können unsere Handys zum Beispiel Sprache erkennen. Wer diese Funktion seines Telefons nutzt, muss nicht mehr tippen, sei es nun aus Faulheit oder weil man am Lenker sitzt und keine Hand fürs Handy frei hat. Die weiter entwickelte Variante dieser Technik sind die digitalen Assistenten. Mit Siri, Alexa oder Cortana können wir unserem Handy nicht nur sagen, es soll »Mama anrufen«, wir lassen sie uns auch den Wetterbericht vorlesen, die beste Verbindung ins Büro suchen, einen Tisch im Restaurant reservieren oder einen Friseurtermin vereinbaren. Warum tun wir das? Weil es bequem ist. Bequem ist die kleine Schwester von faul, und diese Bequemlichkeit hat zur Folge, dass wir überall von Technik umgeben sind. In den meisten Fällen nehmen wir die Technik gar nicht mehr wahr. Wir merken zwar, wenn was schiefläuft, aber wenn uns etwas erleichtert wird, dann denken wir spätestens beim zweiten Mal nicht weiter darüber nach.

Als ich anfing, über unseren Umgang mit Technik nachzudenken, war ich überrascht, wie stark mein Alltag von Technik beeinflusst wird. Und so nahm ich mir vor, einen Tag lang besonders darauf zu achten, wie weit mich die Technik begleitet. Ich stellte wie jeden Abend meinen Handywecker und ging ins Bett.

Mein digitales Schweizer Taschenmesser

Mein nächster Tag beginnt – wenig überraschend – damit, dass mein Handy mich weckt. Dieses kleine Gerät ist längst kein bloßes Telefon mehr, sondern ein kleiner Alleskönner, der mich rund um die Uhr begleitet. Es weckt mich nicht nur morgens, es erinnert mich auch sofort daran, dass heute mein Freund Carlos Geburtstag hat, und zeigt mir, dass es aktuell nur 5 Grad draußen sind. Bevor ich vom Alltag abgelenkt werde, schreibe ich Carlos schnell eine WhatsApp-Nachricht. Ich drücke auf die grüne Sprechblase mit dem altmodischen weißen Telefonhörer und suche Carlos im Chat-Verlauf, wobei die Tastatur auf Spanisch eingestellt wird. Denn ich kenne

Carlos noch aus Valencia, wir kommunizieren auf Spanisch, und das hat sich mein Handy sehr gut gemerkt. Ich fange also an zu tippen: »Hola tete (so spricht man gute Freunde in Valencia an), feliz …« Weitertippen brauche ich gar nicht, denn die Vorschläge, die mir mein Handy macht, passen genau. Es kommt zuerst »cumpleaños«, also Geburtstag auf Spanisch, dann ein paar passende Emojis. Perfekt! Nachricht schnell erledigt, heute Abend kann ich ihm noch ein kleines Video schicken, wo wir alle »Happy Birthday« singen.

Die Autovervollständigung beim Schreiben einer Nachricht ist eine meiner Lieblingsanwendungen. Und da steckt viel künstliche Intelligenz drin. Das System wurde erst einmal trainiert, um sinnvolle Wortzusammenhänge vorzuschlagen, wie beim »Herzlichen Glückwunsch … zum Geburtstag«, oder um häufige Abkürzungen zu vervollständigen, wie »mit freundlichen Grüßen«, wenn ich nur »mfg« eintippe. Aber auch das passt sich an den jeweiligen Nutzer an. Nach einer Weile schlägt mir die Software andere Wörter vor als meinem Mann zum Beispiel, weil sie gelernt hat, wie ich schreibe und welche Ausdrücke ich am meisten oder liebsten nutze. Diese Entwicklung braucht aber seine Zeit. Für mich das beste Beispiel dafür ist mein Vorname: Kenza. Wenn ich meinen Namen eintippte, dann wurde das früher immer automatisch in »Kenya« umgewandelt. Als ich im Jahr 1999 mein erstes Handy hatte, musste ich regelmäßig »Kenya« zurück in »Kenza« korrigieren. Die Zeit, in der ich das Wort manuell umwandeln musste, verkürzte sich mit jeder Handy-Generation. Daran konnte ich sehr gut verfolgen, wie die Handys intelligenter wurden. Mein iPhone 8 hatte nach wenigen Korrekturen schon verstanden: »Okay, sie will doch Kenza schreiben.«

Öffentlicher (Daten-)Verkehr

Heute ist es mir zu kalt fürs Fahrrad, ich beschließe, die U-Bahn zu nehmen. Ich werfe einen schnellen Blick in meinen digitalen Kalender und stelle fest, dass ich einen Tag voller Meetings habe. Die U-Bahn passt also perfekt, dann kann ich auf dem Weg ins Büro die ersten E-Mails lesen. Der nächste Blick geht in die ÖPNV-App. Mist! Heute »unregelmäßige Taktung aufgrund eines Arzteinsatzes am Gleis«. Ausgerechnet heute, wo mein Mann auf Dienstreise ist und ich einen vollen Tag im Büro habe. Oje! Dann muss ich schnell das Kind fertig machen, zur Kita bringen und schauen, dass ich früher als sonst rauskomme, damit ich nicht zu spät zum ersten Meeting bin. Mein Sohn spürt irgendwie meine erhöhte Herzfrequenz und entscheidet in dem Moment, dass er eine andere Hose anziehen will. Aber natürlich nicht alleine, nein, nein, ich soll ihm dabei helfen! Wer selbst Kinder hat, kennt die Situation bestimmt, da hilft nur eins: tief einatmen, tief ausatmen und das mindestens zehn Stunden lang. Während ich mich auf meine Atmung konzentriere, um nicht auszuflippen, vibriert meine iWatch. Eine Nachricht von Maria:»Kommt Ihr heute Abend zum Essen? Ich muss dir unbedingt von meinem Tinder-Date gestern erzählen.« Und ich: tief einatmen, tief ausatmen.

Endlich gelingt es mir, meinen Sohn, jetzt in Dinosaurier-Hosen, in der Kita abzugeben und noch mal einen Blick in Jelbi, die neue Mobilitätsapp der Berliner Verkehrsbetriebe (BVG), zu werfen. Da es in Berlin fast immer mehrere Möglichkeiten gibt, sich von A nach B zu bewegen, ist die Berechnung des besten Weges keine simple Aufgabe. Gerade wenn man aktuelle Verspätungen und Ausfälle mitberücksichtigt, kann das nicht mit vorprogrammierten Systemen funktionieren, das heißt, die Fahrtauskunft muss dynamisch laufen. Auch hier steckt künstliche Intelligenz drin, denn die Berechnung der schnellsten Route ist eine der häufigsten KI-Anwendungen.

In Jelbi sind die unterschiedlichsten Mobilitätsangebote enthalten: U-Bahn, Leihfahrräder, Leihautos, Scooter, Busse, Fähren etc. Alle diese einzelnen Mobilitätsdienste werden hinzugezogen, um für mich die aktuell besten Fahrtmöglichkeiten zu ermitteln und die dazugehörigen Preise zu kalkulieren.

Schon bei der Registrierung in der App hatte ich mit KI zu tun. Denn für den ersten Schritt, die Authentifizierung, musste ich meinen Ausweis fotografieren, dann mein Gesicht fotografieren, dann beide zusammen. Innerhalb einiger Sekunden habe ich die Bestätigung bekommen, dass meine Anmeldung erfolgreich war. Das ist nicht passiert, weil irgendein Angestellter im Hintergrund nichts Besseres zu tun hatte, als auf meine Fotos zu warten und diese zu prüfen, sondern weil eine künstliche Intelligenz, die Profi in Gesichtserkennung ist, alle drei Fotos analysiert, verglichen und bestätigt hat, dass es sich jeweils um dieselbe Person handelt, die in Echtzeit von sich ein Selfie gemacht hat, das mit dem Gesicht auf dem Ausweis übereinstimmt.

Außerdem weiß die Maschine, wie deutsche Ausweise aussehen, welches Format sie haben, welche Felder, und sie kann entsprechend auch bestätigen, dass alles passt.

Was ich hier sehr spannend finde, ist die Bequemlichkeit, die solch eine Lösung bietet. Früher musste ich mit meinem Ausweis und Führerschein zur Geschäftsstelle des Mobilitätsanbieters gehen, um mich registrieren lassen zu können. Das konnte natürlich nur innerhalb der jeweiligen Öffnungszeiten erfolgen, die meistens identisch mit meinen Arbeitszeiten waren (oder kürzer). Es hat also wochenlang gedauert, bis ich den geeigneten Slot in meinem Kalender gefunden habe. Die automatische Registrierung bei Jelbi hat mich maximal fünf Minuten gekostet, und ich konnte sie bequem von zu Hause machen. Dass mein Ausweis und Foto in der Datenbank der BVG gespeichert sind, bereitet mir keine Sorgen, denn auch früher und ohne KI war das der Fall. Außerdem gehe ich davon aus, dass sich die BVG, als gute deutsche Firma, an die Datenschutzgrundverordnung (DSGVO) hält und meine Daten nicht anderweitig nutzt.

Schutz vor Spam und Phishing

Ich habe dank KI den schnellsten Weg ins Büro gefunden. Die ersten E-Mails konnte ich bereits auf dem Weg lesen. Ich habe eine neue Beratungsanfrage vom der Finanzabteilung erhalten. Das ist sehr gut, denn die Finanzer und Buchhalter haben meistens strukturierte Daten, die sich für KI gut eignen. Außerdem bekomme ich eine Systemerinnerung, um meine letzten Reisen abzurechnen, und Dutzende und Dutzende von sonstigen E-Mails.

Unabhängig von ihren Berufen, haben die meisten Menschen eines gemeinsam: Sie müssen täglich zig E-Mails beantworten. Egal ob privat oder beruflich, die elektronische Post ist ein wichtiges Kommunikationsmittel in unserem Leben geworden. Auch wenn wir es meist nicht merken, steckt auch hier viel KI drin. Ist euch schon mal aufgefallen, dass wir immer weniger Spams bekommen? Damit meine ich nicht die Werbe-Newsletter von allen möglichen Online-Shops, sondern richtigen Spam oder Phishing-Mails, in denen uns sehr lukrative Jobs angeboten werden:»Mit nur 2 Stunden am Tag, verdienen Sie 10.000 Euro im Monat, und das alles im Homeoffice«, oder:»Herzlichen Glückwunsch, Sie haben den Jackpot geknackt«, obwohl wir gar kein Los gekauft haben. Solche E-Mails kommen bei mir nicht mehr an, auch nicht an meine privaten E-Mail-Konten.

Das ist kein Zufall, sondern sehr harte Arbeit, die die E-Mail-Provider leisten. Sie müssen nämlich unterscheiden zwischen»wichtige E-Mail« und»Müll«. Früher basierte das auf Kennwortsuche, also zum Beispiel:

»Suche das Wort ›Lottogewinn‹ im E-Mail-Betreff. Wenn das Wort vorhanden ist, dann schicke die Mail in den Spam-Ordner. Wenn nicht, dann lasse sie im Haupt-Posteingang.«

Das war also regelbasiert. Da aber die Spam-Versender das auch lernten, formulierten sie ihre E-Mails immer so, dass sie nicht durch die alten Filter abgefangen werden konnten. Sie schrieben statt »Lottogewinn« etwa»Lottopreis« oder»Lottoglück« oder ähnliche Abwandlungen.

Heute basieren diese Filter auf künstlicher Intelligenz, die den Text analysiert, also Betreffzeile und E-Mail-Inhalt liest, versteht und klassifiziert in eine der zwei Optionen»wichtige E-Mail« oder »Müll«. Hier wird also nicht nur nach dem Stichwort»Lottogewinn« gesucht, sondern auch nach»Lotto«,»gewinnen«,»Glückwunsch«, »Geld« und ähnliche Begriffe, die wir der Maschine in diesem Zusammenhang beigebracht haben. Die Fähigkeit, natürliche Sprache zu prozessieren, ist eines der herausforderndsten Felder der KI. Denn diese Fähigkeit steht genau an der Schnittstelle zwischen künstlicher Intelligenz, Informatik und natürlicher Sprache. Es sind also drei Disziplinen notwendig, um die Maschinen sinnvoll und effektiv trainieren zu können. Es sind auch zwei Dimensionen, die antrainiert werden müssen: einmal Textgenerierung, also die Fähigkeit, sinnvolle Sätze zu bilden, und einmal Sprachverständnis. Zweiteres ist besonders herausfordernd, da die menschliche Sprache sehr komplex und voller Zwischentöne ist. Und eben nicht nur schwarz oder weiß.

Dieser enorme Aufwand ist uns Nutzerinnen gar nicht bewusst, wir halten das für selbstverständlich, dass wir keine Spams mehr bekommen, und beschweren uns nur, wenn trotzdem welche da sind. Für die E-Mail-Provider ist das natürlich ein Qualitätsmerkmal und unverzichtbar für die Kundenbindung. Wer also immer noch viele Spam-Mails bekommt, sollte sich überlegen, den Anbieter zu wechseln.

Clevere Kühlschränke

Nach Feierabend geht der private Wahnsinn los: Kind von der Kita abholen, zum Spielplatz, dann nach Hause, Abendessen kochen. Und schon stellt sich wieder eine der Lieblingsfragen aller Familienköche: »Was koche ich heute?« Ich erinnere mich sehr gut daran, wie meine Mutter uns nach der Schule fragte, was wir essen wollen, und wir einstimmig »Was du möchtest« antworteten. Das hatte sie immer geärgert, denn sie suchte nach Ideen, Inspiration oder war einfach zu müde, sich auch noch Gedanken über das Abendessen zu machen. Heute muss ich an meine Mutter denken und frage mich, ob mein Kühlschrank diese Frage nicht beantworten könnte. Mein Sohn ist vier Jahre alt, von ihm kommen nur zwei Antworten »Pizza Margherita« oder »Nudeln mit Pesto«. Mein Kühlschrank ist noch nicht so weit, aber es gibt welche, die das bald beherrschen.

Unter dem Stichwort »Smart Home«, also »intelligentes Zuhause«, werden alle möglichen elektronischen Geräte vernetzt, um uns mehr Komfort anbieten zu können. Ein intelligenter Kühlschrank, der ans Internet angeschlossen ist und seinen Inhalt selbst identifizieren kann, wird in die Lage versetzt, mir Rezepte vorzuschlagen, die ich mit den vorhandenen Zutaten kochen kann. Und sollte ich meinem Kühlschrank erlauben, mit dem von meinen Nachbarn zu sprechen, könnte er mir auch sagen: »Flammkuchen gehen heute nur, wenn du dir den Schmand von deiner Nachbarin Anna leihst.« Der Kühlschrank könnte mir auch sagen: »Heute Spaghetti mit Tomatensauce und für morgen Flammkuchen, aber ich trage dir den Schmand in die Einkaufsliste (natürlich in eine App), oder ich bestelle den Schmand direkt online, du hast ja erlaubt, dass ich alles unter 20 Euro selbst bestellen darf.«

So stelle ich mir die nahe Zukunft vor. Kühlschränke, die mit Kameras ausgestattet sind, mir per App ihren Inhalt zeigen und Rezepte vorschlagen, gibt es bereits. Auf die automatischen Bestellungen muss ich wohl noch etwas warten. Während ich mir dieses wunderschöne Szenario in Gedanken ausmale, schreit mein Kind nach Essen, und ich koche – mal wieder – Nudeln mit Tomatensauce.

Intelligente Online-Portale

Beim Abendessen unterhalte ich mich mit meinem Mann, der von seiner Dienstreise zurück ist, darüber, wo wir an Ostern in Urlaub fahren. Nach dem kalten Winter wäre etwas Sonne sehr schön. Wir greifen beide an unsere ausgelagerten Organe – mein iPhone, sein iPad – und suchen günstige Flüge ans Mittelmeer. Wir wollen uns erst die Preise anschauen und dann entscheiden, wohin genau. Heute buchen wir also nicht. Großer Fehler.

In den folgenden Tagen bekommt jeder von uns mindestens einmal am Tag Werbung für die schönsten Zielorte des Mittelmeers, verschiedene Flug-, Hotel- und Mietauto-Angebote von Opodo und Co. Sie alle scheinen zu wissen, dass wir in Urlaub fahren wollen, und nun geht das Rennen der Portale los. Ein paar Tage später haben wir uns für Valencia entschieden, denn wir möchten nicht nur die Sonne genießen, sondern auch Carlos besuchen, der ja gerade erst Geburtstag hatte. Und siehe da, die Preise sind gestiegen. Natürlich. Die Portale haben verstanden, dass wir unbedingt über Ostern nach Valencia fliegen wollen, und – BAM! – jetzt müssen wir zahlen. Außerdem haben mein Mann und ich teure mobile Geräte genutzt, um die Flüge zu suchen. Apple-Geräte sind ein Zeichen dafür, dass man sich einiges leisten kann, also können wir uns auch leisten, etwas mehr für die Flüge zu zahlen als jemand, der mit seinem Microsoft-Rechner vor dem Bildschirm sitzt und günstige Flüge sucht. Diese durchtriebene Preisstrategie ist nur durch künstliche Intelligenz möglich, die sich in all diesen Portalen verbirgt. Sie analysiert, was wir auf den Webseiten machen, wo wir klicken, wie lange wir für jeden Klick brauchen, welche Geräte wir nutzen und von welchem Standort aus wir uns einloggen. Egal, ob wir die Funktion »meinen Standort nutzen« erlaubt haben oder nicht, ist es für die Portale relativ einfach, unseren ungefähren Standort zu identifizieren. Auch wenn wir uns bemühen, alles zu blockieren, verrät unsere externe IP-Adresse, quasi unsere Eintrittskarte in die wundersame Welt des Internet, wo wir uns gerade befinden. Natürlich nicht die genaue Adresse, aber die Stadt und der Bezirk sind meistens enthalten. Und wenn wir die Marketing- oder Third-Party-Cookies (diese kleine Scherzkekse, die Textinformationen über unsere besuchten Webseiten für Werbezwecke speichern oder an Dritte weitergeben) nicht gesperrt haben, dann tauschen die Portale auch noch Informationen mit den anderen Portalen aus, die wir aufrufen. Je mehr Informationen sie über uns haben, desto genauer kann der Preis berechnet werden, den wir zu zahlen bereit sind, und desto maßgeschneiderter die Angebote, die wir bekommen. Habt ihr das auch schon mal erlebt, dass ihr mit Freunden in Urlaub fahren wolltet, und nach ein paar Tagen Recherche berichtet jeder von einem unterschiedlichen Preis? Das ist kein Zufall.

Dem versuche ich etwas entgegenzuwirken, indem ich suche und sofort buche, und zwar am besten vom Laptop und nicht vom iPhone, aber das gelingt mir natürlich nicht immer. Denn der Komfort, den mir die Easyjet-App bietet, mit eingebauter Apple-Pay-Funktion, erlaubt es mir, einen Flug in weniger als zwei Minuten zu buchen. Und als Vollzeit arbeitende Mutter ist es mir jede Minute wert, dafür nehme ich es in Kauf, ein paar Euro mehr für den Flug zu bezahlen, als Zeit mit weiterer Recherche zu verbringen. Genau das aber wissen die Portale bereits über mich, denn ihre Algorithmen hören nicht auf zu lernen – und dagegen kann ich wenig tun.

Neulich habe ich mich mit einer Kollegin darüber unterhalten. Sie meinte, auch diese Algorithmen kann man etwas austricksen. Ihre Methode sieht so aus: Sie sucht einen Artikel online, legt ihn bei Amazon in den Warenkorb und lässt ihn da ein paar Wochen. Natürlich bekommt sie regelmäßig Erinnerungen von Amazon und Angebote für diesen Artikel in ihr E-Mail-Postfach. Sie wartet aber so lange, bis der Preis runtergeht, erst dann schlägt sie zu. Die Algorithmen scheinen so zu lernen, dass die Kaufbereitschaft ab einem bestimmten Punkt abnimmt. Deswegen lernen sie, den Preis irgendwann runterzuschrauben. Wenn es also nicht eilig ist, dann kann etwas Geduld ein paar Euro sparen.

Übrigens: Dass eine Webseite sich merkt, welche Artikel ich über Tage hinweg in den Warenkorb gestellt habe, ist auch über Cookies möglich. Die sogenannten Warenkorb-Cookies sind notwendig, damit meine Informationen im Laufe des Einkaufsprozesses nicht verloren gehen. Es wäre schließlich doof, wenn ich einen Artikel in den Warenkorb lege, auf »weiter« klicke, um meine persönlichen Daten einzugeben, und beim nächsten »weiter« ginge alles verloren. Diese Cookies sind also technisch notwendige Cookies, die ich weder abschalten sollte noch kann. Sollte ich damit nicht einverstanden sein, bleibt mir nur, die Seite zu verlassen und deren Dienst nicht in Anspruch zu nehmen.

Anders sieht es aus bei Statistik-Cookies oder Marketing-Cookies (auch Retargeting-Cookies genannt). Diese muss ich nicht zulassen, wenn ich nicht möchte. Statistik-Cookies werden von den Webseiten genutzt, um Informationen über die Anzahl der Besucher und deren Surfverhalten zu sammeln, um den Dienst verbessern und maßgeschneiderte Produkte anbieten zu können. Technisch notwendig sind sie nicht, sie sparen mir allerdings etwas Zeit beim Surfen auf einer Webseite, da mir nur Inhalte gezeigt werden, die für mich relevant sind. Marketing-Cookies sind auch nicht technisch notwendig, sie sind dafür zuständig, dass ich mit passender Werbung zugeballert werde, teilweise auch von Drittanbietern. Dies ist zum Beispiel der Fall, wenn ich einen Artikel lese und diesen mit meinen Facebook-Freunden teile. Der blaue Like-Button ermöglicht es mir zwar, den Artikel zu teilen, liefert aber auch an Facebook die Informationen, die die aktuelle Webseite über mich gesammelt hat. So weiß Facebook beim kleinsten Like, was ich wo geklickt habe, was mich dort interessiert hat – und kann so die entsprechende Werbung in meine Timeline schalten. Möchte ich das nicht, sollte ich die Marketing- und Third-Party-Cookies (auch als »Partnerschaften« bezeichnet) ausschalten. Dafür muss ich das Menü »Cookie-Einstellungen« finden, öffnen und diese auswählen. Das tue ich auf der Webseite, auf der ich den Like-Button drücke.

Wir schätzen Ihre Privatsphäre!

Diese Webseite nutzt Technologien wie Cookies oder Targeting, um die Werbung, die Sie sehen, zu personalisieren. Das hilft uns, Ihnen relevante Anzeigen zu zeigen und verbessert so Ihr Internet-Erlebnis. Wir nutzen diese Technologien außerdem, um Ergebnisse zu messen oder unsere Webseite anzupassen. Da wir Ihre Privatsphäre schätzen, fragen wir Sie hiermit um Erlaubnis zum Einsatz dieser Technologien.

Zweck	Anbieter	
Speicherung und Zugriff auf Informationen	On Off	⌄
Personalisierung	On Off	⌄
Auswahl, Schaltung und Auswertung von Anzeigen	On Off	⌄
Auswahl, Schaltung und Auswertung von Inhalten	On Off	⌄
Bewertung	On Off	⌄

Mehr erfahren · · · Abbrechen · Speichern & Beenden

Abbildung 1: Nutzerfreundliche Cookie-Einstellungen lassen uns die Wahl.

Seit Inkrafttreten der neuen Datenschutz-Grundverordnung (DSGVO) müssen alle Webseiten den Nutzerinnen die Möglichkeiten geben, solche Cookies abzuschalten. Manche machen es den Nutzern einfach (wie in Abbildung 1), dann sind die notwendigen Cookies ausgegraut, da man sie nicht abwählen kann. Statistik ist vorausgewählt, aber ich kann das Häkchen entfernen. Marketing und Partnerschaften sind nicht ausgewählt, und hier sollte ich das Häkchen auch nur setzen, wenn ich meine Informationen teilen möchte, sonst nicht. Über »Details« kann ich erfahren, welche Informationen gesammelt und an wen sie weitergeleitet werden.

Abbildung 2: Weniger nutzerfreundliche Cookie-Einstellungen wollen einen zur Datenabgabe verführen.

Bei anderen Webseiten muss man unter dem großen grünen »Ja, ich akzeptiere«-Button, den kleinen »Individuelle Cookie-Einstellungen«- oder »Mehr«-Button suchen. In Abbildung 2 sehen wir so ein Beispiel. Hier heißt es nicht zu schnell die Geduld verlieren und einfach blind den großen grünen Button drücken – denn es geht auch hier relativ schnell datenschutzfreundlicher.

Die Smartwatch

Kurzer Sprung zurück an den Nachmittag: Ich esse gerade das letzte Stück meines Apfels, als meine iWatch vibriert und mir sagt, ich solle aufstehen und mich bewegen. Diese Uhr, manchmal frage ich mich, ob sie Segen oder Flucht ist. Ich habe sie mir besorgt, weil ich keine Anrufe auf meinem Privathandy mehr verpassen möchte, es könnte ja ein Anruf von der Kita sein. Aber die Uhr hat natürlich viel mehr Funktionen, als ich eigentlich brauche. Sie misst meinen Puls, meine Bewegungen, erinnert mich daran aufzustehen, wenn ich zu lange gesessen habe, und das Beste: Sie erinnert mich daran zu atmen! Ich frage mich, wie sie darauf kommt, dass ich jetzt tief atmen sollte. Manchmal erinnert sie mich mitten in einer Telefonkonferenz daran. Hat sie gespürt, dass mich mein Ansprechpartner gerade mit seinen Aussagen ärgert? Oder merkt sie vielleicht, dass ich bald einschlafe, weil die Konferenz so langweilig ist? Auf jeden Fall schafft sie es, dass ich ihr mehr Aufmerksamkeit schenke als ursprünglich geplant. Moment, ist das Aufmerksamkeit, die ich der Uhr schenke, oder schenke ich sie mir selbst? Schwer zu sagen.

Als ich darüber mit einem Kollegen sprach, meinte er: »Die kann man aber auch austricksen.« (Vielen meiner Kolleginnen und Kollegen scheint es Spaß zu machen, Technik auszutricksen.) Seine Methode: Wenn die Uhr ihm sagt, er möge sich etwas bewegen, bleibt er sitzen und bewegt nur den Arm mehrmals hoch und runter, damit die Uhr denkt, er läuft gerade, und ihm Bonuspunkte für die Bewegung gibt. »Tadaaa, ich habe gewonnen!« Mein Kollege fühlt sich glücklich, die Uhr ausgetrickst zu haben, aber hat er wirklich gewonnen? Ist das ein Wettbewerb »Uhr gegen Mensch«?

Ich finde es immer sehr interessant, was wir Menschen uns einfallen lassen, um andere Menschen oder Maschinen auszutricksen. Wir sind offenbar davon überzeugt, dass es Regeln nur gibt, um sie zu umgehen. Das Paradoxe daran ist, dass wir Menschen erst Programme und Techniken erfinden, damit sie uns Arbeit abnehmen und unsere Lebensqualität verbessern – und dann wieder neue Dinge erfinden, um die Folgen ihrer Existenz auszuhebeln. Persönlich zugeschnittene Werbung (einst als Service gedacht) wird heute von Ad-Blockern ausgefiltert; Algorithmen, die ursprünglich erfunden wurden, um unsere Kommunikation zu verbessern, helfen uns beim Beantworten von E-Mails. Warum ist das eigentlich so? Ist das nur eine normale Entwicklung oder eine Fehlprogrammierung?

Programmierer sind jedenfalls immer wieder darüber überrascht, wie Nutzer mit ihren Systemen umgehen. Als ich noch im technischen Service arbeitete, verblüffte mich oft die Kreativität meiner Kunden im Umgang mit der Hardware, die wir gebaut hatten. Sie dachten sich immer Sachen aus, die wir ursprünglich nicht eingeplant hatten, und schon machte das Gerät nicht mehr mit, weil es dafür nicht gebaut war. Wenn ein Wunsch öfter auftauchte, erweiterten wir die Funktionalität entsprechend, aber die eierlegende Wollmilchsau konnten auch wir natürlich nicht liefern. Am Ende findet sich eh immer ein Nutzer, der die eine oder andere Funktionalität austrickst. Die Kreativität der Menschen ist einfach faszinierend.

Sprachassistenten und Messenger

Am nächsten Tag sind wir bei unserer Freundin Maria zum Abendessen eingeladen. Für mich eine Mahlzeit weniger, über die ich diese Woche entscheiden muss. Maria wohnt um die Ecke, hat noch keine Kinder, aber freut sich, immer mal wieder für uns zu kochen. Wir gehen auch gerne hin, nicht nur um bekocht zu werden, sondern weil die Abende mit Maria immer sehr lustig sind, in letzter Zeit besonders. Sie hat momentan keinen Partner und sich deswegen bei Tinder angemeldet. Die Geschichten über ihre misslungenen Dates sind sehr unterhaltsam und für uns eine neue Welt. Denn mein Mann und ich sind schon seit einigen Jahren zusammen, und in unseren Single-Jahren gab es noch keine Dating-Apps.

Maria setzt nicht nur bei der Partnersuche auf neueste Technik, auch bei ihr zu Hause ist alles digital. Sie liebt ihren Sprachassistenten, eine kleine Box, die sie »Horst« nennt. Sehr zum Bedauern unseres Sohnes wird Horst nie bei uns einziehen, denn ich bin der Meinung, ich gebe bereits so schon viele Informationen über mich preis, da brauche ich nicht auch noch ein Gerät, das unsere Gespräche am Küchentisch mithört. Aber mal sehen, wie lange wir das aushalten, denn irgendwann wird der Nachwuchs es vielleicht verlangen, und dann müssen wir uns damit beschäftigen, welcher Sprachassistent das kleinere Übel ist.

Maria hat dazu, wie gesagt, eine andere Meinung, sie hat ja nichts zu verbergen. Horst ist bei ihr immer auf Empfang, so kann er die

Lampen an- und ausschalten, Maria das Wetter für den nächsten Tag voraussagen (und ob sie eine Regenjacke braucht), und auch die Wahrscheinlichkeit einer nächtlichen Werwolfattacke kann sie bei ihm abfragen. Letzteres macht Maria natürlich nur aus Spaß und erheitert unseren Sohn damit sehr. Auch wenn ich dem Gerät durchaus einen gewissen Unterhaltungswert zugestehen muss, bitte ich Maria, Horst auszuschalten, wenn wir bei ihr sind, und sie entspricht meinem Wunsch auch immer. Denn wir sind nicht nur sehr gute Freunde, wir haben sogar einen rechtlichen Anspruch darauf, nicht aufgezeichnet zu werden. Geregelt wird das über die bereits erwähnte Datenschutz-Grundverordnung. Das weiß Maria sehr gut, denn sie ist Anwältin – nur von Technik und Männern hat sie nicht so viel Ahnung …

Nach einer weiteren lustigen Tinder-Geschichte landet unser Gespräch beim Thema Cookies. Maria fragt, ob es Zufall sein kann, dass ihr etwas, das sie per WhatsApp geschrieben hat, ein paar Tage später zum Kauf angeboten wird. Maria war letzte Woche in Brüssel, und in einem Chat mit ihrer Mutter schrieben die beiden über belgische Schokolade. Kurz darauf bekam Maria Werbung für belgische Schokolade in ihr E-Mail-Postfach. Sie hatte nicht online danach gesucht und fragt uns nun, wie es dazu kommen konnte. Das ist natürlich keine einfache Frage. WhatsApp sagt, dass die Nachrichten von Ende-zu-Ende verschlüsselt sind, was bedeutet, dass in diesem Fall nur Maria und ihre Mutter den Inhalt der Nachrichten lesen können, und nicht etwa der Nachrichtendienstanbieter (also WhatsApp selbst beziehungsweise Facebook, zu dem WhatsApp gehört) oder gar dritte Personen. Wie kommt es also dazu, dass die belgische Schokolade ihren Weg in Marias Postfach gefunden hat?

Tja, dazu gibt es keine klare Antwort. Theoretisch ist das nicht möglich, solange die Nachrichten verschlüsselt sind. Praktisch sieht die Realität offenbar anders aus.

Maria ist verwirrt, das kann ich gut verstehen. Um hier etwas mehr Licht ins Dunkel zu bringen, steigen wir an dieser Stelle etwas tiefer ins Thema ein und schauen uns mal an, wie Maschinen überhaupt lernen und wie wir mit ihnen kommunizieren.

DENK DOCH MAL NACH, MASCHINE!

Wie Codes und Algorithmen den Computern auf die Sprünge helfen

Unsere digitale Welt wird von Maschinen betrieben, manchmal sitzen wir selbst am Steuer, aber meistens genießen wir einfach nur den Service, den uns diese Maschinen anbieten. Unsere Bequemlichkeit bezahlen wir mit unseren Daten. In der Technikwelt gilt der Satz: Wenn man nicht für ein Produkt zahlt, dann ist man selbst das Produkt! Das bedeutet: Wir bezahlen mit unseren Daten, und manchmal nicht zu knapp. Wir zahlen also jedes Mal, wenn wir unsere Mobiltelefone nutzen, unsere Smartwatches, unsere Sportarmbänder oder einen der zahllosen Online-Dienste wie Suchmaschinen oder Vergleichsportale. Man könnte sagen, dass uns diese Bequemlichkeit sehr teuer zu stehen kommt, denn wir füttern die Maschinen mit intimsten Geheimnissen, die wir nicht einmal unseren engsten Freunden ungefiltert mitteilen würden. Den Maschinen ist das natürlich egal, sie sammeln ganz einfach Daten, um unsere Bedürfnisse, Wünsche und Gewohnheiten zu ermitteln und uns weitere Angebote für noch mehr Bequemlichkeit zu liefern, damit wir noch mehr konsumieren und noch mehr Daten zur Verfügung stellen. Daten feuern die Motoren der digitalen Maschinen an, sie sind der Treibstoff der KI.

Wie die KI die Daten verarbeitet, was ein Algorithmus ist, wie er programmiert wird und wie die Mathematik eine Maschine in die Lage versetzt, so zu lernen, wie wir es nur von unseren Kindern kennen, das alles schauen wir uns in diesem Kapitel an.

Coden lernen ist wie eine neue Sprache lernen

Mit Coden beziehungsweise Programmieren kam ich zum ersten Mal an der Uni in Berührung. An meiner Schule war das nie ein Thema gewesen, weshalb ich zu Beginn einen Riesennachteil im Vergleich zu einigen meiner Kommilitonen hatte. Denn ein Ingenieursstudium ohne Programmieren ist gar nicht mehr vorstellbar. Schon im ersten Semester stand bei mir die Programmiersprache C auf dem Lehrplan. Am Anfang klang für mich alles wie Chinesisch, aber bald hatte ich die Logik dahinter durchblickt, und dann ging vieles leichter.

Für mich war es der entscheidende Moment, als ich endlich verstand, dass es sich dabei um eine Aneinanderreihung von Befehlen handelt, die die Maschine nach und nach abarbeitet. Je nach Programmiersprache ist der Satzbau ein anderer, aber die Logik bleibt: Befehl und Ausführung. Unter dem Satzbau, also der Syntax einer Programmiersprache, versteht man ein System von Textelementen, mit denen wohlgeformte Programmtexte aus einem grundlegenden Zeichenvorrat gebildet werden müssen. Man muss sich das vorstellen wie eine Fremdsprache, die viele mehr oder weniger feste Redewendungen beinhaltet. Programmiersprache hat immer auch ein System von Regeln, also eine Grammatik, an die sie sich halten muss, während der Zeichenvorrat das Vokabular darstellt. Daraus werden Programmtexte gebildet, um bestimmte Sachverhalte möglichst kurz und knapp zu beschreiben.

Wenn ich in der Sprache C zum Beispiel »int a = 2« schreibe, sage ich der Maschine: »Setze Variable a auf den Wert 2.« In der Regel tue ich das, weil ich später mit der Variable a weiterarbeiten möchte, vielleicht mit einer anderen Variablen addieren möchte, zum Beispiel weil ich die Zutaten aus einem Rezept für zwei Personen nun für fünf Personen berechnen lassen möchte oder Ähnliches. Der Befehl »int a = 2« scheint zwar kurz zu sein, aber dahinter verbirgt sich einiges an Informationen für die Maschine,. Sollte diese Syntax für euch komisch aussehen, keine Sorge – jetzt könnt ihr euch zumindest schon einmal vorstellen, wie ich mich zu Beginn gefühlt habe.

Beim Coden geht es also darum, eine neue Sprache zu lernen, die nicht nur wir Menschen verstehen, sondern auch die Maschinen. Als Programmiererin wird man zu einer Art Übersetzerin. Übersetzen war etwas, das ich gemacht habe, um neben dem Studium etwas Geld zu verdienen. Darin war ich geübt, aber natürlich nur mit menschlichen Sprachen. Jetzt lag die Herausforderung darin, Maschinensprachen zu lernen. Davon gibt es viele, aber sie lassen sich in zwei Kategorien unterteilen: einfache und hohe Programmiersprachen. Die einfachen Sprachen sind in einer Syntax geschrieben, die die Maschinen schnell verstehen können. Dafür sind sie für die Menschen eher schwierig. Die hohen Sprachen sind genau umgekehrt: Sie sind in einer Syntax geschrieben, die für uns einfacher zu verstehen ist, aber für Maschinen so nicht umsetzbar sind. Für die Übersetzung sorgen sogenannte Compiler. Wir werden gleich sehen, was das alles bedeutet. Aber bevor wir über die Unterschiede sprechen, schauen wir uns die Gemeinsamkeiten an.

Beide Spracharten verbindet dieselbe Logik des Programmierens. In beiden Fällen schreibe ich ein Programm, das am jeweiligen Betriebssystem ausgerichtet ist. Das Betriebssystem bildet die Schnittstelle zwischen mir beziehungsweise meinem Anwendungsprogramm und den Hardware-Ressourcen meines Computers, also zum Beispiel meinem Monitor, meinem Drucker, meiner Kamera oder sonstigen Geräten. Es prüft, ob mein Code/Programm und die darin enthaltenen Befehle richtig geschrieben sind, und wenn ja, dann führt es das Programm durch. Dieses Ausführen bedeutet, dass mein Betriebssystem auf die Hardware zugreift und das tut (anzeigt, druckt, aufnimmt etc.), was ich im Programm befohlen habe.

Jeder von uns wendet solche Befehle zum Beispiel an, wenn er ein Dokument in Word erstellt und ausdrucken lässt. Das Anwendungsprogramm wäre in diesem Fall also Word, das Betriebssystem Windows bei Microsoft-Geräten oder iOS bei Apple-Geräten und die Hardware-Ressource der Drucker.

Der Unterschied zwischen einfachen und hohen Sprachen liegt nicht in der Logik des Programmierens oder dem Ausführen der Befehle, sondern daran, wie ich das Programm schreibe. Die Syntax und die Detailtiefe meiner Befehle an die Maschine spielen hier eine große Rolle.

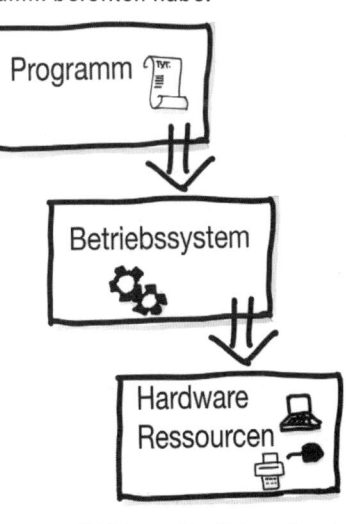

Abbildung 3: Vom Code zur Ausgabe

Ähnlich wie ich Fachbegriffe mit meinen Arbeitskollegen nutze, um technische Fragen zu klären, oder wie ich dagegen eine einfache Sprache wähle, wenn ich mich mit meinem fünfjährigen Sohn unterhalte.

Die einfachen Sprachen sind für die Maschinen einfach zu verstehen. Die Syntax ist für uns Menschen etwas ungewöhnlich, aber für die Maschine sind es klare Befehle, mehrheitlich Arithmetik und Speicherzugriffe. Mit Arithmetik meine ich hier die vier Grundrechenarten, also Addieren, Subtrahieren, Multiplizieren und Dividieren. Alle anderen Funktionen, zum Beispiel eine Potenz, bei der man »x hoch y« rechnet, lassen sich als Kombinationen dieser Grundoperation genannten Grundrechenarten beschreiben. Diese Funktionen werden in Bibliotheken gespeichert, die man dann abrufen kann und sich so den Aufwand spart, jedes Mal die ganze Funktion neu beschreiben zu müssen. Man muss sich das so vorstellen, als hätte die Maschine mehrere Schränke mit vielen Schubladen drin, einen Hauptschrank für die Grundoperationen und einen für die Bibliothek voller Funktionen, in jeder Schublade eine. Mit meinen Befehlen sage ich: »Öffne mal die oberste Schublade von links, lies den Inhalt heraus, dann öffne die dritte Schublade von unten, summiere die Inhalte von beiden Schubladen, und stecke das Ergebnis in die vierte Schublade oben rechts.«

Die einfachen Sprachen nennt man auch »Assemblersprachen«. Damit die Maschine genau das erledigt, was im Code steht, muss man die Anweisungen sehr präzise beschreiben, es müssen also alle Schritte genau aufgelistet werden, und zwar in der richtigen Reihenfolge, ähnlich wie bei einem Kochrezept für jemanden, der nie kocht. Dafür muss ich die Architektur meines Systems kennen und die Funktion, die jedes Element erfüllen soll, verstanden haben – nicht unbedingt bis ins kleinste Detail, aber es ist auf jeden Fall hilfreich, die grobe Architektur eines Computers zu kennen, so wie man einigermaßen Bescheid wissen sollte, in welchen Küchenutensilien man welche Zutaten mischen, garen oder braten kann. Die Architektur eines Computers besteht hauptsächlich aus folgenden Elementen:

- Der **Prozessor** bildet die zentrale Verarbeitungseinheit eines Computers, daher die englische Abkürzung CPU für Central Processing Unit. Er ist für die zentrale Steuerung zuständig (also etwa der Küchenchef). Er bekommt die Befehle (Bestellungen) und lässt diese durch die angeschlossenen Maschinen durchführen. Der Prozessor verfügt über:

- ein *Rechenwerk*, das Rechenoperationen und logische Verknüpfungen durchführt. Das Rechenwerk wird im Englischen ALU genannt, für Arithmetic Logic Unit (so etwas wie alle Küchengeräte zusammen);
- und ein *Steuerwerk*, das die Anweisungen eines Programms, also die Befehle, interpretiert und die notwendigen Verschaltungen für Datenquelle (Ursprung der Daten), Datensenke (Empfänger oder Bestimmungsort der Daten) und ALU-Komponenten durchführt. Es regelt auch die Befehlsabfolge, nach dem Motto »Ordnung muss sein!« (so etwas wie der Chef vom Dienst).
- Das **Bus-System** stellt eine Kommunikationsautobahn dar und dient zur Kommunikation zwischen allen Komponenten (wie das Bestellsystem im Restaurant beziehungsweise Kinderzimmer).
- Das **Speicherwerk** dient der Speicherung aller Programme und Daten, auch Arbeitsspeicher genannt (sämtliche Rezeptbücher und Tupperdosen für Mehl, Zucker etc.).
- Das **Ein- und Ausgabewerk** steuert, wie der Name schon sagt, die Ein- und Ausgabe von Daten an den Anwender über Tastatur und Bildschirm, und zu anderen Systemen über Schnittstellen (ungefähr so wie die Teller, auf denen das leckere Essen serviert wird).[1]

Die einfache Darstellung in Abbildung 4 zeigt die Hauptkomponenten eines Rechners. Natürlich kann ein Computer mehrere Prozessoren und mehrere Speicher haben, aber mir geht es hier um das grobe Bild und Verständnis der Funktionen, die jede Komponente erfüllen muss.

Das Coden lässt sich auch mit einem Umzug, den man in Auftrag gibt, vergleichen. Stellt euch vor, ich möchte in eine neue Wohnung umziehen, packe alles in Kisten, beschrifte sie und beauftrage eine Umzugsfirma. Ich möchte nicht nur, dass sie mir die Kisten in die neue Wohnung fahren und hochtragen, was bei einem Altbau ohne Fahrstuhl eine wichtige Rolle spielt, sondern ich möchte auch, dass die Kisten in die jeweiligen Räume verteilt werden und die Möbel wieder aufgebaut werden.

Dafür muss ich wissen, welche Räume die neue Wohnung hat, ich muss die Funktion jedes Raums kennen und muss planen, welche Räume zuerst eingerichtet werden sollen, damit der Einzug reibungslos ablaufen kann.

Wenn ich diesen Plan habe, also die Architektur der Wohnung und die Funktion der Räume kenne, kann ich der Umzugsfirma genau sagen, welche Kiste wohin soll (also die Speicherzugriffe festlegen). Außerdem kann ich sagen:»Im Schlafzimmer bitte das Bett und den Schrank direkt aufbauen (also Rechenaufgaben durchführen lassen), in der Küche bitte den Küchentisch und die Stühle sowie im Arbeitszimmer alle restlichen Kisten erst einmal stapeln (also Zwischenspeicher verwenden), da ich sie erst nach und nach aus-

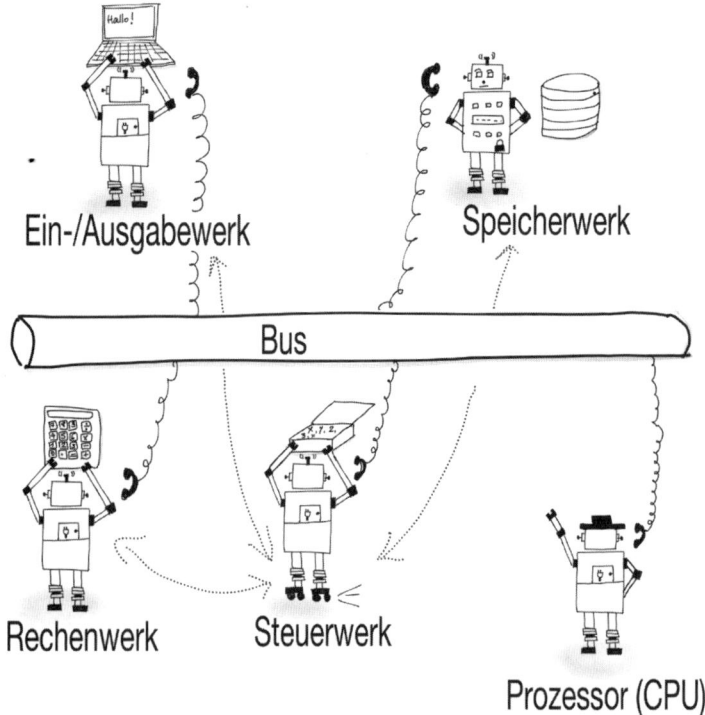

Abbildung 4: Hauptkomponenten eines Rechners

räumen möchte.« Ich kann auch sagen: »Im Wohnzimmer darf nichts zusammengebaut oder gesägt werden, da dort ein Teppich liegt (Registereinschränkungen beachten). Das muss alles woanders erledigt und dann ins Wohnzimmer getragen werden.« Oder ich kann meine Sommerklamotten in die erste Schublade von links im neuen Kleiderschrank sortieren lassen (wieder Speicherzugriffe). Am besten klappt das natürlich, wenn ich das genaue Volumen meiner Sommerklamotten kenne und weiß, dass genug Platz dafür in der ersten Schublade von links vorhanden ist (also die Größe meiner Variablen in Bytes und die Speicherplatzkapazität).

Programmieren ist also so ähnlich wie Kochen oder Umziehen. Ich befehle einer Maschine mit dem Code, den ich schreibe, etwas zu tun, aber ich muss auch wissen, wo sie etwas rechnen, speichern, zwischenspeichern und ausgeben kann. Je einfacher die Programmiersprache, desto detaillierter meine Anweisungen an die Maschine. Bei hohen Sprachen ist das etwas anders, aber den Unterschied sehen wir uns gleich noch anhand eines konkreten Beispiels an.

Um mit Programmiersprachen klarzukommen, sollte man etwas Englisch verstehen, denn alle Befehle sind in English. Wenn man mit Englisch noch nichts am Hut hatte, steht man vor der zusätzlichen Herausforderung, alle Befehle aus dem Deutschen beziehungsweise ins Deutsche übersetzen zu müssen. Aber auch das kriegt man schnell hin.

Assembler: Maschinensprech für Anfänger

Assemblersprachen werden verwendet, um Betriebssysteme zu programmieren und sind daher systemspezifisch. Sie hängen also von dem speziellen Betriebssystem und dessen Komponenten ab. Wie bereits erwähnt, kommen Assemblersprachen eher aus der Perspektive der Maschinen, das heißt, ihr kommt damit dem Kern des Systems sehr nah und solltet ihn deshalb auch möglichst gut kennen. Vor dem Programmieren solltet ihr also wissen, welche Hauptkomponenten euer System hat und, vor allem, welche konkrete CPU. Denn je nach CPU, kommen andere Befehle ins Spiel. Eine der erfolgreichsten CPU-Architekturen und der damit verbundenen Befehlssätze ist die x86-Befehlsatzarchitektur, kurz x86-Architektur.

Sie wurde für die erste x86-Prozessoren in den Achtzigerjahren entwickelt und kommt bis heute zum Einsatz.

Und jetzt machen wir eine erste Sprachübung: Im Assembler ist der Befehl »mov« – vom englischen »move«, also bewegen – einer der am häufigsten verwendeten Befehle. Anders als bei einem Umzug bewegt die Maschine in Wirklichkeit nichts, sie kopiert nur Werte hin und her, bewegt die Umzugskisten also nur virtuell. Dazu gehört folgende Syntax:

$$mov\ op1,\ op2$$

Damit befehlen wir dem Prozessor, den Wert von op2 (zweiter Operand oder Quelloperand) in op1 (erster Operand oder Zieloperand) zu kopieren. Operand ist hier nur ein anderes Wort für Variable, in unserem Beispiel könnte das die Schublade für die Sommerklamotten sein, die geöffnet werden muss. Damit das auch klappt, müssen wir sicherstellen, dass beide Operanden dieselbe Größe an Bytes haben. Außerdem müssen wir der Maschine sagen, »wo« sie die Befehle ausführen soll, »wohin« sie das Ergebnis speichern soll und »woher« sie die Werte bekommt. Es gibt also Speicherplätze, Datensegmente und Register. Diese unterschiedlichen »Orte« haben eine bestimmte Reihenfolge, die ich kennen muss, und jeder Ort lässt sich nur mit bestimmten Befehlen ansteuern. Wie gesagt: Ordnung muss sein!

Wenn ich mit meiner Mutter spreche, benutze ich andere Wörter, als wenn ich mit meinem Chef sprechen würde. Ich muss also immer wissen, mit wem ich es zu tun habe. Das ist in vielen Sprachen so, aber von allen Sprachen, die ich kenne, ist das am krassesten im Japanischen. Dort würde ich als Frau nicht nur andere Ausdrücke wählen als ein männlicher Kollege, wenn es sich um den Chef als Ansprechpartner handelt – es sind komplett andere Wörter, Verben und Satzbauten. Und ein bisschen ist das auch so bei Assemblersprachen!

Es gibt eine schöne Tradition beim Coden: Das erste Programm, das man in einer neuen Programmiersprache schreibt, beginnt mit der Begrüßung »Hello World!« – und so sieht dieses Stück Code zum Beispiel in einer Assemblersprache aus:

Als ich Maria dieses Beispiel zeigte, hat sich mich »wie ein Auto« angeguckt. (Redewendungen wie diese lerne ich nicht nur in Assemblersprachen schnell, auch wenn ich sie im Deutschen manchmal durcheinanderbringe.) Ich konnte Marias Aufmerksamkeit aber schnell wiedergewinnen, indem ich ihr einen Gesetzestext zeigte, den sie mir

```
section .data
    message db „Hello World!", 0x0a
    message_length equ $-message

section .text
global start
start
    mov eax, 4
    mov ebx, 1
    mov ecx, message
    mov edx, message_length
    int 0x80

    mov eax, 1
    mov ebx, 0
    int 0x80
```

Abbildung 5: Beispielcode im Assembler

»übersetzen« sollte. Alles ist nur so lange schwierig, wie es fremd ist.

Lasst uns also mal kurz anschauen, was jede Zeile des »Hello World!«-Codes bedeutet. Keine Panik, ihr müsst euch das alles nicht merken. Aber es ist gut, alles einmal Stück für Stück durchzugehen.

- section .data: In Assembler muss ich Sektionen definieren, die ich in meinem Programm nutze. Das schafft nicht nur Ordnung in meinem Code, sondern unterteilt diesen in Abschnitte, die die Maschine anders behandelt. In die Sektion .data schreibe ich meine statischen Daten, in diesem Fall meine Nachricht: »Hello World!«
- **message db »Hello World!«, oxoa**: »Schreibe den Text ›Hello World!‹ in die Schublade message, und füge einen Zeilenumbruch am Ende ein (oxoa).« Damit das klappt, muss ich die Größe meiner Nachricht in Bytes ermitteln, das tue ich mit db (define bytes). 1 Byte = 8 Bits, wobei 1 Bit entweder 1 (EINS) oder o (NULL) ist. Der Zeilenumbruch hat das Hexadezimalzeichen oxoa. Das Hexadezimalsystem wird für die Verwaltung des Binärsystems verwendet, um sich etwas Platz zu sparen. Statt achtstellige Binärzahlen zu schreiben, schreibe ich ox und dann die zweistellige Hexadezimalzahl. Assembler ist nun mal sehr »maschinig«, es wird so wenig Text wie möglich geschrieben, umso mehr in Zahlen und Hexadezimalzahlen, deren Übersetzung in Tabellen zum Nachschlagen gespeichert ist. Hier wird die Arbeit der Maschine einfach gemacht und nicht dem Menschen.

- **message_length equ $-message**: »Reserviere genug Platz für meinen Text.« Dieser Schritt ist notwendig, damit der notwendige Speicherplatz für meinen Text reserviert wird. Denkt an meine Sommerklamotten und an die linke Schublade im neuen Kleiderschrank!

- **section .text**: In der Sektion .text wird mein Programm geschrieben, damit sage ich der Maschine: »Hier kommt mein Code!«

- **global start und start**: Diese Befehle nutze ich, um der Maschine zu sagen: »Ab hier beginnt die Ausführung des Programms.«

Dezimal	Hexadezimal	Binär
0	00	00000000
1	01	00000001
2	02	00000010
3	03	00000011
4	04	00000100
5	05	00000101
6	06	00000110
7	07	00000111
8	08	00001000
9	09	00001001
10	0A	00001010
11	0B	00001011
12	0C	00001100
13	0D	00001101
14	0E	00001110
15	0F	00001111

Abbildung 6: Umrechnungstabelle Dezimal, Hexadezimal und Binär

- **mov eax, 4**: Damit sage ich der Maschine: »Hole dir die Aktion 4 und kopiere sie in eax.«
  - Die Aktion mit dem Wert 4 steht für den System Call »write«, also »schreiben«. Die System Calls sind die Aktionen, die mein System ausführen soll, meistens Lesen, Schreiben, Beenden, Öffnen, Erstellen etc. In Assembler hat jeder System Call einfach eine Nummer, ich schreibe die gewünschte Aktion also nicht in Textform, sondern als Nummer. Dafür gibt es eine Tabelle, in der steht, welche Aktion welche Nummer hat.
  - Das Register eax ist das erste in der Reihenfolge der Register (die Bezeichnungen der Register sind ebenfalls festgelegt), und dahin soll mein »write« zwischengelagert werden. Damit die Aktion richtig ausgeführt werden kann, muss ich noch ein paar Parameter definieren. Ich muss angeben, was mein System wohin schreiben soll und wie groß dieser Text ist. Das mache ich in den nächsten Zeilen.

- **mov ebx, 1**: »Hole dir Aktion 1 (das ist die Standard-Anzeige, kurz: stdout), und kopiere sie in ebx (das ist das zweite Register).«

- **mov ecx, message**: »Hole dir den Inhalt aus der Schublade message und kopiere ihn in ecx (das dritte Register).«
- **mov edx, message_length**: »Lese die Größe der Nachricht aus der Schublade message_length und trage sie in edx (das vierte Register).« Damit reserviere ich genug Platz im Speicher, damit der Text richtig und vollständig angezeigt werden kann.
- **int 0x80**: »Hiermit ist die Kopieraufgabe erledigt, gehe zurück zum Hauptcode.«
- Mit den letzten drei Befehlen (**mov eax, 1 / mov ebx, 0 / int 0x80**) sage ich der Maschine: »Beende das Programm.«

Wie ihr seht, wird in diesem Assemblerprogramm der Befehl MOV häufig verwendet. MOV ist tatsächlich einer der Grundbefehle in Assembler, mit dem Inhalte von Schublade zu Schublade bewegt werden. Der Befehl selbst verweist auf einen binären Code. Wenn ich also MOV schreibe, sucht die Maschine aus der MOV-Schublade den binären Code raus und setzt diesen um. Text kann sie nicht verstehen, nur Einsen und Nullen. Alles, absolut alles, was ich eintippe, hat eine entsprechende Übersetzung in Nullen und Einsen. Denn am Ende des Tages beziehungsweise Codes geht es um »Strom an«, »Strom aus« – that's it!

Das Assembler-Beispiel sollte euch zeigen, wie man mit dem Programmieren angefangen hat. Heute ist das sehr viel einfacher geworden. Die Komplexität hat deutlich abgenommen, und in der Zukunft werden die Programmiersprachen so intuitiv sein, dass fast jeder Mensch sie bedienen kann, egal ob Informatiker oder nicht.

Höhere Sprachen: Mehr was für Menschen

Die zweite Art der Programmiersprachen nennt man »höhere« Sprachen. Vermutlich weil wir selbst uns an dieser »höheren« Stelle sehen im Vergleich zu den Maschinen, die unter im Keller beziehungsweise Maschinenraum vor sich hin brummen. Auf jeden Fall sind die höheren Programmiersprachen näher an uns Menschen als an den Maschinen. Das hat den Vorteil, dass die Sätze/Befehle für uns viel besser verständlich sind als beim Assembler. Damit nun aber auch die Maschinen diese Sätze verstehen, bauen wir kleine Übersetzer ein, die bereits erwähnten Compiler. Es gibt hier also zwei Stufen der Übersetzung: Einmal durch uns – von Menschensprache in eine höhere Programmiersprache – und einmal durch den Compiler – von der höheren Programmiersprache in Maschinensprache, also in Binärcode. Die Aufgabe des Compilers besteht überwiegend darin, die Syntax zu prüfen, zu analysieren und zu optimieren, und dann einen Code daraus zu erzeugen, den die Maschine versteht.

Compiler werden auch von Menschen gebaut, klar. Man kann ihre Existenz insofern auch als eine Art Maßnahme zur Effizienzsteigerung betrachten: Ein paar Programmierer setzen sich hin und entwickeln einen Compiler, mit dem man mehrere höhere Sprachen in Maschinensprache übersetzen kann, und das spart den anderen Programmierern lästige Arbeit. So kann sich jeder auf seine Aufgabe konzentrieren: Die einen schreiben den Quelltext in menschenverständlicher Form, die anderen (die Compiler) erzeugen den Binärcode für die Maschine. Dass die Befehle im Binärcode für uns nicht mehr lesbar sind (eine lange, lange Serie von Einsen und Nullen), muss uns nicht weiter stören.

Es gibt heute viele unterschiedliche dieser höheren Programmiersprachen, zum Beispiel BASIC, C, C++, C#, PHP, SQL, Python, Java, JavaScript, Scratch etc. Welche man wählt, hängt in der Regel von dem Problem ab, das man lösen möchte. Unterschiedliche Sprachen eignen sich zur Lösung unterschiedlicher Probleme, und alle haben ihre Vor- und Nachteile. Für Webanwendungen zum Beispiel, also um Webseiten zu programmieren, eignen sich JavaScript und Java sehr gut. Um Hardware zu programmieren, eignen sich eh C oder C++. Um Datenbanken zu erstellen, zu befüllen und wieder auszulesen, eignet sich SQL. Und um die Steuerung von kleinen LEGO-Robotern zu ermöglichen, eignet sich Scratch, die extra für Kinder und Jugendliche entwickelt wurde.

Schauen wir uns doch mal ein Beispiel aus der Programmiersprache C++ an und beginnen auch hier wieder mit einem freundlichen »Hello World!« auf unserem Bildschirm.

Dafür brauchen wir folgenden Quellcode:

Okay, so richtig lesbar und verständlich ist es immer noch nicht,
aber ihr müsst zugeben: Es ist
um einiges kürzer als Assembler!
Lasst uns gemeinsam schnell mal
schauen, was das alles bedeutet:

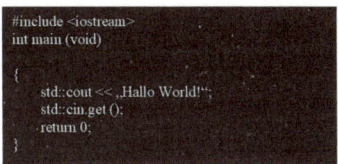

```
#include <iostream>
int main (void)

{
    std::cout << „Hallo World!";
    std::cin.get ();
    return 0;
}
```

Abbildung 7: Beispielcode in C++

- Der Header **#include <iostream>** sagt der Maschine: »In diesem Programm möchte ich die Datei ›iostream‹ hinzufügen (include).« Die eigentlich komplizierte Funktion, die ich in meinem Programm aber nicht erneut programmieren möchte, ist standardmäßig bereits vorhanden. Es gibt Ordner, in denen sich die unterschiedlichen Befehle befinden. Diese Ordner nennt man name spaces, also »Namensräume«. Wenn ich also einen Befehl brauche, muss ich zuerst den name space benennen und dann den Befehl.
- **int main (void)** bedeutet, jetzt kommt der Hauptteil (main) meines Codes. Dieser Hauptteil wird zwischen den Klammern { } geschrieben und von der Maschine Zeile für Zeile ausgeführt.
- **std::cout << »Hello World!«;** bedeutet: »Zeige den Text ›Hello World!‹ auf dem Bildschirm an.« Dafür soll die Maschine in der Datei iostream im name space std (für Standard) den Befehl cout (c für console und out für output) suchen und alles, was zwischen den Anführungszeichen steht, anzeigen. Das Semikolon zeigt an, wo der Befehl zu Ende ist.
- **std::cin.get ();** bedeutet: »Warte, bis der Nutzer eine Eingabe über die Tastatur gemacht hat, bevor du das Programm beendest.« Dafür soll die Maschine den Befehl cin.get (c für console, dann in für input und get für »holen«) suchen und so lange anzeigen, bis eine Eingabe vom Nutzer erfolgt. Das ist also nur ein Haltepunkt, den ich hier einbaue, damit der Nutzer überhaupt die Möglichkeit hat, den Text zu lesen, sonst würde sich das Programm sofort nach dem Ausführen schließen.
- **return 0;** bedeutet schließlich: »Du brauchst nichts mehr anzeigen und darfst das Programm beenden.«

Wenn ich weiß, dass ich mich im selben name space bewege, kann ich den Code folgendermaßen vereinfachen:

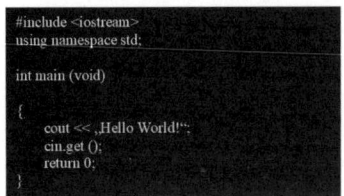

```
#include <iostream>
using namespace std;

int main (void)

{
    cout << „Hello World!";
    cin.get ();
    return 0;
}
```

Abbildung 8: Beispielcode 2 in C++

Damit sage ich gleich am Anfang, dass ich immer den name space std nutzen möchte. Dann lege ich los mit meinem Code und schreibe alle Befehle nacheinander, ohne dass ich in jeder Zeile die Suche nach std einfügen muss.

Dieses Beispiel zeigt, dass ich der Maschine Schritt für Schritt alles erklären muss. Wenn man eine neue Kollegin oder einen Praktikanten einarbeiten muss, ist das ganz ähnlich. Am Anfang ist es ein riesiger Aufwand, weil man alle Aufgaben ganz genau erklären muss. Man muss ihm oder ihr die ganzen unternehmensspezifischen Begriffe und Abkürzungen erklären, man muss ihnen beibringen, wo sie was finden und wen man nach Informationen fragen oder um Hilfe bitten kann. Aber irgendwann ist die Einarbeitung beendet und sie können ihre Aufgaben selbst durchführen und uns entlasten. Die Mühe hat sich gelohnt.

Diese Einarbeitung geht beim Programmieren aber auch einfacher, und zwar mit der Sprache Python. Diese Sprache hat eine reduzierte und auf Übersichtlichkeit optimierte Syntax, dadurch lässt sich Programmcode deutlich einfacher und knapper formulieren als in den anderen Sprachen.

Wenn wir unsere Nachricht »Hello World!« in Python schreiben wollen, programmieren wir das folgendermaßen:

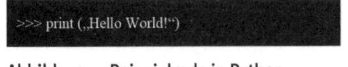

```
>>> print („Hello World!")
```

Abbildung 9: Beispielcode in Python

Hier sage ich der Maschine einfach nur, fast wie einem Menschen: »Schreibe die Nachricht ›Hello World!‹ auf dem Bildschirm.« Mit »Print« ist hier nicht das Drucken mit einem Drucker gemeint, sondern die Ausgabe auf der Konsole, also auf dem Bildschirm.

Das sieht jetzt aber wirklich viel einfacher aus, stimmt's? Das ist der Grund, warum Python sehr gehypt wird. Dabei ist das eine grundsätzliche Richtung, in die sich die höheren Programmiersprachen heute entwickeln: Coden wird immer menschenfreundlicher.

Wenn es darum geht, Roboter zu programmieren – insbesondere

die für Kinder geeigneten –, gibt es inzwischen sogar visuelle Sprachen. Diese Sprachen nutzen Module mit unterschiedlichen Funktionen, die der Roboter ausführen soll, wie zum Beispiel »Mache einen Schritt nach vorne«, »Hebe den rechten Arm« oder »Lächle«. So können die Kinder über Symbole und Bilder Befehle erteilen, ohne sich über Syntax oder Architektur Gedanken machen zu müssen. Scratch habe ich schon erwähnt, es gibt aber auch andere, wie zum Beispiel Cognimates[2], mit einer Oberfläche, die in Abbildung 10 zu sehen ist.

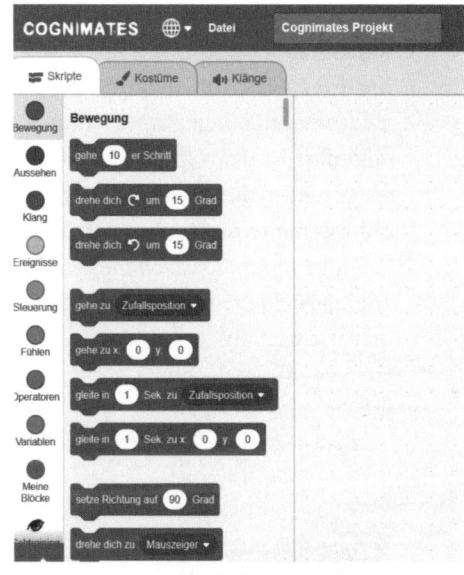

Das ist der Moment, in dem Maria mich erleichtert anschaut. Programmieren wird bald für viele möglich sein, auch für sie. Sollte sie endlich mal den richtigen Typen finden und Kinder kriegen, könnten sie alle zusammen kleine Roboter programmieren. Darauf freut sich Maria jetzt schon. In diesem Moment vibriert ihr Handy, natürlich eine neue Tinder-Nachricht. Tom schreibt: »Heute Abend am Brandenburger Tor?«

Maria: »Der hat sie doch nicht alle! Das soll unser

Abbildung 10: Oberfläche von Cognimates, Roboterprogrammiersprache für Kinder

erstes Date sein, und er will mich am Brandenburger Tor treffen?«

Ich, ganz Tinder-Idiotin: »Das ist doch schön, warum bist du so genervt?«

Maria: »Das bedeutet nur eins: Er will sich in den Menschenmassen verstecken, checken, ob ich seine ästhetischen Ansprüche erfülle, und falls nicht, einfach abhauen.«

Ich: »Oh! Das geht ja gar nicht ... Aber woher weißt du das? Gibt's da etwa auch einen Code für?«

Maria: »Tja, habe ich auch schon mal gemacht!« Sie sieht mich an und lacht.

Nicht nur Maschinen haben ihre besondere Syntax, Tinder-Nutzer scheinen auch komische Regeln zu befolgen, die nur sie verstehen. Wenn man sich für das erste Date auf einem öffentlichen Platz verabredet, dann bedeutet das, dass jemand dem Braten nicht traut und sicher sein will, schnell wegrennen zu können. Aha! Das klingt für mich wie ein »Erstes Date«-Algorithmus!

Fühlst du ihn auch, den Algorithmus?

Algorithmen sind nichts anderes als eine Reihung von einzelnen Schritten, um eine bestimmte Aufgabe zu lösen. Es handelt sich um eindeutige Handlungsvorschriften zur Lösung eines Problems. Für die Maschine ist ein Algorithmus etwas Abstraktes, deswegen brauchen wir Code, um die Handlungsvorschriften zur Lösung des Problems für die Maschine verständlich zu machen. Ein Algorithmus hat also keine Form, es kann mündlich mitgeteilt werden, in Form eines Flussdiagramms (wie in der nächsten Abbildung) oder in Form von Code. Bei Maria und ihren Tinder-Dates, zum Beispiel, geht es darum, den anderen auf Äußerlichkeiten zu bewerten, bevor das Treffen stattfindet. Der »Erstes Date«- Algorithmus könnte also so aussehen:

Hier sind die Schritte aufgelistet, die Tom abarbeiten möchte, wenn er Maria zum ersten Mal trifft. Ähnlich wie in diesem Beispiel, führen wir alle täglich solche Algorithmen durch. Ein Koch- oder Backrezept ist ein klassischer Algorithmus,

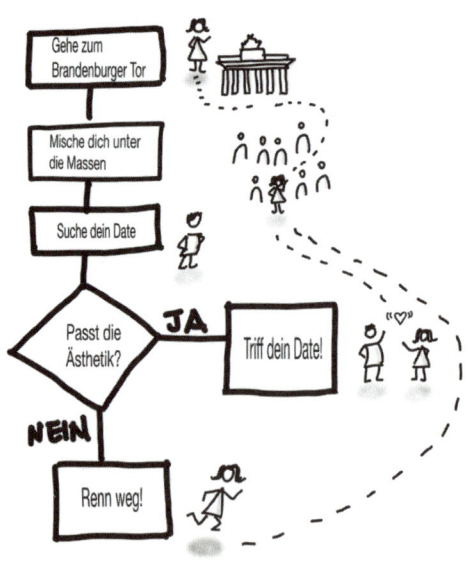

Abbildung 11: Der »Erstes Date«-Algorithmus

auch dort werden die einzelnen Schritte nacheinander festgelegt. Da die Kochkünste nicht bei allen gleich ausgeprägt sind, ist es wichtig, die Schritte genau und eindeutig zu beschreiben, damit es zu keinen Missinterpretationen kommen kann. Im besten Fall ist das Rezept so geschrieben, dass es vollkommen egal ist, wer kocht, und das Ergebnis immer ein gleich leckeres Essen ist. Dafür sollten die Schritte immer in derselben Reihenfolge umgesetzt werden, und das Kochen sollte auch mal ein Ende haben – »Ordnung muss sein« und »In der Kürze liegt die Würze«. Damit hätten wir die vier erforderlichen Eigenschaften für einen guten Algorithmus erfüllt:

1. **Determiniertheit:** Bei jeder Ausführung mit gleichen Zutaten und Handlungen kommen wir zum gleichen Ergebnis. Wenn wir das Rezept für Reiscurry befolgen, kommt am Ende immer ein Reiscurry dabei heraus.

2. **Determinismus:** Zu jedem Zeitpunkt, von vorne bis hinten, ist immer klar, was als Nächstes zu tun ist. Zuerst die einzelnen Zutaten raussuchen, wiegen, schnippeln und erst dann kochen. Sollten wir hier Varianten erlauben, wäre unser Algorithmus nichtdeterministisch. Der »Erstes Date«-Algorithmus, zum Beispiel, ist ein nichtdeterministischer Algorithmus, da ich zwei Ergebnis-Möglichkeiten habe: »Triff dein Date« oder »Renn weg«.

3. **Terminiertheit:** Alle Kochrezepte haben ein Ende, das heißt, wir werden irgendwann fertig und können unseren Hunger stillen. Endlosschleifen kann keiner gebrauchen, wenn der Magen knurrt. Andere Algorithmen, etwa zur Wetterbeobachtung, hören nicht auf, weil auch das Wetter nie aufhört zu existieren.

4. **Effektivität:** Unser Rezept war effektiv, wenn wir am Ende ein eindeutiges Ergebnis auf dem Tisch haben, das der Spezifikation (dem Versprechen des Rezepts) entspricht. Wenn wir ein Rezept für Reiscurry befolgen und am Ende Spaghetti mit Tomatensauce auf dem Tisch stehen, sollten wir das Rezept in die Tonne werfen!

Ähnlich wie Köche, die Rezepte für andere Menschen schreiben, schreiben Programmiererinnen Algorithmen für Maschinen, damit diese bestimmte Aufgaben richtig für uns lösen. Dabei werden die unterschiedlichsten Arten von Algorithmen unterschieden.

Es gibt zum Beispiel Entscheidungsalgorithmen (wie den »Erstes Date«-Algorithmus: entweder treffe ich mein Date oder ich renne weg). Oder Optimierungsalgorithmen (wie mein Reiscurry-Rezept, wenn ich mit den gleichen Zutaten das beste Reiscurry kochen möchte). Die Liste der unterschiedlichen Kriterien und der dazugehörigen Algorithmen ist quasi unendlich: Es gibt Algorithmen für Geometrie- und Grafikaufgaben, für Kalenderrechnung, Bioinformatik, Kompression, Klassifikation, Clusteranalyse, Kryptografie, Prüfsummenverfahren, Numerik, Sortieralgorithmen, Suchalgorithmen und, und, und. Picken wir uns doch mal den Sortieralgorithmus als Beispiel heraus.

Der Sortieralgorithmus hat das Ziel, gegebene Elemente in eine bestimmte Reihenfolge zu bringen. Unser Freund Carlos sortiert seine Bücher nach Farben, und die Haushaltshilfe meiner Schwiegereltern hat einmal alle Bücher im Haus alphabetisch geordnet, mit dem Ergebnis, dass mein Schwiegervater, ein Journalist, in seinem Arbeitszimmer gar nichts mehr gefunden hat. Das Sortierkriterium muss also vorgegeben werden und eindeutig sein, sonst kommt nichts Gutes dabei heraus. Dafür stehen uns verschiedene Algorithmen zur Verfügung, die sich für unterschiedliche Sortierkriterien eignen. Einige erledigen die Aufgabe schneller, andere langsamer, einige gründlicher, andere mit bestimmten Tricks.

Da ist zum Beispiel Bubblesort, das ist ein Algorithmus, der Elemente paarweise sortiert. Nehmen wir an, wir wollen unsere Bücher alphabetisch sortieren. Dafür legen wir alle Bücher auf einen Tisch, wir gehen von links nach rechts und schauen uns das erste Paar, also die ersten beiden Bücher, an. Sollte die alphabetische Reihenfolge richtig sein, lassen wir sie so liegen und gehen zum nächsten Paar, also das zweite und dritte Buch. Sollte die Reihenfolge falsch sein, vertauschen wir die Position dieses Bücherpaares. Dann vergleichen wir Buch drei und Buch vier, und immer so weiter, bis zum letzten Bücherpaar und dann wieder beim (neuen) ersten Paar. Dieses Procedere wiederholen wir so lange, bis bei einem Durchgang kein Paar mehr vertauscht werden muss – fertig ist die alphabetische Sortierung. Ihr könnt euch bei diesem Vorgehen vorstellen, dass es nicht schnell geht, gerade wenn es wirklich viele Bücher sind.

Das Ganze können wir auch etwas anders machen, indem wir diesmal das erste Buch als Referenz festlegen und das nächste Buch dann an die richtige alphabetische Position im Vergleich zu unserem Referenzbuch einordnen, also entweder rechts oder links davon. Im nächsten Schritt legen wir das zweite Buch als das neue Referenzbuch fest und wiederholen den Vorgang. Das machen wir so weiter, bis alle sortiert sind. Damit hätten wir den Einfügesortieralgorithmus verwendet, den Insertionsort.

Noch schneller geht es, wenn wir ein Buch zufällig aussuchen und alle Bücher, die im Alphabet davor kommen, links davon ablegen und alle Bücher, die im Alphabet danach kommen, rechts davon. Dann kleben wir ein Post-it auf das erste Buch und wissen, dass dieses richtig einsortiert wurde. Das Prinzip der Aufteilung in kleinere und dadurch besser handhabbare Gruppen heißt »teile und herrsche«. Dann wiederholen wir das gleiche Spiel mit der linken Gruppe Bücher, bis nach und nach auf allen Post-its kleben, und natürlich auch mit der rechten Gruppe Bücher. Damit hätten wir den Quicksort-Algorithmus verwendet. Auch wenn dieses Verfahren erst einmal komplex erscheint, ist es für sehr große Elementmengen, also etwa Tausende oder Millionen von Büchern, viel schneller als die ersten zwei. Bei solchen Mengen überlassen wir in der Regel die Aufgabe ja auch einer Maschine und lassen ihn automatisiert ablaufen, bevor wir uns die Finger wund sortieren.

Da die Maschine keine Emotionen kennt und stur unsere Handlungsanweisungen verfolgt, ist es ihr egal, welchen Algorithmus wir programmieren.

Für uns Menschen ist der Einfügesortieralgorithmus meist intuitiver. Denn genau dieses Vorgehen setzen wir zum Beispiel um, wenn wir beim Kartenspielen eine Karte aufnehmen und rechts oder links auf unserer Hand einsortieren.

An dieser Stelle frage ich mich jedes Mal, welchen Algorithmus die Haushaltshilfe meiner Schwiegereltern damals gewählt hat, und vor allem, wie ihre Reaktion ausgesehen hätte, hätte ich ihr auf die Schulter geschaut und gesagt, dass sie gerade diesen oder jenen Algorithmus verwendet. Amüsante Vorstellung, nicht wahr? Mein Schwiegervater fand das Ganze damals leider überhaupt nicht lustig, er hat wochenlang gebraucht, um alle seine Bücher in die ursprüngliche thematische Sortierung zurückzubringen, der Arme.

Damit die Aktion nicht ganz umsonst war, nutzen wir sie für ein Gedankenexperiment: Stellt euch vor, er hätte diese alphabetische Sortierung gewollt und die Haushaltshilfe damit beauftragt. Bei den vollgepackten Regalen hätte er wissen müssen, wie lange das in etwa dauert, denn das Zeitbudget der Haushaltshilfe ist begrenzt, und die restlichen Räumlichkeiten des Hauses müssen auch noch gereinigt werden. Also überlegt er sich einen Plan, wie das alles realisiert werden könnte. Diesen Plan nennen wir Programmierer »Modell«.

Programmierst du noch, oder modellierst du schon?

Ein Modell ist an sich eine vereinfachte Abbildung der Realität, oder besser gesagt: ein Ausschnitt der beobachtbaren Realität. Modelle helfen uns dabei, durch Vereinfachung die Realität besser zu verstehen, sie sind aber nicht die Realität – so wie sich das Modellhaus einer Architektin von einem richtigen Haus unterscheidet. Wir nutzen Modelle, um eine Art Laborsituation zu schaffen, in der wir bestimmte Aspekte der Realität kontrolliert messen und prüfen zu können. Die Architektin nutzt ihr Modell, um dem Bauherrn sein zukünftiges Haus zu zeigen, damit dieser entscheiden kann, wo nun der Balkon gebaut werden sollte. Sollte er sich kurz vor dem Bau umentscheiden, wäre das beim Modell kein Problem, ein paar Klicks im 3D-Simulationsprogramm, und schon ist der Balkon woanders. Würde das Haus ohne Modell gebaut, wäre solch ein Umentscheiden sehr teuer oder unmöglich – sofern der Bauherr nicht zwei Balkone möchte.

Was hat das nun mit dem Buch-Sortier-Modell von meinem Schwiegervater zu tun? Also, in diesem Fall handelt es sich um ein mathematisches Modell, das eine besondere Voraussetzung erfüllen muss: Reicht die Zeit, um alle Bücher alphabetisch zu sortieren, ohne das Putzen zu vernachlässigen? Da er die Antwort nicht empirisch ermitteln kann, also mehrere Methoden durchprobieren und schauen, welche wie viel Zeit in Anspruch nimmt (dann könnte er es auch gleich selbst machen), versucht er, das Ganze also zu modellieren. Nachdem die Aufgabe klar beschrieben ist, kommt der nächste Schritt: vereinfachen. Wir denken oft, dass die Realität doch im Grunde ganz einfach ist, wenn man jedoch genauer hinsieht, stellt man fest, wie komplex die Dinge in der Regel sind. Da wir beim Modellieren nur ein Abbild oder einen Ausschnitt nehmen, müssen wir Annahmen treffen, um die Aufgabe einfacher (und lösbarer) zu gestalten. Die Annahmen meines Schwiegervaters wären zum Beispiel: Es gibt keine Unterbrechungen (das Telefon klingelt, der Postbote läutet etc.), es fallen keine Bücher plötzlich vom Regal runter oder aus der Hand, es gibt keine Kaffee- oder Toilettenpausen, und es erscheint auch keine Maus aus der hinteren linken Ecke. Prozessual nehmen wir an, dass es am schnellsten geht, wenn alle Bücher auf den Tisch gelegt, sortiert und wieder in die Regale eingeräumt werden (was bei der Vielzahl an Büchern unrealistisch ist, aber egal). Jetzt müssen die Schritte mathematisiert werden.

Für das Ausbreiten der Bücher auf dem Tisch nehmen wir einen Zeitaufwand von 30 Minuten an, für das Einräumen in die Regale noch einmal 30 Minuten. Wie lange brauchen wir für das Sortieren? Gute Frage, denn hier gibt es verschiedene Möglichkeiten, wie wir oben gesehen haben, und je nach Algorithmus dauert es länger oder kürzer. Mein Schwiegervater ist ein pragmatischer Mensch und entscheidet sich für den Einfügesortieralgorithmus. Er geht davon aus, dass die Haushaltshilfe etwa zehn Sekunden braucht, um ein Buch in die Hand zu nehmen und alphabetisch einzusortieren. Bei 180 Büchern würde das bedeuten, dass 30 Minuten notwendig wären (180 × 10 Sekunden / 60 = 30 Minuten). Da man sich aber im Raum hin und her bewegen und die Position der Bücher anpassen muss, kommen weitere Verzögerungen hinzu. Diese sind aber nicht linear, man kann also nicht sagen, es dauert eine Minute pro Buch, denn je größer der Abstand, desto mehr Schritte sind notwendig und desto länger dauert es. Um sich das Leben einfach zu machen, rechnet mein Schwiegervater also 30 Minuten extra für die Bewegungen zum Einsortieren. Zusammengerechnet macht das also 4 × 30 Minuten = zwei Stunden. Da das Zeitbudget bei vier Stunden liegt, würde die Hälfte der Zeit für das Büchersortieren draufgehen. Das passt, denkt er sich, heute muss ja nicht gebügelt werden!

Gesagt, getan. Nach dreieinhalb Stunden kommt die Dame aus dem Arbeitszimmer raus, total erschöpft und mit Spinnweben in den Haaren. Obwohl sie zwischendurch eine Pause eingelegt hat, war der Auftrag ganz schön anstrengend. Viel Kraft bleibt nicht übrig, um das Haus zu putzen, also schickt er sie in den Feierabend und setzt sich hin, um sein Modell zu validieren. Er hat sich offensichtlich um einiges verschätzt. Nun gilt es, die Annahmen zu prüfen und die Kriterien zu validieren. Zum Beispiel hat sich die Annahme, dass keine Pause notwendig wäre, als falsch erwiesen. Die Annahme, dass zehn Sekunden pro Sichtung eines Buches ausreichen würden, trifft nur bei den ersten Durchgängen zu, nach einer Weile treten Ermüdungserscheinungen auf, und schon sehen die Augen die Buchstaben hin und her tanzen. Alle seine Validierungen führen dazu, sein Modell für den nächsten Versuch zu optimieren, wann auch immer der stattfindet. Heute jedenfalls nicht, denn erst mal muss mein Schwiegervater das Haus putzen. Aber in der Wissenschaft wiederholt man dieses Vorgehen so lange, bis das optimale Ergebnis erreicht wurde. Und das funktioniert alles viel besser mit Maschinen, denn die brauchen keine Pausen, haben keine Ermüdungserscheinungen und auch keine Angst vor Spinnen.

Okay, wir fassen noch einmal kurz zusammen: Die Experten legen fest, wie ein Modell aussieht und welche Algorithmen verwendet werden, die Programmierer schreiben das Ganze in den Quellcode und schicken es an den Compiler, damit das Betriebssystem etwas zu tun hat, und die Maschinen spielen das Modell schnell und ununterbrochen durch. Aber das macht die Maschinen noch nicht intelligent, sie setzen ja nur um, was ihnen gesagt wird. Was also ist die künstliche Intelligenz, von der mittlerweile alle Welt redet?

WIE KÜNSTLICHE INTELLIGENZ DAS TANZEN LERNT

*Was KI von uns braucht und wie
sie sich selbst weiterentwickelt*

Wie wir gesehen haben, dreht sich beim Programmieren viel um das richtige Übersetzen zwischen Mensch und Maschine. Das ist aber längst nicht mehr alles. Man könnte sagen, wir haben heute auch noch ein Erziehungsproblem. Denn die Codes, die uns wirklich nützlich sind, befolgen nicht mehr nur eins zu eins unsere Befehle, sie lernen von uns – das ist etwas ganz anderes. Wir Programmierer und Ingenieure sind zu Lehrern geworden, die ihr Weltwissen an die Maschinen weitergeben. Dass die Maschinen immer fleißig lernen, ist wenig verwunderlich – die Frage ist nur, was. Und um das beantworten zu können, muss man verstehen, wie Maschinen lernen.

Es gibt keine eindeutige Definition für den Begriff »künstliche Intelligenz«, aber man kann sagen, er steht für alle Methoden, die es einer Maschine erlauben, kognitive Fähigkeiten einer menschlichen Intelligenz nachzuahmen. Damit sind insbesondere Fähigkeiten wie Lernen und Problemlösen gemeint, aber auch Handeln, Wahrnehmen, Planen, Wiedererkennen, Kommunizieren und sogar Neues erschaffen.

Unter dem Begriff KI lassen sich daher sehr viele Methoden zusammenfassen, was erklärt, weshalb sogar Systeme, die eigentlich gar nicht wirklich intelligent sind, sondern einfach festen Regeln folgen, wie zum Beispiel in der Robotik, immer wieder zur KI gezählt werden.

Für mich persönlich ist mit der wichtigste Teil der KI das maschinelle Lernen, auf das wir uns in diesem Kapitel konzentrieren. Hier geht es um Computerprogramme, die nicht einfach nur mittels festgelegter Befehle durch ihre jeweilige Aufgabe geleitet werden, wie wir es oben beim Coden gesehen haben. Hier lernen die Computerprogramme, eigenständig Daten auszuwerten und aufgrund dieser Auswertung Prognosen und Empfehlungen auszusprechen. Sie können sogar Entscheidungen treffen, wenn dies von uns gewünscht ist und zugelassen wird, und in die Tat umsetzen.

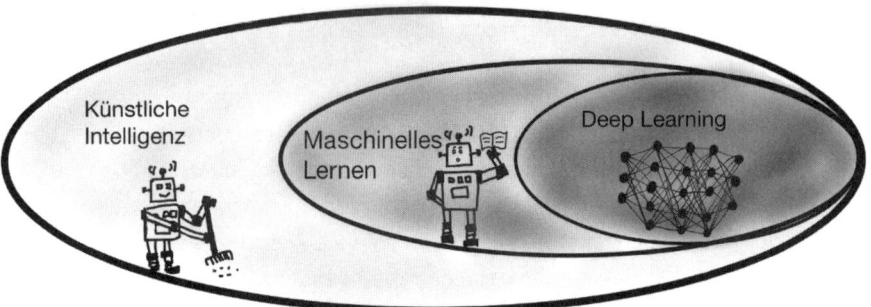

Abbildung 12: Übersicht der KI und ihrer Untermengen

Ein Bereich des maschinellen Lernens wiederum, an dem momentan besonders viel geforscht wird, ist das Deep Learning. Damit sind künstliche neuronale Netze gemeint, wie die, von denen ich im ersten Kapitel berichtet habe und die mich besonders begeistern. Sie bekommen gleich ein eigenes Kapitel – wir begegnen ihnen aber noch an vielen weiteren Stellen im Buch, denn Deep Learning ist ein Riesentrend in allen Lebensbereichen.

Doch bevor wir »deep« einsteigen: Was sind eigentlich die kognitiven Fähigkeiten einer menschlichen Intelligenz? Eine schwierige Frage, denn es fehlt nicht nur eine eindeutige Definition für künstliche Intelligenz, es gibt auch keine für menschliche Intelligenz. Man spricht von mehreren Intelligenzen, also sozialer Intelligenz, künstlerischer Intelligenz, kognitiver Intelligenz etc. Ähnlich ist das mit den Maschinen. Wir bauen heutzutage Maschinen, die nur in einer Sache gut sind. Damit ist die sogenannte schwache KI gemeint. Das bedeutet, dass die Maschine für eng definierte Aufgaben programmiert ist. Auch bei schwacher KI wird häufig dafür gesorgt, dass sie sich selbst optimieren und ihre Aufgabe immer besser erledigen kann. Strategiespiele wie Schach oder Go, aber auch Produktempfehlungen sowie manche medizinische Diagnosen sind gute Beispiele, wo KI uns Menschen mittlerweile übertrifft.

Neben der schwachen gibt es noch das Konzept einer starken KI. Hier ist die Rede von Maschinen, die mehrere Intelligenzen besitzen, oder welche, die menschliche Intelligenz übertreffen. Das heißt, sie sind nicht nur gut (bzw. besser als Menschen) im Schachspielen, sie können gleichzeitig auch noch Krebs diagnostizieren, mit Menschen und anderen Maschinen sprechen, Gesichter erkennen oder Empathie empfinden. Diese Form von Maschinen gibt es nicht, viele der Aspekte sind noch in einem frühen Forschungsstadium, und es wird darüber spekuliert, wann und ob wir solchen Maschinen begegnen werden. Einige Forscher sprechen von dreißig Jahren, andere von fünfzig, andere dagegen halten diese Form der KI für unmöglich. Denn solange das menschliche Gehirn noch nicht komplett erforscht ist,[3] kann die KI auch nicht schlauer werden als der Mensch. Genau kann es natürlich niemand vorhersagen. Fakt ist, solche Ideen sehen wir erstmal nur in Science-Fiction-Filmen wie »Terminator«. Doch um Zukunftskatastrophen wie in den Hollywoodfilmen (oder so ähnliche) zu vermeiden, müssen wir uns heute Gedanken darüber machen, wie wir was bauen. Muss die KI überall zum Einsatz kommen? Wo ist sie sinnvoll und wo nicht? Welche Grenzen wollen wir ihr setzen?

Das 1×1 des maschinellen Lernens

In Abbildung 13 seht ihr hübsch übersichtlich die Methoden, die im maschinellen Lernen hauptsächlich unterschieden werden. Wir folgen ganz einfach dieser Übersicht von links nach rechts und von oben nach unten und schauen uns an, was sich hinter all diesen Begriffen in der Praxis verbirgt.

Überwachtes Lernen

Das überwachte Lernen nennen wir so, weil wir unser Wissen hier mit der Maschine teilen, damit sie uns die lästige Arbeit abnimmt, aber gleichzeitig immer die Kontrolle darüber behalten, mit welchen

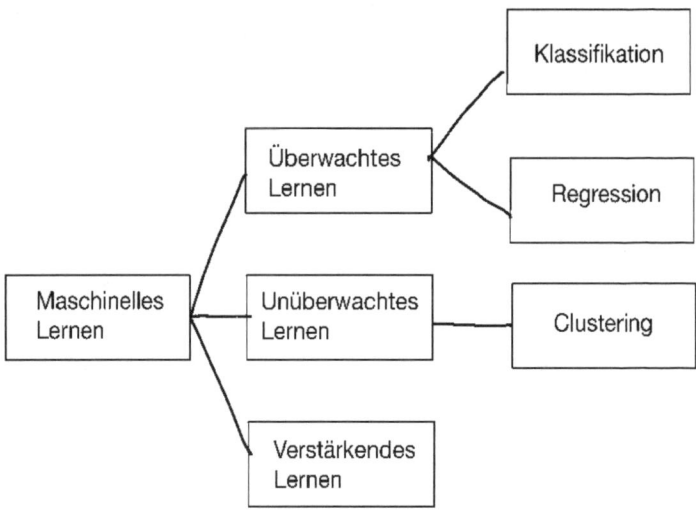

Abbildung 13: Die Methoden des maschinellen Lernens

Daten die Maschine gefüttert wird. Wir sagen der Maschine also, was richtig und was falsch ist, und beschreiben das Ganze so lange und ausführlich, bis die Maschine es versteht. Wenn wir die Maschine immer weiter mit neuen Daten füttern und falsche oder veraltete Daten korrigieren, wird sie auf dem neuesten Wissensstand bleiben. Viel mehr aber auch nicht. Sie wird uns also nicht mit neuen Erkenntnissen überraschen. Überwachtes Lernen ist daher vor allem gedacht für eine schnelle, automatische Aufgabenerledigung.

Klassifikation

Maschinen lernen tatsächlich so ähnlich wie kleine Kinder. Kinder lernen dadurch, dass wir ihnen Objekte zeigen, die Namen dazu sagen und alles so lange wiederholen, bis sie es kapieren. Wenn ihr selbst Kinder habt, kennt ihr das bestimmt: Ihr geht mit dem Baby im Kinderwagen spazieren, er oder sie sieht einen Hund und sagt »Wauwau«, und ihr antwortet ganz stolz und mit einem fetten Grinsen im Gesicht: »Ja! Wauwau!« Denn bevor das passieren konnte, habt ihr mehrmals beim Vorbeilaufen erklärt, was ein Hund und was eine Katze ist, und sehr oft korrigiert: »Nein, das ist kein Wauwau, sondern eine Miau« oder andersherum. Irgendwann hat euer Kind gelernt, beide zu unterscheiden, und in diesem Moment sind Eltern glücklich und stolz. Ähnlich fühlen sich Datenwissenschaftler und Informatiker, wenn ihre Maschine das erkennt, was sie erkennen soll. Dann sind sie nicht nur Lehrer, sondern auch stolze Eltern.

Bei den Maschinen gehen wir ähnlich vor. Klassifikation bedeutet hier, zwei Objekte voneinander zu unterscheiden. Wenn eine Maschine zum Beispiel Katzen und Hunde unterscheiden soll, zeigen wir ihr viele Fotos von Katzen und Hunden. Die Fotos der Katzen beschriften wir mit dem Wort »Katze«. Die von den Hunden beschriften wir nicht mit dem Wort »Hund«, sondern wir sagen: »Das ist *keine* Katze!«

Abbildung 14: Klassifikationskurs

Auf diese Weise lernt die Maschine, wie eine Katze aussieht, und bildet dafür ein eigenes Vorhersagemodell, ein predictive model. Die Fotos von Hunden haben wir bewusst ausgewählt, da ein Hund so ähnlich wie eine Katze aussehen kann, obwohl er natürlich ein anderes Tier ist. Es würde wenig helfen, Fotos von Katzen und Autos zu verwenden, um der Maschine beizubringen, wie eine Katze aussieht. Sie würde dann jeden Hund und jeden Elefanten für eine Katze halten. Genau diese kleinen Details, die eine Katze von einem Hund unterscheiden, sind diejenigen, die unsere Maschine lernen soll. Und unser Ziel ist es, dass die Maschine so genau und zuverlässig wie möglich eine Katze erkennen kann.

Diese Methode ist relativ einfach und kommt sehr häufig zur Anwendung. Gerade wenn wir über genug Informationen zu den beiden Elementen verfügen, reicht diese Methode aus, um die lästige Arbeit der Unterscheidung einer Maschine zu überlassen. Aber Achtung! Über einen Haufen Informationen zu verfügen reicht nicht aus. Diese Informationen müssen strukturiert und richtig beschriftet sein. Das heißt, ein Foto von einer Katze ohne das Attribut »Katze« hilft bei dieser Methode wenig. Diese Beschriftung der Elemente, seien es Bilder oder sonstige Datensätze, ist eine lästige Arbeit, die immer noch an uns Menschen hängen bleibt.

Abbildung 15:
Die Maschine lernt
Katzen von Hunden
zu unterscheiden

Wer sind die armen Schlucker, die diese stumpfe Aufgabe ausführen? Ihr werdet es nicht glauben, aber jeder von uns macht diese Arbeit, und zwar ohne es zu bemerken oder dafür belohnt zu werden. Jedes Mal, wenn wir auf Webseiten surfen oder uns irgendwo registrieren möchten und die Webseite uns fragt, ob wir ein Roboter sind oder ein Mensch, kreuzen wir »I'm not a robot« an, und schon können wir unser Ziel weiterverfolgen. Meistens aber verlangt die Webseite von uns, dass wir nachweisen, dass wir keine Roboter sind. Dies erfolgt zum Beispiel, indem wir verschwommene Zeichen lesen und abtippen müssen, das sind die berühmten CAPTCHAs.[4] Dieses Akronym steht für Completely Automated Public Turing test to tell Computers and Humans Apart, also einen vollautomatischen öffentlichen Turing-Test, um Menschen und Maschinen unterscheiden zu können. Der Turing-Test wurde in 1950 von dem englischen Informatikpionier Alan Turing formuliert, um festzustellen, ob Maschinen über ein Denkvermögen verfügen, das dem menschlichen gleichwertig ist. Um diesen Test durchzuführen, benötigt man drei Akteure: zwei Personen und eine Maschine. Person A kommuniziert sowohl mit Person B als auch mit der Maschine (ohne zu wissen, dass es eine Maschine ist) über eine Tastatur. Person A kann also Person B und die Maschine nicht sehen und nicht hören, die Kommunikation ist rein textuell. Person B und die Maschine versuchen Person A zu überzeugen, dass sie Menschen sind. Wenn Person A glaubt, dass die Maschine ein Mensch ist, hat die Maschine den Turing-Test bestanden.

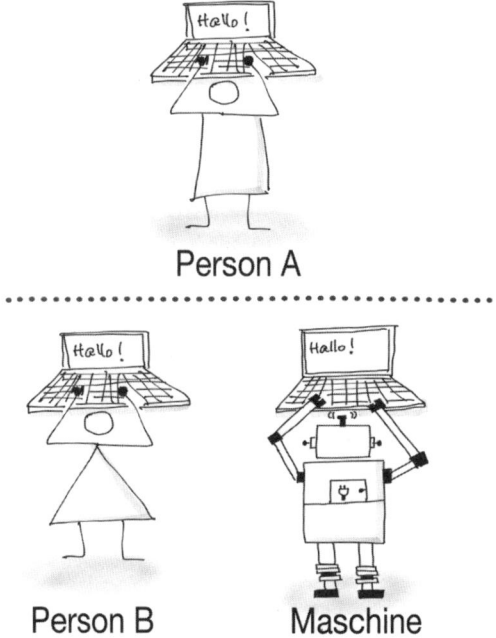

Abbildung 16: Szenario im Turing-Test

CAPTCHAs gehen einen etwas anderen Weg. Sie nutzen die Tatsache, dass sie für uns Menschen relativ einfach zu lesen sind, für Maschinen aber nicht. So verhindern sie unerwünschte Zugriffe auf die Webseite durch Roboter, sogenannte Bots. Solche Bots sind in der Regel nicht sehr intelligent und werden dafür programmiert, bestimmte Schritte oder Click-Reihenfolgen zu wiederholen. So können sie zum Beispiel Preise von unterschiedlichen Produkten im Minuten- bzw. Sekunden-Takt abfragen oder einfach eine Webseite »böswillig« beschäftigt halten, um die Leistung der Webseite für richtige Kunden zu beeinträchtigen. Die nicht-entlohnte Arbeit leisten wir allerdings erst dann, wenn wir Fotos gezeigt bekommen, auf denen wir nach Straßenschildern, Autos, Booten oder Ähnlichem suchen sollen. Eigentlich will man nur schnell was erledigen, und dann muss man zuerst auf blöde Fotos wie in Abbildung 17 klicken.

Abbildung 17:
Ein reCAPTCHA-Beispiel

Luis von Ahn, einer der Gründer von reCAPTCHA, hatte vor über zehn Jahren die geniale Idee, Webseiten mit solchen Aufgaben vor Robotern zu schützen, zuerst mit verschwommenen Texten (CAPTCHAs), dann mit Bildern (reCAPTCHAs). Google hatte 2009 die fast noch bessere Idee, reCAPTCHA zu kaufen und dafür zu nutzen, alle Internet-Nutzer zu unbezahlten Bildklassifizierern zu machen. Auf dieser Weise leisten wir alle einen wichtigen Beitrag für die Bilderkennung. Die von uns kategorisierten Bilder verbessern die Qualität der Bilderdatenbanken von Google. Aber immerhin stellt Google den Service all denen von uns kostenlos zur Verfügung, die selbst ein CAPTCHA auf ihren Webseiten installieren wollen. Inzwischen geht Google bereits den nächsten Schritt und analysiert auf eine andere, nämlich für uns unsichtbare Art, ob wir Roboter sind oder nicht.[5] Bald werden also die lästigen Bilder mit Booten oder Verkehrsschildern der Vergangenheit angehören.

Zurück zur Klassifikation: Hier müssen die Bilder vorher von Menschen richtig beschriftet werden, damit die Maschine sinnvoll lernen kann. Wollen wir eine Maschine zum Beispiel für eine Versicherung programmieren, damit sie klassifizieren kann, ob ein bestimmter gemeldeter Wasserschaden ein Versicherungsfall oder Versicherungsbetrug ist, müssen wir Menschen die verschiedenen Betrugsszenarien, die es gibt, kennen, auflisten und beschreiben. Der Computer wäre dann schnell in der Lage, einen echten Wasserschaden von einem Betrugsfall zu unterscheiden.

Wir sprechen hier immer noch über eine überwachte Methode, weil der Mensch der Maschine immer noch selbst sagt, was Sache ist. Die Maschine wird kaum schlauer werden können als der Mensch, sie erledigt den Job nur viel schneller und mit einer geringeren Fehlerrate, da die Maschine keinen Feierabend hat und nicht müde wird.

Klassifikation ist daher prädestiniert für Bilderkennung und kommt zum Beispiel in der Betrugserkennung, Kundenbindung oder Diagnostik zum Einsatz.

Regressionsanalyse

Anders als bei der Klassifikation machen wir bei dieser Art des maschinellen Lernens eine quantitative Unterscheidung. Vorher haben wir qualitativ zwischen zwei Objekten unterschieden beziehungsweise eine Entscheidung getroffen, um welchen der beiden Fälle es sich handelt, »Katze« oder »keine Katze«, »Betrug« oder »kein Betrug«. Jetzt wollen wir uns Mengen anschauen, unserer Maschine also beibringen, quantitativ zu unterscheiden.

Wir zeigen der Maschine zwei Größen (Variablen), zum Beispiel unser Gewicht in verschiedenen Lebensphasen. Ziel für unsere Maschine soll nun sein, die Korrelation, also eine Wechselbeziehung zwischen beiden Größen zu analysieren, um feststellen zu können, ob ein ursächlicher Zusammenhang besteht – oder kurz: wie sich unser Gewicht in Bezug auf unser Alter verändert. Das Gewicht und das Alter sind also die beiden Variablen, und die vergangenen Werte könnten beispielsweise so aussehen: Mit 18 habe ich 50 Kilo gewogen, mit 30 habe ich 60 Kilo gewogen etc. Das Alter nennen wir unabhängige Variable, und das Gewicht nennen wir abhängige Variable, da es vom Alter abhängt (natürlich auch von anderen Faktoren, aber hier fokussieren wir uns auf das Alter).

Die einfache Regressionsanalyse[6] erlaubt es uns, drei Arten von Fragestellungen zu untersuchen:

- Ursachenanalyse: Gibt es überhaupt einen Zusammenhang zwischen den Variablen (in unserem Beispiel Gewicht und Alter)?
- Wirkungsanalyse: Wie verändert sich die abhängige Variable (in unserem Beispiel das Gewicht) bei einer Änderung der unabhängigen Variable (des Alters)?
- Prognose: Können die Messwerte der abhängigen Variable durch die Werte der unabhängigen Variable vorhergesagt werden?

Da es immer wieder zu Verwechselungen zwischen Korrelation und Kausalität kommt, möchte ich kurz auf den Unterschied zwischen den beiden eingehen. Korrelation sagt nur, dass es einen Zusammenhang zwischen zwei Variablen gibt. Das kann ein kausaler Zusammenhang sein, muss es aber nicht. Manchmal spielen so viele Aspekte eine Rolle, dass der Zusammenhang auch reiner Zufall sein kann. Kausalität dagegen bedeutet, dass eine Variable die Veränderung der zweiten tatsächlich verursacht.

Ein Beispiel: Im Sommer laufen die meisten Deutschen in Birkenstock-Latschen rum. Korrelation oder Kausalität? Nun, da es im Sommer generell heiß ist, bevorzugen die Deutschen luftige Schuhe. So weit ist die Kausalität klar. Das mit den Birkenstock-Latschen ist aber keine Kausalität, sondern eher ein Zufall. Diese Schuhmarke wird aus anderen Gründen bevorzugt, etwa wegen ihrer Bequemlichkeit, aus Tradition, aus Modegründen etc., aber nicht nur weil es heiß ist. Der Zusammenhang zwischen den Absatzzahlen von Birkenstock und den erhöhten Temperaturen im Sommer ist zwar vorhanden, kann aber von mehr Faktoren abhängen als nur von der Sommertemperatur. Im Gegensatz dazu besteht zwischen den Absatzzahlen von Sandalen aller Art und den erhöhten Temperaturen im Sommer ein klarer kausaler Zusammenhang.

Generell gilt: Ob die Ursache erschlossen werden kann oder nicht, hängt vom Kontext ab. Meine Freundin Maria hat mal von einem ihrer Tinder-Dates eine lustige Geschichte erzählt, die hier gut passt. Der gute Mann sagte ihr, er hätte eine Lederallergie: Immer, wenn er morgens aufsteht und die Schuhe noch anhat, tut sein Kopf weh! Zwischen Kopfschmerzen und Lederschuhen besteht eine Korrelation, aber keine Kausalität. Natürlich war das als Witz gemeint, denn die Kopfschmerzen hatte er, weil er am Abend davor so viel Alkohol getrunken hatte, dass er nicht mal mehr geschafft hat, seine Schuhe vor dem Schlafengehen auszuziehen. Die Kausalität besteht also zwischen dem Alkohol und den Kopfschmerzen. Den Kontext zu kennen erspart es uns, schnelle Schlussfolgerungen zu ziehen, die keinen Sinn ergeben. Ähnlich wurde es auch mit der Beziehung zwischen den beiden, also nichts.

Und wie funktioniert nun die Methode der Regression?

Nehmen wir an, wir wollen die Anzahl an Pokémons in einem bestimmten Bezirk zu einem bestimmten Zeitpunkt in der Zukunft berechnen. Ich hoffe, das Spiel Pokémon Go sagt euch was. Es handelt sich um ein Augmented-Reality-Spiel, bei dem japanische Zeichentrickfiguren über eine App auf dem Smartphone oder Tablet angezeigt werden. Dabei wird das Straßenbild, wie man es in Wirklichkeit vor sich sieht, auf dem Bildschirm mit diesen Figuren angereichert (augmented). Das Ziel der Spieler ist es, die Figuren zu jagen und Punkte zu sammeln. Je mehr Pokémons gejagt werden, desto mehr Punkte gewinnt man, und je dichter eine Stadt oder ein Bezirk ist, desto mehr Pokémons sind vorhanden. Vor ein paar Jahren waren die Innenstädte voll mit Menschen, die in Grüppchen zusammen standen und gedankenverloren in ihre Smartphones starrten. Die vielen Fans dieses Spiels, das einen weltweiten Hype auslöste, ist für mich ein wunderbares Beispiel dafür, mit welcher Selbstverständlichkeit wir komplexeste Technik in unseren Alltag integrieren, wenn sie nur nutzerfreundlich verpackt wird.

Sagen wir mal, wir wollen die Anzahl an Pokémons vorhersagen, die sich in einem Stadtteil befinden nachdem ein neues Einkaufszentrum gebaut wurde. Wir sind also fleißig und sammeln über einen längeren Zeitraum Informationen über die Anzahl an Pokémons pro Stadtteil und wie diese Anzahl sich verhält, wenn das Stadtbild sich verändert. Daraus ergibt sich das folgende Bild, das wir den Maschinen zeigen.

Abbildung 18: Regressionsunterricht

Jetzt hat die Maschine alle Daten- punkte gesehen und muss die Korrelation berechnen. Da es das erste Mal ist, ha- ben wir den einfachsten Fall ausgewählt: eine lineare Regression.

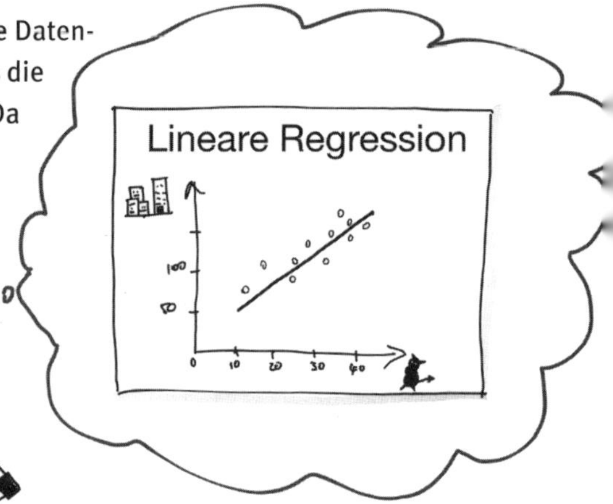

Lineare Regression

Nach der Regressionsanalyse, die ein paar Berechnungen beinhaltet, wird unsere Maschine eine Linie malen, wie sie oben abgebildet ist.

Abbildung 19: Lineare Regression

Bevor wir diese Linie nutzen können, um zukünftige Werte vorherzusagen, müssen wir ein paar zusätzliche Prüfungen durchführen, um die Güte unseres Modells zu bestätigen. Also, wie genau und gut unser statistisches Modell die Daten (die Beziehung zwischen den Variablen) erklären kann. Letztendlich ist unsere Linie eine mathematische Funktion. Unser Ziel ist es, diejenige Funktion zu schätzen, die am ehesten zu den vorliegenden Daten passt. Unsere Erfahrung, also Expertenwissen über die mögliche Beziehung zwischen den Variablen, sagt uns, mit welcher mathematischen Funktion wir starten können. Wir führen dann mehrere Tests durch, bis wir die Parameter schätzen und uns an die mathematische Funktion annähern, die den Zusammenhang der Variable am besten beschreibt. Dann validieren wir das Ganze mit weiteren Analysen, wie zum Beispiel die Untersuchung der Daten auf Ausreißer und einflussreiche Datenpunkte. Also Datenpunkte, die nicht zur ermittelten Funktion passen und welche, die die ermittelte Funktion stark beeinflussen. Erinnert ihr euch an meinen Schwiegervater und sein Bücher-Sortier-Modell? Damit wir nicht auch so danebenliegen, helfen uns ein paar Tests, herauszufinden, wie gut das ausgedachte Modell funktioniert. Wir probieren also so lange und passen das Modell entsprechend an, bis das beste Ergebnis erreicht ist. Bei linearen Regressionen ist klar: Unsere Vorhersage wird nur so gut sein wie der bestehende Zusammenhang zwischen der Anzahl der Gebäude und Pokémons. Mit der Regressionsfunktion können wir nämlich nur die Korrelation berechnen, die Kausalität hängt vom Kontext ab. Das heißt, es kann sein, dass die Anzahl der Pokémons direkt mit der Anzahl der Gebäude zusammenhängt, das muss aber nicht unbedingt der Fall sein.

Nehmen wir an, die Firma Niantic, die von Pokémon Go entwickelt hat, hat einen Sponsoringvertrag mit McDonald's abgeschlossen. In diesem Vertrag ist es vorgesehen, dass sich neben sämtlichen McDonald's-Filialen überproportional viele Pokémons befinden, um die Spieler in Richtung Fastfoodkette zu lotsen. Dieser externe Effekt kommt zusätzlich dazu und beeinflusst die Verteilung der Pokémons, ohne dass wir es von außen nachvollziehen können. Was wiederum unsere Vorhersage, die nur von der Anzahl der Gebäude abhängt, verzerrt. Ein zusätzlicher externe Effekt könnte auch sein, dass die Sicherheitsbehörde eine Pokémon-Verteilung im Abstand von weniger als 500 Metern entlang der Hauptverkehrsstraßen verboten hat, um Unfälle zu vermeiden, da die Spieler bei ihrer Jagd gar nicht mehr auf den Straßenverkehr achten. Oder dass plötzlich Niantic eine Aktion zum Vatertag startet und die Anzahl an Pokémons verdoppelt, damit mehr Väter mit ihren Kindern auf die Straßen gehen und spielen. (Achtung: All diese Beispiele rund um die Pokémons habe ich mir ausgedacht, um die Regression zu erklären, es sind also keine Fakten.)

Auch in der Realität, die nicht augmented ist, gibt es meistens viel mehr Abhängigkeiten als die uns bekannten. Die Komplexität ist in der Regel viel größer, als wir denken oder mit unseren Systemen simulieren (können). Trotzdem ist die Regression in vielen Fällen das Beste, was wir machen können. Und genau aus diesem Grund müssen wir die Modellgüte prüfen, bevor wir das Ergebnis für Prognosen verwenden.

Wichtig anzumerken ist, dass die Regressionsanalyse eine sehr alte statistische Methode ist, die seit dem Achtzehnten Jahrhundert zum Einsatz kommt. Verwendet wird die Methode für Prognosen aller Art, Vorhersagen und um neue Erkenntnisse aus bekannten Datensätzen zu gewinnen.

Unüberwachtes Lernen

Dieses Kapitel wurde mit der Bemerkung eingeleitet, dass Maschinen eigentlich wie kleine Kinder lernen. Aber natürlich lernen Kinder nicht nur dadurch, dass wir ihnen etwas vorsagen oder -legen. Meistens lernen sie durch eigenständiges Beobachten, ohne dass wir Einfluss darauf haben. Sie erkunden die Umwelt, schauen, was passiert, probieren Sachen aus, scheitern und tun sich dabei weh, stehen wieder auf und wiederholen das so lange, bis das gewünschte Ergebnis eintritt beziehungsweise etwas gelingt. Auch Maschinen können so lernen. Für dieses Erkunden sind allerdings viele, viele Daten notwendig. Und die liefern in vielen Fällen mal wieder wir alle – durch unsere Beiträge im Internet, unser Nutzungsverhalten von Apps und smarten Geräten.

Clustering

Unser Verhalten im Internet und den sozialen Medien ist für jeden eine Goldmine, der Marktforschung betreiben, Verkaufszahlen erhöhen oder eine bestimmte Nutzergruppe identifizieren möchte. Denn jeder von uns sitzt mehrere Stunden am Tag vor seinem Rechner, wischt und tippt auf seinem Smartphone oder Tablet herum und erzeugt dabei Tausende von Datenpunkten. Aber wie gelingt es, das Gold zu fördern?

All diese Daten zu sammeln und zu analysieren erfolgt natürlich maschinell und automatisiert, die Menge ist so gigantisch, dass es manuell gar nicht mehr machbar wäre. Aus großen Datenmengen neue Trends herauszukitzeln nennt man Data-Mining. Da unser Fokus das maschinelle Lernen ist, werden wir uns hier nur die Methode des Data-Minings anschauen, die für das maschinelle Lernen eine Rolle spielt, nämlich das Clustering, auch Clusteranalyse genannt.

Mithilfe der Clusteranalyse möchten wir erreichen, dass unsere Maschine in großen Datenmengen automatisch Muster erkennt. Nehmen wir an, wir zeigen unseren Maschinen Bilder von Menschen und Tieren, so wie in Abbildung 20. Ziel ist es, all diese Menschen und Tiere in sinnvolle Gruppen (Cluster) einzuteilen, zum Beispiel, weil wir für ihre Ernährung zuständig sind und wissen müssen, welche Nahrung wir für die jeweiligen Gruppen kaufen müssen. Da wir viele unterschiedliche Arten von Lebewesen haben und eine Gruppierung wegen der schieren Masse manuell nicht hinbekommen, lassen wir uns von Clustering-Algorithmen helfen. Das sind Programme, die uns helfen sollen, die Cluster anhand bestimmter Parameter automatisch einzuteilen. Das ist verzwickter, als man meinen könnte, denn wir befinden uns ja im Kapitel des unüberwachten Lernens.

Das könnte zunächst einmal dazu führen, dass alles, was Flossen hat, automatisch in dieselbe Gruppe eingeteilt wird, dann landen Fische, aber eben auch Seelöwen in einem einzigen Cluster. Ganz genau wissen wir im Voraus nicht, was das Programm mit unseren Anweisungen anstellen wird, deswegen müssen wir experimentieren.

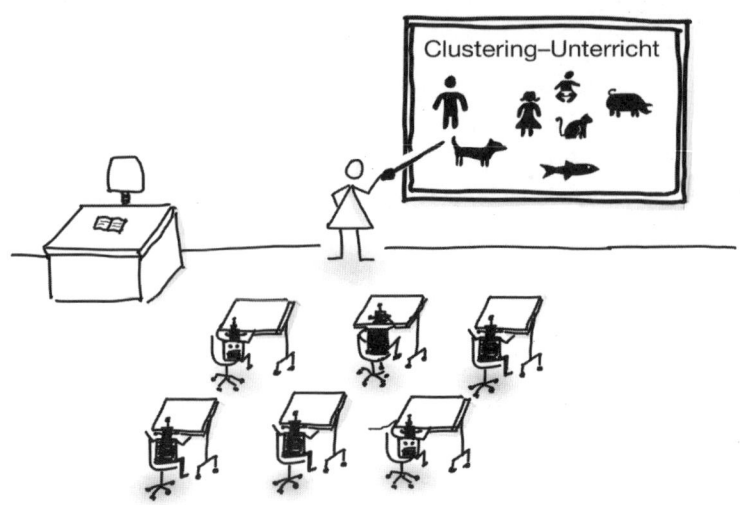

Abbildung 20: Clustering-Unterricht

Eine der Fragen, die wir uns vorab stellen, ist zum Beispiel, wie viele Gruppen wir überhaupt oder maximal haben wollen. Das können wir beeinflussen, indem wir den Abstand vom Clusterzentrum zum entferntesten Datenpunkt vergrößern oder verkleinern: je kürzer die Entfernung, desto mehr einzelne Cluster, und je größer die Cluster, desto geringer ihre Zahl. Das klingt komplizierter, als es ist.

Stellt euch die Cluster doch mal als Dörfer vor: Früher war die Kirche üblicherweise im Zentrum eines Dorfes. Wenn wir festlegen, dass alles im Umkreis von einem Kilometer zur Kirche zu Dorf 1 gehört, dann haben wir Dorf 1 eindeutig identifiziert. Sollten wir jetzt sagen, alles in Umkreis von zehn Kilometern zur Kirche gehört zu Dorf 1, dann könnte es sein, dass wir Dorf 2 mit seiner eigenen Kirche von Dorf 1 »verschlucken« lassen. Man müsste sich dann darüber einigen, welche die Hauptkirche ist und wo das Zentrum liegt. Bei den zu ernährenden Tieren und Menschen haben wir aber keine Kirche als eindeutiges Zentrum. Deshalb müssen wir herumexperimentieren, welche Cluster sinnvoll sind. Wenn wir versuchen, alle Katzen als ein Cluster zu fassen, stecken auch Tiger und Löwen mit drin, die aber eine andere Kost und ganz andere Mengen benötigen. Und grenzen wir Frettchen und Marder davon ab, oder gehören sie ernährungstechnisch dazu?

Unsere Maschine macht sich keine Sorgen, sondern bildet erst mal unterschiedliche Cluster, so gut es geht und je nach Justierung der Algorithmen, und zeigt uns das Ergebnis. In Abbildung 21 sehen wir drei Möglichkeiten:

1. Rechts sehen wir zwei Cluster: Einer besteht aus Menschen und der andere aus Tieren.

2. Oben in der Mitte sehen wir drei Cluster: Einer besteht aus Lebewesen, die auf zwei Beinen laufen, einer besteht aus Lebewesen, die auf vier Beinen laufen, und einer besteht aus einem Lebewesen, das gar nicht läuft.

3. Links sehen wir zwei Cluster: Ähnlich wie beim vorherigen, mit dem Unterschied, dass der Fisch nicht als Cluster erkannt wurde. Der Fisch wird hier einfach als Datenpunkt angezeigt, aber nicht als Cluster.

Abbildung 21: Ergebnis des Clusterings

Nachdem die Maschine fertig mit dem Clustering ist, schaut sich die Programmiererin die Ergebnisse genauer an und versucht diese zu verstehen und den Zusammenhang zu der Justierung herzustellen. Je nach Justierung hat die Maschine zwei Mal zwei Cluster und einmal drei Cluster identifizieren können. Wenn die Programmiererin sich die Objekte in jedem Cluster anschaut, scheint es Sinn zu ergeben, was die Maschine da ausgerechnet hat. Aber warum hat der Fisch im linken unteren Bild keinen Cluster um sich herum? Sie forscht also in den Daten und stellt fest, dass es viel weniger Bilder von Fischen gibt als von den restlichen Lebewesen. Mit der dritten Justierung scheint der Fisch nur wenig Relevanz zu haben und wird von der Maschine nicht als »Cluster-würdig« identifiziert. Was bedeutet das?

Wenn der Fisch nicht als Cluster erkannt wird, werden wir keine Nahrung für ihn kaufen. Hm! Das wäre es dann mit dem Fisch! Eine Minorität in einem Datensatz (oder in der Realität) zu sein kann beim Clustern gefährlich werden. Deshalb ist die Justierung der Algorithmen eine schwierige und wichtige Aufgabe. Wir müssen stets überprüfen, was für ein Ergebnis wir bekommen und auf die Konsequenzen achten. Je nachdem, welche Entscheidungen über die Cluster getroffen werden, müssen wir sicherstellen, dass wir keinen Mist bauen. Wir werden später noch mehr über die Risiken verschiedener Anwendungsszenarien erfahren. Behaltet dafür bitte das Beispiel mit dem einsamen kleinen Fisch im Hinterkopf.

Clustering wird meistens für die Kundensegmentierung verwendet. Jeder Betreiber einer Webseite möchte wissen, was für Leute sich dort herumtreiben, wer sie sind und was sie wollen. Diese Information ist unheimlich wichtig, um den Nutzern ein gutes Surferlebnis anbieten zu können, indem sie zum Beispiel schnell an die Informationen gelangen, die sie suchen. Und sie ist wichtig, um maßgeschneiderte Angebote unterbreiten zu können oder nur für eine bestimmte Art von Nutzern attraktiv zu sein. Bei einer E-Commerce-Seite beeinflusst das gute Surferlebnis, wie lange ich auf der Seite verweile, und es erhöht die Chance, dass ich ein Produkt doch kaufe, obwohl ich es nicht unbedingt kaufen wollte. Ihr kennt das sicher – oder stöbert keiner von euch bei Zara, Amazon, Limango oder Conrad Elektronic rum?

Bei der Informationsseite einer Stadt wiederum steht nicht der Verkauf, sondern die Information im Vordergrund. Hier möchte ich, dass die Bürger so schnell wie möglich über die Leistungen der Stadt oder ihrer Ämter informiert werden, damit sie diese vernünftig nutzen können. In beiden Fällen sammeln die Seiten Informationen über das Verhalten der Nutzer, zum Beispiel über Cookies. So können sie die Klicks und die Klickreihenfolge der Nutzer untersuchen, ebenso wie die Verweildauer. Erinnert ihr euch an meine Reisebuchung nach Valencia? An dieser Stelle werden die Informationen über mich gesammelt, sowohl meine Verbindungsdaten, mein ungefährer Standort und die Uhrzeit als auch mein Surfverhalten, das heißt welche Seiten ich besucht habe, um den Preis zu vergleichen, welche Reisedaten und alternativen Destinationen ich eingegeben habe und die Dauer meiner Suche.

Dies alles sind Hinweise, die verwendet werden, um mich einem Cluster zuzuordnen: Nutzer, die scheinbar nicht viel Zeit haben, teure Geräte zum Surfen nutzen und nicht sehr flexibel sind, was das Reisedatum und den Urlaubsort angeht. Und genau diese Informationen beeinflussen die Preisgestaltung. In meinem Fall bedeutet das:

»Ach, sie könnte auch 40 Euro mehr für den Flug bezahlen, Hauptsache, der Vorgang ist in fünf Minuten erledigt.«

Obwohl wir uns meistens zu Recht über diese Datensammlung ärgern, manchmal freue ich mich sogar darüber. Zum Beispiel als ich neulich eine neue Geschirrbürste bei Amazon bestellen wollte. Ich kaufe seit Jahren dasselbe Bürstenmodell, sie hat einen Behälter für das Spülmittel, das man per Knopfdruck auf dem Geschirr verteilen kann. Der Knopf ist aus Silikon, und ab und zu geht er kaputt. Bevor ich die Bestellung diesmal losgeschickt habe, habe ich kurz mit meinem Mann gesprochen. Wir haben uns gefragt, wie lange der Knopf hält und ob es überhaupt sinnvoll ist, die Bürste noch einmal zu bestellen oder lieber eine ohne Behälter. Auf jeden Fall gebe ich das Modell bei Amazon ein, und siehe da, Amazon weiß ganz genau, wann ich das Produkt zuletzt bestellt habe: im Mai 2018. Und das, ohne dass ich Amazon die Frage gestellt habe. In dem Moment habe ich mich über Amazons Datensammelei gefreut.

Verstärkendes Lernen

Im Gegensatz zu den vorigen Methoden stammt das verstärkende Lernen nicht aus der Mathematik und Statistik, sondern aus der Psychologie. Hier hat man sich an der sogenannten instrumentellen Konditionierung aus Verhaltensstudien an Tieren orientiert. Der US-amerikanische Psychologe Edward Lee Thorndike hatte Ende des 19. Jahrhunderts mehrere Versuche zur Lernfähigkeit von Tieren unternommen. In seiner Lerntheorie formulierte er drei entscheidende Gesetzmäßigkeiten für das Lernen:

- Das Gesetz der Auswirkung: Wird ein bestimmtes Verhalten als Reaktion auf eine bestimmte Situation belohnt, dann verstärkt oder festigt dies die Assoziation zwischen der Situation und der Reaktion. Im Umkehrschluss sinkt die Wahrscheinlichkeit dieser Reaktion, wenn auf ein bestimmtes Verhalten in einer bestimmten Situation negative Konsequenzen folgen.
- Das Gesetz der Bereitschaft: Verschiedene Reaktionen können verknüpft werden, um ein bestimmtes Ziel zu erreichen.
- Das Gesetz der Übung: Je öfter eine Lernaufgabe eingeübt wird, desto eher prägt sich der Lernstoff ein.

Diese Gesetze machen sich nicht nur Tierhalter, Eltern und Lehrerinnen zunutze, auch Datenwissenschaftler und Informatiker denken sich Methoden aus, um die Effekte von Belohnung und Bestrafung in mathematische Formeln zu übersetzen. Sie bauen diese dann in ihre Algorithmen ein, um den Lernprozess ihrer Maschinen zu verbessern, mehr noch: Die Maschine soll selbst eine Strategie finden, um maximal belohnt zu werden, ohne dass ihr gezeigt werden muss, welche Aktion in welcher Situation die beste ist.

Wie schafft sie das? Wieder ist der Vergleich mit Kindern nicht fern. Sie lernt das so, wie Babys laufen lernen: Probieren, hinfallen, wieder aufstehen, eine Kleinigkeit verändern und erneut probieren, immer wieder und so lange, bis es klappt. Trial and Error, Versuch und Irrtum. Jede Kombination von Muskelan- und Entspannung führt zu einem bestimmten Gleichgewichtszustand: Ist die Kombination die richtige, und hat das Baby sein Gleichgewicht nicht verloren, dann ist das eine Belohnung, die sich im Gehirn festigt. Beim nächsten Schritt ist die Kombination vielleicht nicht ganz optimal, und es verliert sein Gleichgewicht, autsch – kleine Bestrafung. Hier war entweder die Kombination die falsche, oder die richtigen Muskeln haben noch nicht genug Power. Also gibt das Gehirn das Signal an den kleinen Körper, noch ein paar Rückenmuskeln aufzubauen, damit es endlich klappt mit dem Gleichgewichthalten. Dieser Lernprozess hört übrigens nie auf, solange wir leben.

Unser Roboter versucht das ganz ähnlich. Nehmen wir an, wir bauen ein kleines Labyrinth und sagen ihm, er soll so schnell wie möglich am Ziel ankommen, so wie in Abbildung 22. Das Fortbewegen haben wir ihm beigebracht, aber wie er sich am schnellsten fortbewegt, soll er selbst lernen und in jeder Situation selbst entscheiden.

Das verstärkende Lernen

Abbildung 22: Verstärkendes Lernen im Labyrinth

Unser Labyrinth scheint auf den ersten Blick relativ einfach durchschaubar zu sein. Wenn man aber genauer hinsieht, erkennt man, dass einige Gänge enger sind als andere. Da kommt unser Roboter nur seitwärts durch. Das heißt, hier muss er ausprobieren, welcher Gang mit welcher Körperhaltung passierbar, und gleichzeitig natürlich, welcher Weg am sinnvollsten ist. Und nicht vergessen, das Ziel ist, so schnell wie möglich anzukommen. Jede Bewegung und jeder Gang werden sich auf die Geschwindigkeit auswirken, entweder positiv oder negativ. Und genau darin stecken die Belohnung und Bestrafung, die wir für ein verstärkendes Lernen eingebaut haben.

Warum möchte man Maschinen in die Lage versetzen, dieses natürliche Lernverhalten zu kopieren? Ganz einfach: Weil wir nicht für alle Probleme eine ausreichende Menge an Fragen mit den passenden richtigen Antworten haben, zum Antrainieren der Maschine. Zudem gibt es noch viele ungelöste Probleme, die wir mit vorprogrammierten Methoden nicht lösen können. Diese werden auch nichtlineare Steuerungsprobleme genannt, und wir finden sie zum Beispiel in der Steuerung von Flugzeugen, also in Autopiloten. Solche Probleme haben die Eigenschaft, dass es für uns extrem schwierig ist, in jedem Moment genau zu definieren, was das Softwareprogramm machen soll. Solch ein Steuerungsprogramm zu bauen, bei dem wir alle möglichen Szenarien vorher beschreiben und einprogrammieren, ist unmöglich. Aus diesem Grund lässt man die Programme selbst lernen, die Probleme zu lösen, sobald sie eintreten, und zwar durch Ausprobieren, also durch Versuch und Irrtum. Aber keine Panik, es wird kein Flugsteuerungssystem gebaut, mit dem die Maschine beim Fliegen mit 150 Passagieren an Bord alle Optionen zum ersten Mal durchprobiert. Das wird natürlich alles vorher simuliert und so lange ohne Passagiere getestet, bis die Fehlerrate fast gleich null ist.

Die Methode des verstärkenden Lernens steckt noch in den Kinderschuhen, es gibt also kaum kommerzielle Anwendungen, die darauf basieren. Die meisten Entwicklungen werden nur zu Forschungszwecken eingesetzt. Eines der Gebiete, das hier bereits am weitesten fortgeschritten ist, ist die Gaming-Industrie. Da es sich nicht um Leben oder Tod handelt, sind die Videospielhersteller den anderen Industrien natürlich im (virtuellen) Vorteil und nutzen verstärkendes Lernen in der Spieleentwicklung.

Ein Anwendungsfall dieser Methode erregte im März 2016 einiges Aufsehen. AlphaGo, ein Programm der Firma DeepMind[7] (die 2014 von Google aufgekauft worden war), besiegte den damals besten

Go-Spieler der Welt, Lee Sedol. Go ist ein traditionelles chinesisches Brettspiel, das sehr komplex ist, um ein Vielfaches komplexer als Schach. Beim Go, dessen Ursprünge über 2000 Jahre zurückreichen, gibt es mehr mögliche Spielkonfigurationen als Atome im Universum. Um es zu beherrschen, braucht es nicht nur viel Übung, sondern vor allem strategisches Denken. Aufgrund der enormen Komplexität des Spiels nutzten die Programmierer das verstärkende Lernen, um AlphaGo zu trainieren. Die Maschine verbesserte dadurch ihre Fähigkeiten beim Durchprobieren immer weiter, bis sie schließlich Lee Sedol besiegen konnte, ganz ohne menschlichen Einfluss. Ich erinnere mich noch sehr gut daran, wie ein Freund mir damals die Schlagzeile zeigte. Er sagte total irritiert: »Das war es, die Maschinen können ohne uns lernen, der Zug der Menschheit ist abgefahren.«

Ich stutzte. Konnte eine Maschine, ohne dass man ihr irgendwas beigebracht hat, wirklich im Go-Spiel gegen Menschen gewinnen? Da ich selbst schon in China gelebt habe, weiß ich aus eigener Erfahrung, wie komplex das Spiel ist. Aber solch ein Durchbruch im maschinellen Lernen wäre während meines Studiums noch völlig unvorstellbar gewesen. Obwohl sich der Stand der Wissenschaft rasant entwickelt, konnte ich die Pressemeldung nicht glauben. Also recherchierte ich und wurde schnell fündig: Das Team von DeepMind hatte AlphaGo gebaut und der Maschine erst einmal die Spielregeln mithilfe künstlicher neuronaler Netze beigebracht. Aha! Ein neuronales Netz war demnach dafür zuständig, die nächste Bewegung zu selektieren, ein zweites neuronales Netz errechnete dafür die Gewinnwahrscheinlichkeit. Das ganze System wurde lange im Spiel gegen sich selbst und gegen Amateurspieler trainiert. Erst danach entstand die zweite Version, die dank verstärkenden Lernens beim Spielen ihre Fähigkeiten verbessern konnte. In den Medien hat man nur von der zweiten Version gesprochen, das klang ja auch spektakulärer, denn diese hatte tatsächlich nur vom Spielen und Beobachten gelernt. Aber ohne die erste Version wäre das nicht gegangen. Ich atmete tief durch, und auch meinen Freund konnte ich beruhigen: »Die Maschinen können immer noch nicht ohne uns!«

Warum war ich beruhigt? Weil künstliche neuronale Netze zu bauen kein Selbstläufer für Maschinen ist. Dafür sind wir Menschen immer noch sehr gefragt, wie wir gleich sehen werden.

Deep Learning:
Lernen mit künstlichen neuronalen Netzen

Auch diese Methode der künstlichen Intelligenz wurde in Anlehnung an die Natur entwickelt. In den frühen Vierzigerjahren hat man sich angeschaut, wie unser Gehirn funktioniert, und sich von unserem Nervensystem inspirieren lassen, insbesondere von den Nervenzellen (Neuronen), aus denen unser Nervensystem besteht. Das daraus abgeleitete Modell beinhaltet viele künstliche Neuronen, die Schicht für Schicht Informationen aneinander weitergeben und fähig sind, eine intuitive Musterverarbeitung hinzubekommen, ohne dass vorher Regeln entwickelt wurden.

Die kleinste Einheit ist das einzelne künstliche Neuron. Es hat mehrere Eingänge (Inputs) und nur einen Ausgang (Output), wie Abbildung 27 zeigt. Durch die Eingänge bekommt das Neuron Informationen aus den vorgelagerten Neuronen. Über seinen Ausgang feuert es weiter zum nächsten Neuron oder eben nicht. Mit Feuern meine ich, es gibt Information weiter. Die Entscheidung, ob an das nächste Neuron gefeuert wird oder nicht, hängt von bestimmten Pa-

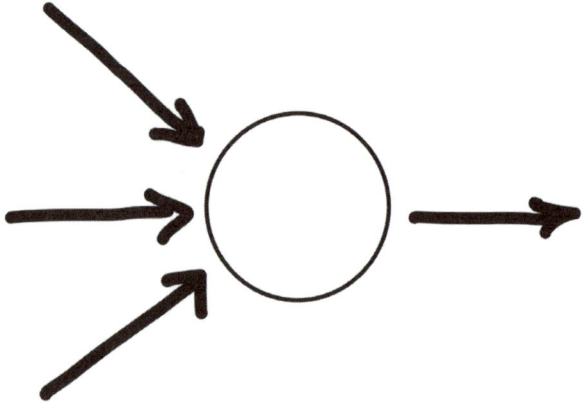

Abbildung 23: Schematische Darstellung eines künstlichen Neurons

rametern ab. Jeder Eingang eines Neurons hat eine bestimmte Gewichtung, und die Summe aller Eingänge unter Berücksichtigung der jeweiligen Gewichtung ergibt einen Wert. Liegt dieser Wert unter einem bestimmten Schwellenwert, bleibt der Ausgang »ruhig«, liegt er über dem Schwellenwert, feuert das Neuron.

Solche Vorgehensweisen sind uns bekannter, als es vielleicht klingt, sie bilden nämlich die Basis für die meisten unserer Entscheidungen. Stellt euch vor, eine Freundin ruft an und fragt, ob ihr zu einer Abendveranstaltung mitgehen wollt. Es ist Winter, ihr schaut, was die Wetter-App sagt, dann fragt ihr, welche Leute noch dabei sind, ob es etwas zu essen geben wird und, wenn ja, was. Das sind die Informationen, die ihr braucht, um eure Entscheidung zu treffen. Für unseren spanischen Freund Carlos hätte die Wetterlage die oberste Priorität, dann kämen das Essen und die Leute. Für meine Freundin Maria wäre die Informationen darüber, welche Leute noch kommen, am wichtigsten, dann das Essen und zuletzt das Wetter. Diese Prioritäten bilden die unterschiedlichen Gewichtungen, die jedes Input bekommt. Die Summe der drei (je nach Prioritäten) gewichtigen Antworten beeinflusst die Entscheidung, ob er oder sie mitgeht (Feuer) oder nicht (kein Feuer). Und bei mir bildet der Schwellenwert in diesem Fall wahrscheinlich folgendes Bauchgefühl: »Es sind zwar nur fünf Grad draußen, aber eine Abwechslung zu Spaghetti mit Tomatensauce klingt sehr reizvoll, und ein paar neue Leute aus der Medienbranche kennenzulernen wäre auch nicht schlecht.« Also entscheide ich mich mitzugehen. Feuer!

Ein künstliches neuronales Netz hat (am Anfang) kein »Bauchgefühl«, sondern mathematische Funktionen, die die Gewichtung und Schwellenwerte definieren. Wenn das Netz zum ersten Mal trainiert wird, dann nimmt man Zufallswerte für die Gewichtungen und passt diese nach jeder Wiederholung an. Zum Trainieren wähle ich Daten, die ich bereits kenne, das heißt, das richtige Ergebnis ist mir bekannt. Mit der Abweichung, die nach jeder Wiederholung entsteht, korrigiere ich meine Gewichtungen und Schwellwerte, um am Ende der Trainingsphase ein möglichst optimales Ergebnis zu bekommen.

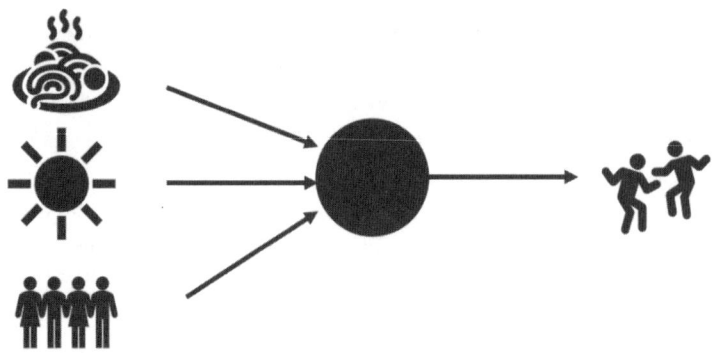

Abbildung 24: Abendveranstaltungs-Entscheidungsfindung

Erst dann habe ich einen Zustand erreicht, den ich persönlich als eine Art »Bauchgefühl« bezeichne.

Stellen wir uns vor, es geht um die Entscheidung über einen Hauskauf, und zwar um unsere subjektive Entscheidung, ob wir uns die nächsten x Jahre für dieses eine Haus verschulden wollen. Über die Input-Schicht kommen die Informationen ins Spiel, die die Input-Neuronen »füttern«. Die Input-Neuronen verhalten sich wie kleine Experten, jeder in seinem Spezialgebiet, denn jedes Neuron ist für einen Bereich im Eingaberaum zuständig: Das eine steuert die Entscheidung, ob wir zur Abendveranstaltung gehen, das andere, ob wir ein Auto kaufen, das nächste, ob wir uns einen Segelurlaub in der Karibik leisten können etc. Die Entscheidungen all dieser Experten werden dann in der zweiten Schicht zusammengeführt. Bildet man die zweite Schicht aus mehreren Neuronen, die wiederum weiterfeuern, hat man schon die einfachste Variante eines neuronalen Netzes gebaut: ein sogenanntes zweilagiges Perzeptron. Abbildung 25 zeigt ein solches, mit fünf Input-Neuronen (erste Schicht), drei versteckten Neuronen (zweite Schicht) und einem Output-Neuron.

Beim Hauskauf spielen viele Faktoren eine Rolle: Unsere Ausgaben der letzten Jahre, unser Kapital, unser Einkommen und unser Umgang mit dem Geld entscheiden darüber, ob wir uns ein Haus leisten können oder nicht. Andere Informationen, wie die Entfernung zu unserer Arbeitsstätte, zum nächsten Krankenhaus, zu unseren

Freunden, die Lage, die Himmelsrichtung, Anzahl und Alter der Kinder im Haushalt, die Entfernung zu Kindergarten und Schule, oder ob wir einen grünen Daumen haben, um den Garten pflegen zu können, all das spielt ebenso eine Rolle und entscheidet darüber, ob wir uns das Haus leisten wollen. Alle diese Faktoren werden als Input genutzt. Es sind sowohl harte Faktoren dabei, wie die Folgen unserer bisherigen Zahlungsmoral, als auch weiche Faktoren, wie der grüne Daumen. Die Art von Faktoren, ob hart oder weich, wird sich in einer unterschiedlichen Gewichtung ausdrücken. Und diese Gewichtung unterscheidet sich von Subjekt zu Subjekt und ist je nach Perspektive etwas anders: Ich würde die Gewichtung bestimmt anders vornehmen als meine Bank. Deshalb werden die Entscheidungen kaskadiert, bis ich ein möglichst optimales Ergebnis habe, ob ich mir das Haus leisten kann und möchte und sollte. Spricht man mit Immobilienmaklern, bestätigen die einem, dass die meisten Käufe emotional entschieden werden und nicht rational. Die Bank muss am Ende des Tages natürlich mitmachen, aber für den Haus-

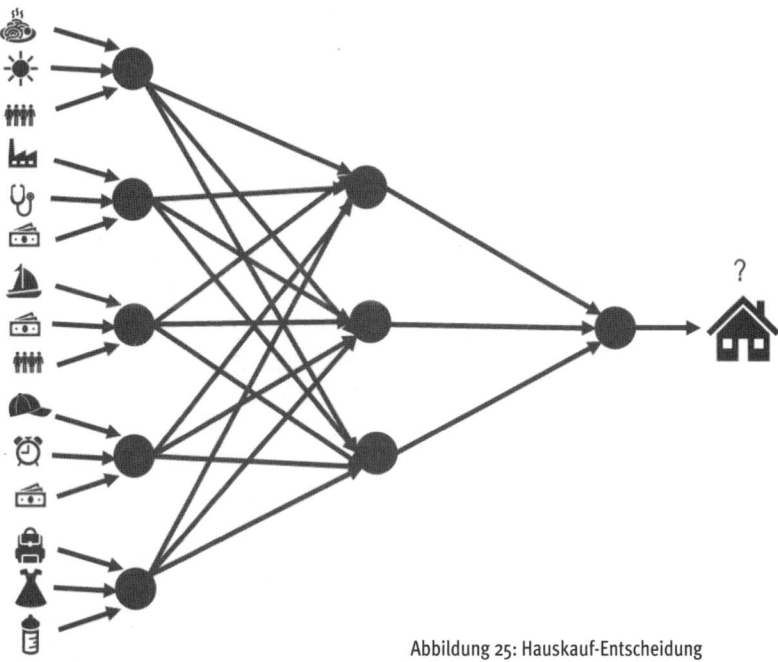

Abbildung 25: Hauskauf-Entscheidung

käufer spielt trotz der großen Summen das Bauchgefühl eine entscheidende Rolle. Hier wäre ein gut funktionierendes künstliches neuronales Netzwerk in vielen Fällen Gold wert.

In unserem einfachen Beispiel haben wir nur zwei Schichten verwendet. Lächerlich! Künstliche neuronale Netze haben mehrere Tausend Schichten von Neuronen. Die Komplexität wird dann so groß, dass wir sie nicht mehr durchblicken. Wenn ein derartiges Netz trainiert wurde und ein Ergebnis »ausspuckt«, so wie AlphaGo, können wir nicht mehr nachvollziehen, wie es dazu kam. Das könnte aber auch bereits in unserem einfachen zweilagigen Beispiel der Fall sein: Sollte ich mich gegen den Hauskauf entscheiden, werde ich den genauen Grund vielleicht nicht nennen können. Es wird also nicht heißen: »2016 haben wir eine lange und teure Reise gemacht, im Mai 2017 sind unsere besten Freunde nach Köln umgezogen, und 2030 werde ich keine Lust mehr haben, Vollzeit zu arbeiten.« Ich werde meine Entscheidung zwar (hinterher) mit vielen Gründen verargumentieren, aber einen klaren Zusammenhang zwischen meinem Input und meinem Output kann ich nicht nachweisen. Genau das, was wir von unserem menschlichen Bauchgefühl nicht erwarten, erwarten wir ganz selbstverständlich von einem künstlichen neuronalen Netz. Wir wollen eine klare Argumentationskette mit Daten, Fakten und nachvollziehbaren mathematischen Ergebnissen, schwarz auf weiß. Das kann aber auch ein künstliches neuronales Netz nicht liefern – beziehungsweise noch nicht. Bis es so weit ist, haben wir es mit einer Black Box zu tun. So wie bei unserem menschlichen Bauchgefühl.

Aber ein bisschen Licht können wir dennoch in die Black Box der Maschinen werfen. Erinnert ihr euch an die reCAPTCHA-Bilder, die wir alle fleißig klassifizieren, um nachzuweisen, dass wir keine Roboter sind? Die kommen auch beim Deep Learning meistens zum Einsatz. Nehmen wir an, wir wollen eine KI für Bilderkennung trainieren, mit dem Ziel, dass sie Verkehrsschilder erkennt. Wir stellen ihr Tausende von Bildern mit Verkehrsschildern und Tausende von Bildern ohne Verkehrsschilder zur Verfügung. Wir sagen nicht: »So sehen Verkehrsschilder aus«, wir sagen nur: »Auf diesem Bild ist eines drauf, und auf dem Bild ist keins drauf.« Die KI analysiert nun alle diese Bilder in mehreren Wiederholungen (Iterationen) und lernt für sich selbst, die Verkehrsschilder zu erkennen. Wenn wir sie dann fragen: »Wie hast du das Verkehrsschild erkannt?«, bekommen wir keine nachvollziehbare Antwort.

Viele Firmen wollen neuronale Netze aber nicht zum Einsatz bringen, solange ihre Ergebnisse nicht genau nachvollziehbar sind, und das ist auch gut so. Aus diesem Grund forschen heute viele schlaue Menschen auf dem Gebiet der Nachvollziehbarkeit oder Interpretierbarkeit von künstlicher Intelligenz (Explainable AI). Das ist eine Riesenherausforderung, und man hat noch nicht das Allheilmittel gefunden. Es gibt verschiedene Methoden, die unterschiedliche Ziele verfolgen, je nachdem, ob wir das ganze Ergebnis verstehen wollen, ob wir die Faktoren, die ein einzelnes Ergebnis beeinflusst haben, oder die Wichtigkeit jedes Faktors und die Höhe seines Beitrags zum Ergebnis verstehen wollen, etc. Auf jede dieser Methoden einzugehen würde hier den Rahmen sprengen, aber grundsätzlich wird versucht, kleine mathematische Spione einzubauen, die sich unter die Daten mischen und mitschneiden, wie die unterschiedlichen Variablen sich verhalten. Teilweise frieren diese Spione je eine Variable ein und schauen, wie die anderen darauf reagieren, teilweise verkleiden sie sich als Variable und schauen, ob es den anderen Variablen überhaupt auffällt, dass sich ein nicht geladener Gast auf die Party eingeschlichen hat.

Was einfach klingt, ist überhaupt nicht trivial. Welcher Spion ist in welchem Anwendungsfall der beste? Welche Variable soll »eingefroren« werden? Wo findet die lustigste Party statt, bei der am meisten zu erfahren ist? Fragen über Fragen, die teilweise nur per Trial and Error beantwortet werden können. Vielleicht hat der eine oder andere von euch von dem Experiment zur Bilderkennung gehört, das lernen sollte, Wölfe von Huskys zu unterscheiden. Nach ein paar Klassifizierungsfehlern wollte man verstehen, wie die KI zu den falschen Entscheidungen kam. Dabei hat man herausgefunden, dass der wichtigste Faktor für die Entscheidung wohl der Schnee im Hintergrund war. Das künstliche neuronale Netz hatte also gar nicht analysiert, wie ein Husky aussehen und sich von einem Wolf unterscheiden kann, sondern festgestellt, dass der Schnee im Hintergrund eine wichtige Rolle spielt. Zumindest wurde das so kommuniziert, sogar auf Konferenzen. In Wirklichkeit hatten ein paar Forscher das Netz mit Absicht falsch trainiert (sie zeigten Husky-Bilder ohne Schnee und Wolfsbilder mit Schnee, beides eher unüblich), um zu veranschaulichen, wie wichtig es ist, künstliche neuronale Netze interpretieren zu können. Sie wollten damit auch nachweisen, dass es nicht ausreicht, sich die Rohdaten und das Modell anzuschauen, sondern dass es genaue Metriken und Methoden für die Nachvollziehbarkeit der neuronalen Netze braucht.

Was ich persönlich an diesem Beispiel interessant finde, ist die »Abkürzung«, sich den Vergleich der Tiere zu sparen und stattdessen die Umgebung anzuschauen. An dieser Stelle muss ich sagen: »Bravo!« Ich weiß nicht, wie ihr es empfindet, aber für mich sieht das nach menschlicher Intelligenz aus. Trickserei ist nicht mehr nur Menschensache, das können die Maschinen auch!

Aber Spaß beiseite, natürlich können wir uns nicht erlauben, solche Maschinen zum Einsatz zu bringen, insbesondere wenn ihre Entscheidungen einen wichtigen Einfluss auf Menschen haben – wie wir in den nächsten Kapiteln sehen werden.

LEIDER ENTSPRECHEN SIE NICHT UNSEREN ANFORDERUNGEN

Wie Daten verzerrt werden können und
was sich dagegen tun lässt

Heute habe ich endlich mal Zeit gefunden, meine Freundin Anna anzurufen. Anna ist Biologin und hat vor einem Jahr ihr zweites Kind bekommen. Das Kind ist nun in der Kita, und sie sucht einen Vollzeitjob.

Anna: »Kannst du dir vorstellen, nachdem das Gespräch super gelaufen ist, sagen die mir jetzt ab, weil der Chef sich nicht vorstellen kann, dass ich in der Lage bin, mit zwei Kindern Vollzeit zu arbeiten!«

Ich: »Immerhin weißt du, warum sie absagen, an deiner Qualifikation liegt es nicht!«

Anna: »Das macht die Sache doch nur noch schlimmer! Wie soll ich gegen die Vorurteile kämpfen, die die Leute im Kopf haben?«

Ich: »Wem sagst du das! Dagegen konnte ich vor zehn Jahren auch nichts tun, als ich damals so vergeblich nach einem Job gesucht hatte. Erinnerst du dich?«

Anna: »Stimmt! Du hattest auch viele Bewerbungen verschickt und wurdest nicht einmal zum Bewerbungsgespräch eingeladen.«

Ich: »Tja, vermutlich hatten Name und Geburtsort ausgereicht, um mich für die Jobs zu disqualifizieren.«

Anna: »Wie frustrierend!«

Das Problem einer verzerrten Welt

Ob es uns bewusst ist oder nicht, Vorurteile oder Verzerrungen begleiten uns in allen Aspekten des Lebens. Natürlich auch bei der Jobsuche. Wenn sich die Frau des Interviewpartners zu Hause um die

Kinder kümmert, kann er sich nicht vorstellen, dass Anna als Mutter mit zwei kleinen Kindern in der Lage ist, ihren Beruf auszuüben. Das ist ein typischer Denkvorgang: Wir gehen von unserer eigenen Situation aus und denken, dass die ganze Welt genauso tickt. Diese fehleranfällige Tendez bei Urteilen und Wahrnehmungen nennt man kognitive Verzerrung (cognitive bias). Sie kann sehr gefährlich sein, nicht nur, weil sie fehlerhaft über Schicksale entscheidet, wie in Annas Fall, sondern weil wir es oft nicht einmal bemerken, wenn wir darauf hereinfallen. Wir urteilen über andere Menschen und treffen Entscheidungen, die für uns normal und selbstverständlich sind, und verstärken damit die verzerrte Situation noch mehr. Und was, fragt ihr euch vielleicht, hat das mit Technik zu tun? Leider viel!

Nehmen wir an, ich wäre der Interviewpartner von Anna. Ich habe die Stelle ausgeschrieben und einige Bewerbungen bekommen. Die anderen Kandidaten sind Männer und machen einen guten Eindruck. Sie wirken kompetent und flexibel. Warum sollte ich es riskieren, Anna einzustellen, wenn ihr Kind gerade in der Kita eingewöhnt wurde und nach und nach alle Bakterien nach Hause schleppen wird? Auch wenn ihre Berufserfahrung überzeugend ist, entscheide ich mich für die sichere Variante und stelle Matthias Müller ein, der mich auch noch ein bisschen an mein jüngeres Ich erinnert, weshalb wir bestimmt miteinander klarkommen werden. Die Jahre vergehen, und ich habe lauter Matthias Müllers eingestellt und befördert. Ein paar Frauen habe ich natürlich auch eingestellt, schlecht sind sie ja nicht. Die meisten wollen allerdings in Teilzeit arbeiten und scheinen kein Interesse an einer Karriere zu haben. Die erinnern mich an meine Frau, die hatte auch kein Interesse an ihrer Karriere, als die Kinder klein waren.

Meine Firma expandiert, und ich muss inzwischen so viele Stellen ausschreiben, dass ich ein automatisiertes Bewerbungstool einführe. Ich habe von einem Tool-Hersteller gehört, der dabei auf künstliche Intelligenz setzt. Das Tool filtert die besten Kandidaten und liefert mir eine nur noch kleine Auswahl. Das hört sich super an, weil es mir einen Haufen Zeit und Mühe spart. Außerdem verspricht der Hersteller, dass das Tool neutral ist und nicht nach persönlichen Vorzügen entscheidet, umso besser! Damit die KI sich auf meine Bedürfnisse einstellt, stelle ich die Daten über die Einstellungen der letzten Jahre zur Verfügung sowie die Daten über meine jetzige Mannschaft und frühere Konstellationen. Die ersten Einstellungsverfahren laufen, und ich bekomme die erste Auswahl an Kandidaten. Hm! Super Profile, genau die Leute, die wir hier brauchen, die Maschine hat einen tollen Job geleistet. Was ich aber nicht bemerke, ist, dass die Maschine mir ausschließlich Matthias Müllers vorgeschlagen hat. Das fällt mir nicht auf, weil ich sie für am besten geeignet halte. Ich bestätige der Maschine, dass ich die Vorschläge gut finde, und lade die neuen Müller-Kandidaten zum Bewerbungsgespräch ein, ohne mir die anderen Bewerbungen anzuschauen (darunter auch eine Bewerbung von Leila Server, die besser war als die von Matthias Müller). Damit verstärke ich die Verzerrung, weil die Maschine die Bestätigung bekommt, genauso weiterzuhandeln. Wie konnte das passieren?

Nun ja, das Tool hat alle Daten analysiert und festgestellt, dass Profile wie das von Matthias Müller eine hohe Wahrscheinlichkeit haben, eingestellt zu werden. Die Maschine weiß nicht, warum das so ist, sie muss auch gar nicht wissen, dass die Profile von männlichen Kandidaten stammen. Sie durchforstet die Daten nach Gemeinsamkeiten und schlägt nur noch ähnliche Profile vor. Ich muss der Maschine auch nicht gesagt haben, dass mich Matthias Müller an mich selbst erinnert, was eine Rolle bei seiner Einstellung gespielt hat. Die Tatsache, dass ich eine Monokultur geschaffen habe, ist in den Daten vorhanden, und das reicht aus.

Inzwischen werde ich befördert und muss keine Einstellungen mehr selbst bearbeiten. Mein Nachfolger, Matthias Müller Nr. 8, den ich selbst eingestellt und befördert habe, ist ebenso zufrieden mit unserem Tool. Zwei Jahre später verlässt Matthias Müller Nr. 8 die Firma, und seine Nachfolgerin wundert sich über die Ähnlichkeit der Kandidaten. Sie kommt total irritiert in mein Büro und möchte gerne wissen, wer das Tool für uns gebaut hat. Ihr Bauchgefühl (so was aber auch!) sage ihr, dass irgendwas nicht stimmt, und sie möchte sich das genauer anschauen. Ich verweise sie an den Hersteller und schüttle den Kopf: »Ich verstehe nicht, was ihr Problem ist. Das Tool läuft doch seit Jahren super, was hat sie denn zu meckern?« Und genau das ist das Problem der Verzerrungen, wenn sie einprogrammiert werden. Eine Person hat ein eigenes Bild im Kopf und urteilt danach. Wenn die Person nicht da ist, ist das Problem auch weg. Eine Maschine, die eine Verzerrung gelernt hat, wird diese so lange wiederholen, bis es jemandem auffällt. Die Verzerrung wird also vervielfacht und immer wieder bestätigt und verstärkt – und das kann zu einem ernsthaften Problem werden, zum Beispiel zu einer Abteilung, in der alle einer Meinung sind und keine neue Ideen entstehen.

Wir tendieren dazu zu glauben, dass die Maschinen neutral sind. Das kann stimmen, muss aber nicht. In Wirklichkeit müssen wir uns sehr viel Mühe geben, damit die Maschinen neutral bleiben. Denn wenn sie von uns lernen, dann lernen sie auch unsere Vorlieben, Neigungen, Vorurteile.

Die Frage ist also: Wie können wir Verzerrungen identifizieren? Die Kandidaten, die das Tool vorschlägt, sind ja gut. Sie verstärken zwar unsere Matthias-Müller-Monokultur, aber falsch sind sie erst mal nicht. Es muss daher unser ausdrückliches Ziel sein, solche Verzerrungen zu bekämpfen. Aber wie soll das gehen, wenn ich mir nicht einmal bewusst bin, dass es ein Problem ist?

Viele Beispiele der vergangenen Jahre haben gezeigt, dass derartige Probleme erst identifiziert werden konnten, nachdem sie einer direkt davon betroffenen Person aufgefallen sind. Daher plädiere ich immer für diverse Teams, denn je diverser ein Team ist, desto größer die Chance, dass Verzerrungen auffallen, bevor es zu spät ist.

2015 kam es bei Amazon zu einer ähnlichen Situation wie in unserem Beispiel.[8] Ein Team hatte ein Jahr lang ein Tool gebaut, das Bewerbungen analysieren und filtern sollte, damit die Angestellten der Personalabteilung immer nur die besten Bewerbungen pro offener Stelle auf ihren Schreibtisch bekommen und nicht Hunderte von Bewerbungen durchgehen müssen. Obwohl es nie das Ziel war, dass die Maschine am Ende auch die Entscheidung über die Einstellung trifft, sollte diese beim ersten Aussortieren helfen. Die Maschine analysierte also die Bewerbungen, kategorisierte die Bewerber und vergab Sternchen, je nach Eignung. Während der Pilotenphase fiel auf, dass die Maschine eine Präferenz für männliche Kandidaten bei technischen Jobs hatte. Da aus den Daten klar abzulesen war, dass technische Berufe mehrheitlich von Männern ausgeübt wurden, hatte die Maschine diesen Aspekt als Faustregel genommen und Frauen pauschal schlechter beurteilt. Das Projekt wurde gestoppt, und die Maschine kam – trotz einjähriger Entwicklungszeit – nie richtig zum Einsatz.

Bis heute ist dieses Problem nicht ganz gelöst. Es ist relativ schwierig, solch eine künstliche Intelligenz zu bauen, die aus verzerrten Daten der Vergangenheit neutrale Ergebnisse in die Gegenwart zaubert. Unsere Welt ist nun mal verzerrt, und wir können die Verzerrung nicht zu 100 Prozent aus den Daten löschen. Wir können der Maschine zwar sagen: »Das Geschlecht soll nicht als Entscheidungskriterium angewendet werden!« Wenn die Maschine in den Daten ein Muster entdeckt, das eindeutig einer Frau zuzuordnen ist, etwa der Besuch eines Mädchengymnasiums, oder nur verzerrt einer Frau zuzuordnen ist, wie Teilzeit, Elternzeit oder ehrenamtliches Engagement in einem Strick-Club, dann wird die Maschine ihre Rückschlüsse ziehen und diese Bewerbungen schlechter bewerten, obwohl das Geschlecht nicht direkt hinzugezogen wurde. Wie soll oder darf man die Daten »korrigieren«, damit sie neutral werden, ohne diese zu verfälschen? Würden derartige »neutralisierte« Daten der Wahrheit überhaupt noch entsprechen? Vermutlich nicht. Die blütenreine Lösung wird es kaum geben – einen Tod muss man wohl sterben. Trotzdem wird weiter nach der passenden Stelle gesucht, an der geschraubt werden darf.

Der Apfel fällt nicht weit vom Datenstamm?

Wenn man kognitive Verzerrungen schon nicht beheben kann, kann man sie vielleicht wenigstens minimieren.

Ein Beispiel, das ich selbst erlebt habe und worauf ich besonders stolz bin, behandelt das Problem aus einer interessanten Perspektive. Es betrifft einen Vorfall 2018, als ich mit einigen Kolleginnen den ersten KI-Hackathon nur für Frauen organisierte. Ähnliche Veranstaltungen wurden 2020 weltweit ins Leben gerufen, um schnelle Lösungen für verschiedene Probleme zu finden, die die Corona-Pandemie mit sich gebracht hat. An dem von der Bundesregierung organisierten Hackathon #wirvsvirus zum Beispiel haben mehr als 28.000 Menschen teilgenommen und an über 1500 Lösungen gearbeitet.

Das Wort Hackathon setzt sich aus »Hack« und »Marathon« zusammen. Hacken steht für Programmieren, am besten die ganze Nacht durch und im Kapuzenpulli, und Marathon bringt den Wettbewerb und Zeitdruck in die ganze Geschichte. Ein Hackathon ist also ein Programmierwettbewerb, meistens 24 oder 48 Stunden, bei dem die Programmierer ein vorgegebenes Problem lösen und die Lösung als Software-Stück entwickeln sollen. Ein KI-Hackathon hat die Besonderheit, dass das Software-Stück auf einer der KI-Technologien oder -Methoden basieren muss. Man kann viel Geld gewinnen, und gerade bei KI-Hackathons ist der Zugriff auf gute Daten, die man sonst nicht online findet, ein besonderer Anreiz für viele Hacker. Ich habe selbst an einigen Hackathons teilgenommen und fand sie super spannend. Generell ist bei solchen Veranstaltungen der Frauenanteil jedoch sehr überschaubar. Um Frauen dazu zu ermuntern, an einem Hackathon teilzunehmen, haben ein paar Kolleginnen und ich also entschieden, einen solchigen nur für Frauen zu organisieren. Gerade im KI-Bereich ist es unheimlich wichtig, dass sich mehr Frauen in die Entwicklung einbringen. Wie gesagt: Je diverser die Teams – mit allen Aspekten der Diversität, nicht nur Geschlecht –, desto weniger verzerrt und besser die Lösungen. Und unsere Veranstaltung sollte diese Theorie bestätigen.

Das Gewinnerinnenteam, bestehend aus fünf Hackerinnen aus fünf unterschiedlichen Herkunftsländern und mit fünf unterschiedlichen Job-Profilen, hat uns mit ihrer Lösung absolut überrascht. Die fünf haben das Problem des Frauenmangels in IT-Berufen mit einem oft nur wenig beachteten Element verknüpft: den Stellenausschreibungen. Es gab bereits Studien, die nachwiesen, dass Stellenausschreibungen nicht sehr frauenfreundlich sind, und dem wollten die fünf entgegenwirken. Sie bauten einen Algorithmus, der die Stellenausschreibungen automatisch nach verzerrten beziehungsweise verzerrenden Wörtern durchsuchte und diese markierte, zum Beispiel das Wort »durchsetzungsstark«. Man kann natürlich behaupten, das sei nur ein geschlechtsneutrales Adjektiv. Schon richtig, aber als Frau fühle ich mich unwohl, wenn ich eine Stellenausschreibung lese, in der das Wort auftaucht. Ich nahm das Wort in meinen Lebenslauf erst auf, nachdem ich es in so ziemlich jeder Stellenausschreibung entdeckte. Sagen wir mal, ich bin ein harmoniebedürftiger Mensch und nutze bestimmte Methoden, um Mitmenschen zu beeinflussen, im positiven Sinne natürlich. Ich selbst würde diese Fähigkeit nicht als Durchsetzungsstärke bezeichnen, sondern mich etwa als »aktive Zuhörerin« oder »inspirierende Führungskraft« beschreiben. Obwohl beides zum selben Ziel führt, sind die Ausdrucksweisen sehr unterschiedlich. Und die kommen bei den Geschlechtern eben auch unterschiedlich an. Viele solcher Ausdrücke können also Frauen davon abhalten, sich überhaupt zu bewerben, auch wenn sie für den Job qualifiziert sind. Das wusste eine der Teilnehmerinnen besonders gut, denn sie war selbst Personalerin in einem IT-Konzern.[9]

Das Hackathon-Team machte sich also daran, die klischeebehafteten Stellenausschreibungen per Code analysieren und markieren zu lassen, damit das Recruiting-Team die Formulierungen ändern konnte. Der nächste Schritt wäre gewesen, automatisch einen Formulierungsvorschlag zu unterbreiten, aber dafür reichten die 24 Stunden nicht, weshalb eine der Gewinnerinnen seit dem Hackathon daran weiterarbeitet, um die Lösung weiter zu perfektionieren. Das ist eine Mammutaufgabe, die weit über die Fähigkeiten einer Datenwissenschaftlerin hinausgeht, denn hier ist auch Expertise in Linguistik und insbesondere in Geschlechterstudien notwendig. Wie ersetzt man zum Beispiel das Wort »zielstrebig«? Und wie erkennt man überhaupt, dass das Wort »zielstrebig« klischeebehaftet sein könnte? Den meisten Menschen fallen solche Nuancen gar nicht auf, dafür ist eine besondere Ausbildung und Erfahrung unabdingbar. Aber die engagierte Dame gibt nicht auf. Sie entwickelt den Algorithmus weiter und testet ihn bei jeder Gelegenheit. Sie hat sich sogar gezielt auf ausgeschriebene Stellen beworben, um die Firmen darauf aufmerksam zu machen, dass ihre Formulierungen nicht geschlechterneutral sind. Im Bewerbungsgespräch zeigte sie die Ergebnisse des Algorithmus und überraschte damit ihre Gesprächspartner. Inzwischen bekommt sie Anfragen von vielen Personalern, die davon gehört haben und gerne ihre Ausschreibungen prüfen lassen wollen, bevor sie sie freischalten.

Was ich besonders interessant an dieser Lösung finde, ist, dass sie nur von Frauen entwickelt werden konnte. Denn nur Frauen sind von diesem Problem betroffen. Natürlich, wenn ich solch einen Auftrag an ein männliches Team gebe, würden sie eine Lösung dafür entwickeln, auch wenn sie das Problem nicht wirklich verstünden. Weil männliche Hacker von diesem Problem selbst nicht betroffen sind, kämen sie nicht mal auf die Idee, dass es hier ein Problem gibt! (Das habe ich schon einige Male selbst getestet. Und sobald ich das Problem männlichen Programmierern erklärte, schauten sie mich jedes Mal mit großen, runden Augen an. Vermutlich haben sie dabei nur gedacht: »Diese Feministin schon wieder!«)

Der Lösungsvorschlag der fünf Hackerinnen würde unser Matthias-Müller-Monokultur-Problem nur indirekt beeinflussen. Um es auch direkt anzupacken, hatte das Gewinnerteam noch eine zusätzliche Lösung entwickelt: die Diversitätslok. Hierzu haben sie eine Maschine gebaut, die die Diversität des bestehenden Teams analysiert und mir anzeigt, wie diese Diversität sich ändern würde, wenn ich Kandidat A oder Kandidat B einstelle. Die Aspekte der Diversität konnte man selbst bestimmen und reichten von Geschlecht, Alter, Herkunft, Ausbildung bis zur sexuellen Identität. Darüber hinaus konnten andere Aspekte, die für meine Firma oder Branche relevant sind, eingegeben werden. Mit so einem Tool lassen sich Monokulturen vermeiden und der Überblick über die Diversität des Personals behalten beziehungsweise durch gezielte Neueinstellungen mit entsprechenden Ausschreibungen verbessern. Und das Zauberwort heißt Transparenz.

Doch Vorsicht! Das Beispiel zeigt lediglich zwei Perspektiven, die in eine Richtung gegensteuern, aber keine von beiden löst das Problem im Ganzen. Denn das Problem ist komplex, und je komplexer ein Problem ist, desto mehr Perspektiven braucht es, um es zu lösen. Hierzu leistete das Gewinnerteam einen tollen Beitrag.

Als Initiatorin des Hackathons war ich natürlich sehr glücklich, dass das Team gewonnen hat. Ein zweiter Grund, warum ich mich mit den Siegerinnen mitgefreut habe, sind meine eigenen Erfahrungen im Bewerbungsdschungel.

Top qualifiziert – aber die Maschine sagt »Nein«

Dafür, dass Computer beim Lernen gerade mal Grundschulniveau erreicht haben, dürfen sie schon ganz schön viel entscheiden. Wie stark die unsichtbaren Nullen und Einsen unser Leben beeinflussen, selbst in Bereichen, die gar nicht unmittelbar mit den Maschinen zu tun haben, davon wurde ich selbst total überrascht. Im Februar 2004, als alles anfing, war ich stolze Absolventin eines Bachelorstudiums in Telekommunikationsingenieurwesen an der Universitat de València. In meinem Studiengang war ich unter den besten Absolventen und unter den sechs schnellsten gewesen. Gleich nach dem Abschluss begab ich mich auf Jobsuche. Ich war ja im Ausland und musste so schnell wie möglich Geld verdienen, um meine Eltern zu entlasten. Zeit für eine Weltreise gab es da nicht. Doch es dauerte neun Monate, bis ich einen Job in einer Sechs-Mann-Ingenieursfirma ergatterte. Ich hatte Dutzende von Bewerbungen verschickt, kaum eine Reaktion. Was meinem ersten Chef damals an meiner Bewerbung gefallen hatte, war absoluter Zufall: mein Geburtsdatum. Wir sind beide am 15. Februar geboren, zwar in unterschiedlichen Jahren, aber immerhin. Im Bewerbungsgespräch konnte ich ihn dann mit meinen Fähigkeiten und meinem Wissen überzeugen, aber die Einladung zum Gespräch hatte ich nur meinem Geburtsdatum zu verdanken, wie mein Chef mir nach meiner Einstellung erzählte.

Später habe ich mich gefragt: Hätte mich eine Maschine auch zum Bewerbungsgespräch eingeladen, wenn sie an der Entscheidung beteiligt gewesen wäre? Leider nicht, wie ich fünf Jahre später noch einmal erleben musste. Das war im Jahr 2009, mitten in der Finanzkrise. Ich hatte mein Masterstudium in Wirtschaftsingenieurwesen in Berlin abgeschlossen, hatte ein paar Jahre Berufserfahrung und acht Jahre Auslandserfahrung vorzuweisen, konnte sieben Sprachen fließend sprechen – perfekte Voraussetzungen also für einen gut bezahlten Job. Zumindest wurde mir das auf zahlreichen Jobmessen von den Personalern der Großunternehmen, zu denen ich wollte, so vermittelt. Meine Bewerbungen sollte ich über deren automatisierte Jobportale abgeben. Solche Jobportale sind mit intelligenten Maschinen ausgestattet, die die lästige Arbeit des Sortierens aller Bewerbungen von Großunternehmen übernehmen, den Einstellungsprozess standardisieren und »gleich für alle« machen. »Alle müssen sich über die Jobbörse bewerben, um Ungleichbehandlungen zu vermeiden«, bekam ich immer wieder zu hören. Gleiche Chancen für alle? Die Logik, die hinter diesen Systemen steckt, ist leider weit entfernt davon. Um nur ein kleines Beispiel zu nennen: Was glaubt ihr, weshalb man seine Universität oder Hochschule aus einem Menü auswählen und nicht per Hand eintippen soll? Ganz einfach: Weil im System unterschiedliche Bewertungen festgelegt sind. Ein Absolvent der TU München hat dann bessere Chancen als einer von der Fachhochschule XY, die weniger bekannt ist.

Der Name der Hochschule sagt noch nichts über das Können des Bewerbers aus, aber es gibt ihn in Hochschulrankings, an denen sich Personalsoftware orientiert. Das allein erklärt aber nicht, warum ich über die digitale Jobbörse trotz hervorragender Voraussetzungen keine einzige Einladung zum Bewerbungsgespräch bekommen habe, während meine Kommilitonen (also von derselben Uni) reihenweise Jobs fanden, und das mitten in der Finanzkrise. Hätten die Maschinen meine Bewerbung in die nächste Auswahlrunde geschickt, wenn mein Name Lieschen Müller wäre? Oder noch besser: Matthias Müller? Oder wenn mein Geburtsland nicht Marokko wäre? Fragen über Fragen, über die ich mir damals kaum Gedanken machte. Ich machte die Finanzkrise in Europa verantwortlich und suchte mein Glück in China – wo ich es auch fand.

Jetzt, da ich mich selbst mit dem Bauen solcher Maschinen beschäftige, mache ich mir natürlich mehr Gedanken darüber. Meine Suche nach Antworten führt mich zu noch mehr Fragen. Auf Beispiele wie das von Amazon stoße dabei immer wieder. Und je mehr Beispiele dieser Art ich finde, desto überraschter und empörter bin ich. Und ich frage mich: Wenn mich das Ausmaß schon überrascht, obwohl ich die Materie studiert habe, wie reagieren dann erst andere, die fachfremd sind? Warum war die Ethik der Algorithmen nie

Thema im Studium? Warum ist das heute immer noch kein Thema in den MINT-Studiengängen, also den Fächern, die sich mit Mathematik, Informatik, Naturwissenschaften und Technik beschäftigen? Ich habe kürzlich Studentinnen dazu befragt: Im gesamten Studium hatten sie nur ein Wahlfach dazu, Pflicht ist es nicht. Und man kann sich vorstellen, wer sich für solch ein Fach interessiert. Ich vermute: die Minoritäten, die die Notwendigkeit darin sehen, weil es sie betrifft. Zum Glück entstehen langsam neue Studiengänge wie Sozioinformatik, an der Universität Kaiserslautern zum Beispiel, die das Thema ganzheitlich und ethische Fragen der IT nicht als »nice to have« behandeln.

Soziale und asoziale Roboter

Ein anderes interessantes Beispiel, das ich im Rahmen meiner Recherche gefunden habe, ist der soziale Roboter von Furhat Robotics. Anna war begeistert, als ich ihr davon erzählte.

Anna: »Der hätte mich bestimmt nicht gefragt, wie ich es schaffe, Job und Familie unter einem Hut zu bringen.«

Ich: »Wie auch, der Roboter hat keine Frau zu Hause!«

Furhat Robotics ist ein schwedisches Start-up, das eine Plattform gebaut hat, auf deren Basis soziale Roboter entwickelt werden können. Diese schlauen Roboter sind in der Lage, mit Menschen zu interagieren, nicht nur per Sprache, sondern auch per Augenkontakt und menschenähnlichen Gesichtsausdrücken. Die Roboter können in unterschiedlichen Anwendungsgebieten zum Einsatz kommen: als Wegweiser in Flughäfen oder großen Bahnhöfen (die Pilotprojekte im Frankfurter Flughafen und im Berliner Bahnhof sind nun abgeschlossen, und die Roboter werden entsprechend weiterentwickelt)) oder als vorurteilsfreie Personaler. Hier setzt das Entwicklerteam besonders darauf, so viele Verzerrungen wie möglich im Trainingsprozess zu entfernen, indem es Mechanismen aufbaut, existierende Verzerrungen zu identifizieren und zu beheben. Wie solch ein Bewerbungsgespräch ablaufen kann, zeigt die Firma auf YouTube.[10] Dort ist eine Kandidatin mit Kopftuch zu sehen, die keine Interviewrunde überstanden hatte, bevor sie es mit dem Roboter zu tun bekam. Das ist natürlich ein ausgedachtes Szenario, um die Situation und die Vorteile des Roboters zu veranschaulichen.

Ich vermute mal, viele Menschen rollen mit den Augen, wenn sie das Video sehen, gerade diejenigen, die so eine diskriminierende Situation noch nie erlebt haben. Anna und ich können uns aber gut vorstellen, ein Bewerbungsgespräch mit so einem Roboter durchzuführen. Vermutlich hängt es vom Frustrationslevel ab. Wenn ich ein Matthias Müller wäre und mich in einer Firma bewerbe, die eine Matthias-Müller-Monokultur hat, dann würde ich mich weigern, das Interview mit einem Roboter durchzuführen.»Wer mich haben will, soll sich gefälligst die Zeit nehmen und mich persönlich interviewen!« In meinem Fall – Frau, Ausländerin, Afrikanerin mit komischem Namen, keine TU-München-Absolventin und kein Mitglied im entsprechenden Fußballverein – sieht die Geschichte anders aus. Als ich mich in 2009 so oft beworben und noch nicht einmal eine Einladung zum Bewerbungsgespräch erhalten hatte, hätte ich mich über ein Interview mit Furhat wahnsinnig gefreut. Vielen Ü50-Arbeitssuchenden oder Bewerbern mit den Vornamen Chantal oder Kevin geht es vermutlich ähnlich.

AUCH MASCHINEN WOLLEN NUR DAS EINE

Wie Computerprogramme
über unser Geld entscheiden

Mein Mann ist heute von einer weiteren Dienstreise zurückgekehrt. Ich freue mich, denn dann muss heute nicht ich unseren Fünfjährigen überzeugen, sich die Zähne zu putzen. Ich weiß nicht, warum, aber mit Papa klappt es besser. Seine ausgedachten Geschichten über »Karius und Baktus« scheinen eine große Wirkung zu haben. Vielleicht sollte ich mal einen Mini-Roboter entwickeln, den man sich nach dem Essen in den Mund stecken kann. Der würde dann gegen Karius und Baktus kämpfen, also die Arbeit der Zahnbürste und der lästigen Zahnseide erledigen.

Bevor wir dazu kommen, genießen wir, heute mal zur Abwechslung, eine Kürbissuppe. Beim Abendessen erzähle ich meinem Mann von Annas Jobinterviews, von kognitiven Verzerrungen und deren Konsequenzen. Er denkt, die Situation von Anna ist halb so schlimm, und dass es nur eine Frage der Zeit ist, bis sie einen Job findet. Dann berichtet er von seinem Arbeitskollegen Joe, der ihm gestern erzählte, dass er eventuell aus seiner Mietwohnung gekündigt wird. Alle Wohnungen im Haus werden gerade verkauft, und Joe hat versucht, seine selbst zu kaufen, hat aber keinen Kredit bekommen. Der Grund? Den kennt er noch nicht. Der Bankangestellte hat ihn zwar wissen lassen: »Das System sagt, Sie haben eine schlechte Bonität. Wir können Ihnen deshalb leider keinen Kredit anbieten!« Auf die Nachfrage, warum er eine schlechte Bonität habe, antwortete der Bankangestellte: »Es tut mir leid, aber wir können nicht ändern, was im System steht.« Und damit war das Gespräch beendet. Joe versteht überhaupt nicht, wie er in diese Situation geraten konnte, und mein Mann und ich sind fassungslos, denn ein paar

Monate zuvor haben wir bei derselben Bank noch problemlos einen Kredit aufnehmen können. Wir hätten nie gedacht, dass wir privilegiert sind, wir dachten, es sei normal, einen Kredit aufnehmen zu können. Nun stellen wir fest, dass dem nicht so ist. Aber warum eigentlich? Kreditvergabe ist eine der ältesten Praxen in allen Gesellschaften, warum sollte etwas, was immer funktioniert hat, heute anders laufen?

Wie das Vertrauen in den Kredit kam ...

Wenn wir mal in die Geschichte der Kredite zurückblicken, etwa nach Mesopotamien, hat wahrscheinlich alles mit dem Tauschhandel von Naturalien angefangen, also etwa, wenn ein Bauer Saatgut geliehen hatte und mit der Ernte zurückzahlte. Das Wort Kredit stammt vom lateinischen »credere« für glauben, vertrauen. Bauer Karl, der Kreditgeber, vertraut darauf, dass Bauer Willi, der Kreditnehmer, ihm das Saatgut nach der Ernte mit Getreide zurückzahlt.

Ein paar hundert Jahre später, hat man damit begonnen, mit Edelmetallen statt Naturalien zu handeln und die Zinsen zu dokumentieren. Der Codex Hammurabi aus dem 18. Jahrhundert v.Chr. ist das erste Schriftstück, das Kreditgeschäfte mit Silber dokumentiert. Da der Transport von Edelmetallen lästig und teuer war, weil man eine Garde bezahlen musste, um sich vor Überfällen zu schützen, wurde im 10. Jahrhundert in China das erste Papiergeld eingeführt. Die Europäer haben ein paar Jahrhunderte gebraucht, um das Papiergeld zu adoptieren, aber dann ging es richtig los mit den Leihgeschäften und mit dem ersten Bankenwesen.

Auch als sich die ersten modernen Banken entwickelten, basierten Geldgeschäfte auf persönlichen Beziehungen und Vertrauen. Ein erfolgreicher Banker war sehr gut vernetzt und kannte die persönliche Situation seiner Kunden genau. Das Wissen darüber, wer mit wem verheiratet ist, wie gut der Ruf der Familie ist, mit welchen Partnern eine berufliche Beziehung besteht, war maßgeblich für die Entscheidung über eine Kreditvergabe und über die Höhe der Zinsen. Natürlich spielte das Bauchgefühl des Bankers eine große Rolle, und die Entscheidungen wurden subjektiv und von Fall zu Fall getroffen. War man dem Banker nicht bekannt oder hatte man eine andere Hautfarbe, Religion oder Geschlecht, wurde man von diesem wahrscheinlich abgelehnt. Die Entscheidung war also nicht neutral und konnte in einigen Fällen diskriminierend sein. Mit der wachsenden Anzahl von Kunden und anderen Banken wurde die Vertrauensbasis zwischen einem Banker und seinem Kunden immer schwieriger.

Heute haben wir Konten bei Banken, die nicht mal mehr Filialen betreiben. Die persönliche Beziehung zwischen Banker und Kunden ist gleich null. Die Entscheidungen über eine Kreditvergabe basieren nicht mehr auf Beziehung, Ruf und Vertrauen, sondern allein auf Zahlen. Die Bonität beziehungsweise Kreditwürdigkeit, spiegelt diese Zahlen, Daten, Fakten wider und soll das Bauchgefühl der Banker ersetzen. Sie soll die Fähigkeit eines Kreditnehmers, den Kredit zurückzahlen zu können und zu wollen, darstellen. Mit einer Bonität, die auf Zahlen, Daten, Fakten basiert, hat man sich erhofft, alle Individuen gleich zu behandeln, unabhängig und neutral. Aber ist das wirklich so?

Und wem die Computersysteme heute Geld anvertrauen

Die Bonität besteht aus zwei Dimensionen: der Zuverlässigkeit, einen Kredit zurückzahlen zu können, und der Zahlungswilligkeit, also dem Können und Wollen. Beide Dimensionen müssen anhand von bestimmten Faktoren bewertet werden. Je genauer ich diese Dimensionen einschätzen und einstufen kann, desto geringer mein Kreditrisiko, das heißt, dass ich darauf sitzen bleibe und mein Geld nicht wiedersehe, von den Zinsen ganz zu schweigen. Aus diesem Grund wurden statistische Verfahren entwickelt, um die Kreditwürdigkeitsprüfung zu professionalisieren. Heute ist das Bankenwesen froh, dass es Ratingagenturen und Auskunfteien wie die Schufa gibt, die permanent Bonitäten von Schuldnern ermitteln, ohne selbst Gläubiger zu sein. Die genauen Bonitätskriterien, die diese Institutionen verwenden, sind nicht öffentlich zugänglich, denn sie sind das Herzstück ihres Produktes, und dafür lassen sie sich bezahlen.

Allgemein werden bei natürlichen Personen folgende Kriterien hinzugezogen: die Kredithistorie, also Angaben über bisherige Kredite, die Einkommenssituation (Höhe, Arbeitgeber, Sicherheit des Arbeitsplatzes), Ausgabensituation, Vermögenssituation, Schuldensituation und Güterstand (also, wie die Vermögensgegenstände in der Ehe geregelt sind). Bei Schuldensituationen muss man gar nicht an große Summen denken, auch kleine Beträge können sich negativ auf die Bonität auswirken. Solltet ihr zum Beispiel Ärger mit eurem Stromanbieter haben, hört bitte nicht auf, die Rechnungen zu zahlen, solange der Streit dauert. Auch solche kleine, nicht bezahlte Rechnungen können dazu führen, dass eure Kreditkarte abgelehnt wird. Denn der Stromanbieter meldet die nicht bezahlte Rechnung an die Schufa, wodurch sich automatisch eure Bonität verschlechtert. Wenn genau im selben Zeitraum eure Kreditkarte abläuft und eure Bank bei der Schufa nachfragt, bekommt ihr keine neue Kreditkarte mehr.

Meiner Freundin Anna ist das mal passiert. Über die abgelehnte Kreditkarte hat sie überhaupt erst davon erfahren, dass ein Eintrag gegen sie bei der Schufa vorlag. Es handelte sich um eine nicht bezahlte Rechnung einer Online-Bestellung. Dabei war sie noch nicht mal die Bestellerin, es war einfach ein Fehler. Sie hatte das Pech, dass die wirkliche Bestellerin einen ähnlichen Namen hatte, die Rechnung aber an Anna ging. Sie hat einen Anwalt und mehrere Monate gebraucht, um diese falsche Meldung aus ihrer Schufa-Historie zu löschen. Zum Glück musste sie in dieser Zeit keinen Kredit aufnehmen, das hätte schlecht ausgehen können. Meistens geht es gut, aber dieser automatisierte Prozess, der für eine Bank vorteilhaft ist, kann für die betroffene Person zum Albtraum werden, wenn sich Fehler einschleichen wie bei Anna. Denn das System verlässt sich auf die Daten und nicht darauf, was die betroffene Person sagt. Eine nicht bezahlte Rechnung, die gemeldet wurde, ist erst einmal ein Fakt, und der Betroffene ist in der Nachweispflicht, wenn es sich dabei um einen Fehler handelt. Das kostet dann Zeit, Geld und Nerven.

Zusätzlich zu den oben genannten Kriterien können bestimmte personenbezogene Daten auf eine schlechte Bonität hinweisen. Diese sogenannten Negativmerkmale beschränken sich nicht nur auf Vertragsstörungen, wie zum Beispiel ein offenes Insolvenzverfahren, sondern können auch vermeintlich ganz einfache Daten sein, etwa das Alter und der Wohnort. In Berlin-Zehlendorf zu wohnen wirkt sich dann positiver auf die Bonität aus als in Neukölln zu wohnen. Man kann sich zwar darüber ärgern, aber dagegen unternehmen kann man wenig.

Wie entsteht so eine Einschätzung? Zehlendorf, das als wohlhabende Gegend in Berlin gilt, hat mehrheitlich gut verdienende Einwohner, die ihre Schulden pünktlich begleichen. Die Ausfallwahrscheinlichkeit ist also gering, das bestätigen die statistischen Daten der Vergangenheit. Aber gilt das wirklich für alle Zehlendorfer? Schmeißen wir hier nicht alle in einen Topf? Und wie ist es mit den Neuköllnern? Genauso, nur umgekehrt. Sollte die Statistik zeigen, dass die Ausfallwahrscheinlichkeit in Neukölln hoch ist, dann werde ich als Neuköllner pauschal von dieser Bewertung »bestraft«, auch wenn ich meine Schulden pünktlich bezahlt habe und ein Musterkreditnehmer bin. Das heißt, obwohl das System eigentlich eine neutrale, individualisierte Bewertung verspricht, werden in der Praxis einige Kriterien nach Nutzergruppen bewertet. Sollte ich im falschen Cluster landen, bekomme ich dieselbe Bewertung wie alle anderen – das macht alle innerhalb der Gruppe gleich, aber neutral ist das nicht.

Alle Kriterien, die der jeweilige Anbieter wichtig findet, werden in das System eingebaut, und am Ende kommt eine Zahl raus. In Deutschland ist diese Zahl ein Wert zwischen 1 und 100. Je höher der Wert, desto besser die Bonität, je niedriger der Wert, desto größer die Ausfallwahrscheinlichkeit. Zumindest laut Schufa. Das zugrunde liegende Modell ist eine logistische Regression, also eine Regressionsanalyse, wie wir sie im 3. Kapitel kennengelernt haben. Es werden also viele einzelne Daten analysiert und die Korrelation zwischen bestimmten Kriterien errechnet. Ob in allen Fällen eine Kausalität gegeben ist, wage ich zu bezweifeln. Denn oftmals scheint der Kontext gar nicht geprüft zu werden, es werden lediglich die reinen Daten analysiert und daraus der Scoring-Wert ermittelt. Jeder Verbraucher hat zwar einen Anspruch darauf, seinen Schufa-Score, also die Wahrscheinlichkeitswerte der letzten zwölf Monate, einzusehen – wie dieser Score zustande kommt, ist aber, wie gesagt, nicht Bestandteil der Auskunft.

Etwas mehr Informationen über die Rechenmethode findet man bei der amerikanischen Ratingagentur FICO. FICO wurde in den Fünfzigerjahren von dem Ingenieur Bill Fair und dem Mathematiker Earl Issac gegründet. Sie waren die Ersten, die ein standardisiertes neutrales Modell für die Ermittlung der Kreditwürdigkeit entwickelten. Als neutral wird diese Methode bezeichnet, weil nur das eigene Verhalten hinzugezogen wird und nicht das der Gruppe, zu der man gehört, wie Nachbarschaft, Schulfreunde, was auch immer. Die Bonität wird laut FICO anhand folgender Kriterien mit der jeweiligen Gewichtung errechnet:[11]

- Die *Zahlungshistorie* ist mit 35 Prozent der wichtigste Faktor. Jeder Kreditgeber möchte wissen, ob ich vergangene Kredite rechtzeitig zurückbezahlt habe. Es lohnt sich also, seine Raten und Rechnungen pünktlich zu begleichen.

- Die *Verbindlichkeiten* schlagen mit 30 Prozent zu Buche. Auch die Höhe der geschuldeten Beträge spielt also eine wichtige Rolle. Hierbei handelt es sich vor allem um die Inanspruchnahme des Kreditrahmens der genutzten Kreditkarten. Je weiter ich meinen Kreditrahmen ausreize, desto schlechter mein FICO Score. Meinen Kreditrahmen gar nicht zu nutzen ist auch nicht gut, das wirkt sich negativ aus. Es empfiehlt sich also, die Kreditkarte ab und an zu nutzen, aber ohne den Kreditrahmen auszuschöpfen.

- Die *Länge der Kredithistorie* wird mit 15 Prozent veranschlagt. Wie bei Wein oder Whisky gilt: je älter, desto besser. Je länger meine Kredithistorie, desto höher mein FICO Score. Wenn also gar keine Kreditinformationen über mich vorliegen oder wenn meine (Kreditkarten-)Konten erst zwei Monate zuvor eröffnet wurden, dann wird dies zu einer Verschlechterung meines Scores führen. Es empfiehlt sich also, Kreditkarten zu beantragen (und ab und an zu nutzen), auch wenn man sie nicht dringend braucht, aber natürlich nicht viele und nicht oft. Prepaid-Kreditkarten, also welche, die man aufladen muss, bevor man sie nutzen darf, werden von FICO genauso behandelt wie Kreditkarten, die tatsächlich einen Verfügungsrahmen anbieten. Wobei die Prepaid-Kreditkarten einfacher zu bekommen sind, da sie kein Risiko für die Bank darstellen, und daher beantragt werden, um den FICO Score positiv zu beeinflussen.

- Der *Kreditmix* wird mit 10 Prozent gewichtet. Hierbei geht es um die Mischung meiner Kreditarten, also etwa Kreditkarten, Ratenkredite, Immobilienkredite etc. Was nicht heißt, dass ich unbedingt einen Ratenkredit beantragen muss, wenn ich ihn nicht brauche, nur um meinen Score zu verbessern. Aber eine Mischung zu haben und die entsprechenden Kredite pünktlich zurückzuzahlen wird sich positiver auswirken, als gar keine zu haben. Dann weise ich nach, dass ich verantwortungsvoll meine Kredite managen kann.
- *Neue Kredite* sind mit 10 Prozent dabei. FICO prüft dafür die Einträge der letzten zwölf Monate: Wenn ich innerhalb dieser Zeit mehrere neue Kredite oder Kreditkarten beantragt habe, kann sich das negativ auf meinen Score auswirken. FICO geht davon aus, dass ich ein Risiko darstelle, gerade wenn meine Kredithistorie kurz ist. Weil ich auf Pump zu leben scheine.

Die Transparenz über die Kriterien und deren Gewichtung zu haben ist schon einmal sehr gut. Lobenswert sind auch die Empfehlungen auf FICOs Webseite, um den eigenen Score zu verbessern. Doch es ist eine Illusion zu glauben, dieser Score wäre tatsächlich neutral. Das wird deutlich, wenn man sich ansieht, was mit den Kunden passiert, die durch das Raster dieser Rating-Logik fallen.

Die Tücken digitaler Black Boxes

Für einen Ausländer, der neu im Land ist, gibt es keinerlei Kredithistorie. Ohne Kredithistorie wird es (laut FICO) schwer, eine Kreditkarte zu bekommen, und ohne Kreditkarte kann keine Kredithistorie aufgebaut werden – da beißt sich die Katze in den Schwanz. Dieses Phänomen ist vielerorts anzutreffen, zum Beispiel auch bei jobsuchenden Absolventen: Ohne Berufserfahrung werden einem keine Jobs angeboten, und ohne den ersten Job kann man keine Berufserfahrung nachweisen.

Aber auch für Einheimische kann dies ein Problem werden, wenn sie zum Beispiel ihren Job verlieren. Sollten sie keine Ersparnisse haben, führt das fehlende Einkommen zur Verzögerung oder zum Ausfall von Rechnungsrückzahlungen. Dies führt wiederum zur Verschlechterung oder gar Ablehnung des Kreditrahmens und so weiter, bis die Betroffenen vom Finanzsystem komplett ausgeschlossen werden. Eine Nachricht im November 2019, die für Schlagzahlen in den USA sorgte, berichtete über die offenbar geschlechterdiskriminierende Apple-Kreditkarte.[12] Goldman Sachs, die Bank, die hinter der Apple-Kreditkarte steht, soll Frauen weniger Kreditrahmen angeboten haben als Männern. Teilweise handelte es sich um verheiratete Partner, die gemeinsame Konten und die gleiche finanzielle Situation hatten. Einige Betroffene twitterten darüber, darunter Steve Wozniak, der Mitgründer von Apple:

»Dasselbe ist uns passiert. Ich habe zehnfach den Kreditrahmen [meiner Frau] bekommen. Wir haben keine getrennten Bank- oder Kreditkartenkonten und auch keine getrennten Vermögenswerte. Es ist allerdings schwierig, einen Menschen zu erreichen, um nach einer Korrektur zu fragen. Das ist die Technologie [›big tech‹] im Jahr 2019.«

Dass selbst der Apple-Mitgründer keine Handhabe darüber hat, hat etwas Absurdes an sich. Die Stellungnahme von Goldman Sachs machte es nicht besser: Das Geschlecht spiele keine Rolle bei der Bewertung der Kreditwürdigkeit, wie die Algorithmen zu dieser Entscheidung kamen, sei daher noch unklar. In Zeiten, in denen – auch vor Gericht – viel über Geschlechterdiskriminierung diskutiert und gestritten wird, darf man gespannt sein, zu welchem Ergebnis die Ermittlungen kommen werden. Ich frage mich, ob das Ermittlerteam es überhaupt schafft, den Grund der Diskriminierung in den Algorithmen zu finden. Denn ich bin mir ziemlich sicher, dass keine Absicht dahintersteckte. Aber wie wir bereits bei der automatisierten Bewerberauswahl gesehen haben, kann sich das Geschlecht als Merkmal in den Daten »einschleichen«, ohne dass es explizit gewollt ist. Ich kann mir daher gut vorstellen, dass auch die Algorithmen von Goldman Sachs ein Muster in den Daten erkannt haben, das weibliche Antragsstellerinnen identifiziert, in eine Gruppe zusammenführt und entsprechend (schlechter) bewertet. Vielleicht sind es hohe Ausgaben der Kreditkarte oder Ratenzahlungen für Luxusprodukte, wer weiß. Es muss ja gar nicht an harten Daten hängen wie Geschlecht, Einkommen oder Kreditkartenmix. Ich finde es ja immer sehr spannend, was die Algorithmen manchmal in unseren Daten finden, aber so oder so muss Goldman Sachs die Verantwortung übernehmen, die Fehler eingestehen und korrigieren.

Spannend finde ich auch den vorletzten Satz von Steve Wozniaks Tweet, wie schwer es wäre, einen echten Menschen zu erreichen. Auch ein Tech-Gründer ist also alles andere als glücklich, wenn automatische Prozesse nicht einmal eine Beschwerdestelle haben, bei der man im persönlichen Gespräch seine Situation erklären kann.

Im Fall von Steve Wozniak mag das keine dringende Angelegenheit sein. Aber was ist, wenn man seinen Job verloren hat und die Kreditkarte braucht, um Lebensmittel für die Kinder kaufen zu können? In den USA ist das größte Problem mit dem Verlust der Arbeit übrigens gar nicht das fehlende Einkommen, sondern die fehlende Krankenversicherung. Sollte man zwischen zwei Jobs erkranken oder einen Unfall erleiden, ist man schnell mehrere Tausend Dollar los. Reichen die Ersparnisse nicht, um die Krankenkosten zu decken, ist man schnell in der Insolvenz und wird vom Kreditsystem ausgeschlossen – ein Teufelskreis.

Genau um solche Fälle aus ihrer Misere zu befreien, hat Marla Blow, eine ehemalige Angestellte des US-amerikanischen Federal Consumer Financial Protection Bureau (eine Art Verbraucherzentrale für Finanzprodukte), 2015 FS Card gegründet.[13] In ihrer Position hatte sie erlebt, wie Kreditkartenfirmen genau die weniger privilegierten Mitglieder der Gesellschaft nicht bedienten und aus dem Finanzsystem ausgliederten. Diese waren auf Kurzzeitkredite mit extrem hohen Zinsen angewiesen und konnten mit ihren Karten weder tanken noch an Supermarktkassen bezahlen oder Online-Bestellungen durchführen. Mit FS Card bot Marla Blow eine Kreditkarte mit 500 Dollar Verfügungsrahmen an, um der Zielgruppe aus ihren finanziellen Engpässen herauszuhelfen. Das Ganze ist als Übergangslösung gedacht, damit die Kunden ihre Schulden pünktlich begleichen und ihre Bonität verbessern können – und dadurch einen Neueinstieg in das Finanzsystem schaffen. Marla Blow hat die Firma Ende 2018 verkauft und versucht nun, dieses philanthropische Ziel (eine Nummer größer) bei Mastercard weiterzuverfolgen.[14] Eine inspirierende Geschichte einer engagierten Person, finde ich. Die Frage ist: Müssen wir auf solche Personen hoffen, die das System auf eigene Faust fairer machen wollen, oder schaffen wir es, ein grundsätzlich faireres System zu bauen und nachzuhalten?

In Deutschland haben wir die gesetzliche Sozialhilfe und Krankenversicherung, sodass Leuten, die ihren Job verlieren, nicht sofort die Insolvenz droht. Aber auch bei uns gibt es benachteiligte Gruppen, die aus dem Kreditmarkt ausgeschlossen werden. Und ich rede nicht nur über Ausländer, Flüchtlinge oder Hartz-IV-Empfänger, auch Selbstständige haben es sehr schwer, Konsumentenkredite zu bekommen. Erscheint den Banken das Risiko hoch, schließen sie Selbstständige einfach aus dem Konsumentenkreditmarkt aus. Dabei wird die finanzielle Situation oder der Schufa-Score noch nicht einmal geprüft, und es muss sich auch gar nicht um hohe Beträge handeln, auch eine Ratenfinanzierung beim Elektronikhändler kann abgelehnt werden. Einem Freund von uns ist das passiert: Die Ratenzahlung mit 0 Prozent Zinsen wurde groß geworben, sie galt anscheinend aber nur für Angestellte und Beamtinnen. Er als Selbstständiger musste den neuen Rechner auf einmal bezahlen.

Geprüft wird der Schufa-Score dagegen oft, wenn man eine Wohnung mieten oder einen Handyvertrag abschließen möchte. Dann kommt keiner von uns drum herum. Und dann kann man nur hoffen, dass der eigene Score gut ist. Eine Garantie gibt es genauso wenig wie Transparenz. Schon in den Fünfzigerjahren war es für Bankangestellte schwer, ihrem Kunden genau zu erklären, warum er für einen Kredit mehr oder weniger Zinsen zahlen musste als sein Nachbar oder seine Arbeitskollegin. Wenn nur der Ruf oder das Gehalt als Kriterium hinzugezogen wurden, dann ging das gerade noch. Doch es wurde schnell komplexer (gemacht), so komplex, dass wir Menschen heute gar nicht mehr durchblicken und die Maschinen übernehmen müssen. Die Einschätzung über mein Geld beziehungsweise meine Bonität wird von einem Code getroffen, der irgendwann von irgendjemand programmiert wurde, und mir kann nicht einmal gesagt werden, ob dieser Programmierer seinen Job so gut gemacht hat, dass der Code meine Situation tatsächlich versteht und mich fair behandelt.

Wie können wir ein faires System erreichen, wenn alles so intransparent ist?

Diese Aufgabe haben sich die gemeinnützigen Organisationen AlgorithmWatch und Open Knowledge Foundation Deutschland auf die Fahnen geschrieben. Mit deren OpenSCHUFA-Initiative wollen sie etwas Licht in die »Black Box Schufa« bringen.[15] Obwohl die von rund 3000 Freiwilligen zur Verfügung gestellten Daten nicht ausreichend für eine repräsentative Auskunft waren, konnte dennoch festgestellt werden, dass es Auffälligkeiten in den Daten gibt: Zum Beispiel »war auffällig, dass zahlreiche Personen von der Schufa verhältnismäßig negativ eingestuft werden, obwohl die Schufa keine negativen Informationen, beispielsweise Zahlungsausfälle, über sie vorliegen hat.« Selbst Verbraucher mit positiven Vertragsinformationen wurden also nicht unbedingt positiv eingestuft. 12,5 Prozent der Personen wurden unter »zufriedenstellendes bis erhöhtes« oder gar »hohes Risiko« eingestuft, obwohl ausschließlich positive Informationen über sie vorhanden waren. Überraschend war auch, dass der Schufa bei einigen Verbrauchern viel zu wenige Informationen vorlagen und trotzdem daraus ein Score errechnet wurde, der im schlimmsten Fall zum Problem für den Verbraucher werden konnte. Der Auswertung zufolge waren 23,7 Prozent der Personen mit maximal drei Informationen hinterlegt.

Noch schlechter sah es bei Verbrauchern mit negativen Informationen aus. Unabhängig davon, ob die Einträge falsch oder veraltet waren, ihr Score war miserabel.

Auch Daten wie das Alter, Geschlecht oder Anzahl der Umzüge scheinen sich auf den Score auszuwirken. Der Studie nach erhalten junge Männer eine schlechtere Bewertung als ältere Frauen mit ansonsten ähnlichen Merkmalen. Oft die Wohnung zu wechseln wirkt sich auch negativ aus, und es gab noch eine Reihe weiterer Erkenntnisse.[16] Ernüchternd finde ich vor allem, wie wenig Macht wir als Verbraucher hier haben und wie groß die Macht ist, die eine privatwirtschaftliche Firma haben kann. Solange keine Transparenz herrscht, ist man gut beraten, regelmäßig eine Selbstauskunft anzufordern, auf Auffälligkeiten zu achten und eventuelle Fehler korrigieren zu lassen, also lieber präventiv zu handeln, als mit einer bösen Überraschung konfrontiert zu werden.

Wenn Algorithmen uns benoten

Die Schufa ist eine Macht, sie ist aber nicht die einzige Firma, die Bonitätsauskünfte über die Verbraucher errechnet. Es gibt inzwischen viele Firmen und Start-ups, die sogenannte E-Scores erstellen und Gläubigern entgeltlich zur Verfügung stellen. Hierbei handelt es sich um eine Art Prognose über das Verbraucherverhalten im elektronischen Handel, die vor allem für Marketingzwecke verwendet wird, aber auch einige Kreditkarten-Firmen greifen darauf zurück. Prognose-Algorithmen analysieren und erstellen Verbraucherprofile, aus denen unter anderem die Kaufkraft des Verbrauchers ermittelt wird. Erinnert ihr euch an meine Reisebuchung nach Valencia? Ein E-Score-Algorithmus wird mit Daten wie Einkommen, Arbeit, Wohnadresse, Schuldenstand und Einkaufshistorie gefüttert und spuckt eine Zahl aus, die vorhersagt, ob ich ein guter Kunde wäre oder nicht. So kann die Firma entscheiden, ob es sich lohnt, Werbung für mich einzuschalten oder nicht. Teilweise kann so ein E-Score auch dazu führen, dass ich länger in einer Warteschleife einer Kundenservice-Hotline warten muss.[17]

Mit der wachsenden Menge an Internetdaten inklusive persönlicher Informationen im Web können Scores für alle möglichen Zwecke errechnet und verwendet werden. Teilweise wird zum Beispiel die Korrektheit der Sprache analysiert oder die Zeit, die man für das Ausfüllen eines Antragsformulars benötigt. Geht es dabei etwa um einen Kredit, könnte der Algorithmus schlussfolgern: je niedriger das akademische Niveau des Antragstellers, desto höher das Risiko und desto teurer der Kredit. Leider findet man auch hierüber nur schwer Informationen zu den genauen Rechenmethoden – Geschäftsgeheimnisse werden nun mal gut gehütet, egal, wie fragwürdig das Geschäftsmodell ist.

Sozialpunkte in Deutschland?

Die nächste Stufe bildet aus meiner Sicht das Social Scoring, also der Aufbau eines Sozialkredit-Systems. Darunter versteht man eine bestimmte Form von Kreditwürdigkeit, die anhand von Daten errechnet wird, die aus den sozialen Medien gewonnen werden oder generell im Internet verfügbar sind. China als Vorreiter im Social Scoring versucht damit die Steuerung und Kontrolle der Bevölkerung über ein Punktesystem zu regeln. Das Ziel soll sein, die Aufrichtigkeit in Regierungsangelegenheiten, kommerzielle und soziale Integrität sowie gerichtliche Glaubwürdigkeit zu steigern. Dafür startet jeder Bürger mit 1000 Punkten, wünschenswertes Verhalten (aus Sicht der kommunistischen Partei) führt zu mehr Punkten, negatives Verhalten zu weniger, wobei auch Daten wie die finanzielle Bonität und Vermerke im Strafregister eine große Rolle spielen. Selbst falsch zu parken kann negative Folgen haben. Hinzu kommen Informationen aus den sozialen Netzwerken, von Suchmaschinen und Online-Marktplätzen. Die Folgen solch eines Systems sind für die Bürger enorm, denn schlechte Bewertungen können das alltägliche Leben massiv einschränken. So können Zugriffe auf soziale Leistungen verweigert oder eingeschränkt werden, was sich beispielsweise in längeren Wartezeiten im Krankenhaus äußert. Nicht nur Kreditkarten, sondern auch Flugtickets, Anmeldungen in Privatschulen oder Jobs bei staatsnahen Organisationen können abgelehnt werden.[18] Das Projekt befindet sich noch in der Pilotphase, soll aber noch 2020 für Millionen von Menschen verpflichtend eingeführt werden.[19] Die Folgen wären in erster Linie für die Bürger enorm, aber auch für deutsche Unternehmen, die vor Ort produzieren oder mit chinesischen Firmen kooperieren, hätte die breite Einführung des Social Scoring Konsequenzen.[20]

In Deutschland wird dieses System nicht eingesetzt, zumindest offiziell nicht. Doch wenn Daten im Internet verfügbar sind, sollte man besser davon ausgehen, dass einige Unternehmen sie auch nutzen und eigene Social Scorings für ihre Kunden berechnen oder berechnen lassen. Theoretisch ist das möglich, praktisch ist es schwer nachzuweisen, da Unternehmen so etwas natürlich nicht freiwillig veröffentlichen.

Wir haben zwar eine Datenschutzgrundverordnung, die unsere Privatsphäre schützen soll, aber solange der Kunde zustimmt, ist fast alles möglich. Nehmen wir an, ich brauche dringend Geld, beantrage einen kleinen Kredit oder eine Ratenzahlung bei einem Online-Händler und muss dafür den Allgemeinen Geschäftsbedingungen (AGB) zustimmen. Ich bin sogar vorsichtig und lese mir diese durch. Ich stelle fest, dass die Firma Daten über mich braucht, um ihre Leistung erbringen zu können. Das finde ich nicht wirklich toll, aber ich brauche das Geld oder das Produkt dringend, also stimme ich dem zu. Und schon habe ich eingewilligt, dass Methoden wie das Social Scoring bei mir selbst verwendet werden. Erstaunlich finde ich in diesem Zusammenhang, dass die Mehrheit der Deutschen das Social Scoring gar nicht kennt, aber im Grunde jeder Internetnutzer irgendwelchen AGBs zustimmt. Die Beratungsfirma PricewaterhouseCoopers (PWC) hat im Mai 2018 dazu eine Studie veröffentlicht.[21] Demnach haben nur 31 Prozent der befragten Endverbraucher einmal davon gehört oder gelesen. 11 Prozent der Befragten sahen die Methode sogar als Chance. Das klingt im ersten Moment erstaunlich, aber je länger man darüber nachdenkt, desto logischer ist es. Nehmen wir an, ich bin ein guter Mensch, zahle meine Rechnungen pünktlich, engagiere mich sozial und hetze über niemanden im Netz, ein Musterbürger im digitalen Zeitalter. Aufgrund irgendeines Fehlers habe ich einen schlechten Schufa-Score, und meine Kreditanträge werden abgelehnt. Sollte das Kreditinstitut auch ein Social Scoring verwenden, hätte ich tatsächlich eine Chance, den Kredit doch zu erhalten und vielleicht sogar zu günstigen Konditionen. Es ist also nicht alles negativ, was negativ erscheint. Es hängt immer von der Situation ab, und wie man mit der Situation umgeht. Allerdings fürchteten sich 71 Prozent der Befragten vor einer Fehlbewertung ihrer Kreditwürdigkeit, solange die Daten und ihre Auswertung nicht transparent gemacht wurden. Jüngere Menschen (zwischen 18 und 25 Jahren) haben übrigens weniger Vorbehalte und würden dem Social Scoring eher zustimmen als ältere, wenn bestimmte Transparenzkriterien erfüllt sind. Das erklärt vielleicht, weshalb viele (ältere?) Endverbraucher eine Schufa-Auskunft vorziehen, obwohl sie null Transparenz über das Scoring bietet.

Wahrscheinlich hängt das damit zusammen, dass die junge Generation mit dem Internet aufgewachsen ist und sich ganz selbstverständlich im digitalen Zeitalter bewegt. Dazu fällt mir ein Satz von Marie Curie ein:

»Dans la vie, rien n'est à craindre, tout est à comprendre« – »Nichts im Leben ist zu fürchten, nur zu verstehen.«

DIE KUNST, ANGST IN ZAHLEN AUSZUDRÜCKEN

Die Berechnungen der Versicherungsbranche

Ein paar Lieder über Karius und Baktus, und schon sind die Zähne ohne Widerstand geputzt. Pyjama an, Gute-Nacht-Geschichte, Gute-Nacht-Kuss und Augen zu. Ein langer Tag nähert sich dem Ende. Beim Zuschauen, wie mein kleiner Engel schläft, fällt mir ein: Ich muss mal wieder zum Kinderzahnarzt mit ihm! Eine präventive Untersuchung ist fällig, außerdem soll das Bonusheft aktuell gehalten werden, denn ohne vollständiges Bonusheft könnte die Versicherung eine notwendige Behandlung nicht abdecken. Warum ist das eigentlich so? Warum zahle ich in eine Versicherung ein, und wenn ich sie brauche, ist sie nicht da?

Bonushefte, kleingedruckte AGBs und überhaupt die ganze Systematik hinter dem Versicherungswesen sind für mich, die ich nicht in Deutschland aufgewachsen bin, immer noch neu und ungewohnt. Mein Mann ist damit groß geworden, er findet das alles logisch und nachvollziehbar. Ich habe ein paar Tage gebraucht, bis ich überhaupt verstanden und akzeptiert hatte, dass ich eine Haftpflichtversicherung brauche. Ich erinnere mich sehr gut: Als ich 2007 nach Deutschland kam und das erste Mal nachfragte, was das sei, eine Haftpflichtversicherung. Da haben mich alle mit großen Augen angeguckt: »Wie? Du hast keine? Du musst sofort eine abschließen!« Das habe ich auch getan. Denn mir wurden Tausende von Gründen genannt, warum solch eine Versicherung notwendig sei. Aber außer in dem Film »Die fetten Jahre sind vorbei« habe ich noch von niemandem gehört, der diese Versicherung tatsächlich gebraucht oder in Anspruch genommen hätte. Ich frage mich mittlerweile, ob es eine (Haftpflicht-)Versicherung war, die den Film gesponsert hat!

»Das Geschäft mit der Angst« nennt es ein Freund von mir, und das scheint zu funktionieren. Ich sehe es sogar bei mir, inzwischen habe ich mehrere Versicherungen und Zusatzversicherungen. Ob ich sie je brauchen werde, ist unklar, aber man schläft besser, wenn man sie hat. Nur: Vorher habe ich auch gut geschlafen. Denn ich kannte das eben nur so, dass man, wenn ein Schaden eingetreten ist, entweder selbst bezahlt, und wenn die Summe zu hoch war, dann hat man sich Geld von der Familie oder von Freunden geliehen und in Raten zurückgezahlt. Auf seine Familie und Freunde kann man sich immer verlassen, denn jeder ist mal dran. So hat man das in der Vergangenheit gemacht, und so funktioniert es heute immer noch in vielen Ländern, darunter Marokko, wo ich aufgewachsen bin. Man könnte sagen, dass dort die Versicherungsprämie einfach im Nachhinein gezahlt wird, also erst wenn das Risiko eine Eintrittswahrscheinlichkeit von 100 Prozent hat.

Wo es um Wahrscheinlichkeiten geht, sind Mathematik und Statistik nicht fern. Und weil Mathematik und Statistik in vielen Lebensbereichen eine Rolle spielen, werden künstliche Intelligenz und maschinelles Lernen mittlerweile fast überall eingesetzt – nicht zuletzt dort, wo es etwas zu versichern geben könnte.

Zahlen beruhigen – das Geschäft mit der Angst bleibt

Angst hatten wir Menschen schon immer. Als wir noch in Höhlen lebten, hatten wir Angst vor Löwen oder Bären, je nachdem. Im frühen Babylon hatten die Geschäftsmänner Angst, auf Reisen ausgeraubt zu werden. Im Mittelalter hatten die Seemänner Angst, von Piraten überfallen zu werden. Und heute haben wir Angst, dass unser Handy runterfällt und kaputtgeht. Die Geschichte der Versicherungen ist also mindestens so alt wie die Geschichte der Kredite, die wir uns im vorigen Kapitel angesehen haben.

Nicht nur die Angst vor allen möglichen Unglücksfällen, auch der Schutz vor drohenden Schäden liegen uns schon immer sehr am Herzen. Dabei ist es erst einmal völlig egal, ob die Schäden von erwartbaren Ereignissen verursacht werden (wie zum Beispiel der Tatsache, dass wir irgendwann einmal sterben werden) oder von mehr oder weniger wahrscheinlichen Ereignissen (wie zum Beispiel einem Karawanenüberfall damals oder einem Autounfall heute). Der Unterschied in der Eintrittswahrscheinlichkeit und in der Höhe der möglichen Schäden sind das A und O bei der Berechnung der Versicherungsprämie. Dazu kommen weitere Faktoren, etwa die Größe der Gruppe, die mitmacht, denn das Grundprinzip der meisten Versicherungen basiert auf einer kollektiven Risikoübernahme. Das heißt: Viele Beteiligte zahlen in einen Topf (Kapitalsammelstelle) ein, und beim Eintreten eines Schadens (Versicherungsfall) wird der Schadensausgleich aus dem Topf abgedeckt. In der Regel tritt der Versicherungsfall nur bei wenigen Beteiligten ein, weshalb es ausreicht, dass viele Versicherungsnehmer relativ kleine Beiträge in den Topf einzahlen. Damit das aber auch wirklich klappt, muss der zukünftige Schadensverlauf vorhergesagt werden. Und spätestens ab hier wird die Sache kompliziert, denn wie so oft im Leben redet der Zufall ein gewichtiges Wörtchen mit. Wie gelingt es Versicherungen nun, den Einfluss des Zufalls zu berechnen und das Risiko realistisch darzustellen?

Das Gesetz der großen Zahlen

Ihr kennt das vielleicht von Wahlprognosen: je größer die Zahl der Befragten, desto verlässlicher das Ergebnis. Dieses Gesetz der großen Zahlen machen sich auch Versicherer zunutze, um den Einfluss des Zufalls bei ihren Angeboten zu minimieren. Demnach stabilisiert sich die relative Häufigkeit eines Zufallsergebnisses um die theoretische Wahrscheinlichkeit des Zufallsergebnisses, wenn das Experiment unter denselben Voraussetzungen immer wieder durchgeführt wird. So weit die Definition, aber was heißt das? Bei einem Hausbrand kann man das Experiment wohl nicht durchführen, solche Ereignisse kann man nur empirisch ableiten, also durch Alltagsbeobachtungen. Die relative Häufigkeit ist in diesem Fall nur empirisch ermittelbar. Ein Blick in alte Statistiken könnte uns zum Beispiel verraten, dass im Mittelalter jedes zehnte Haus abgebrannt ist, heute jedes tausendste (die Zahlen habe ich mir nur ausgedacht, um den Unterschied darzustellen).

Um das Gesetz der großen Zahlen am einfachsten zu veranschaulichen, nehmen wir einen herkömmlichen Würfel mit sechs Seiten zu Hilfe. Die theoretische Wahrscheinlichkeit, dass wir unsere Lieblingszahl würfeln, ist genau ein Sechstel (eine von sechs Möglichkeiten), also ungefähr 16,67 Prozent. Wir nehmen uns vor, den Würfel 1000 Mal zu werfen und uns das Ergebnis jedes Mal zu notieren. Sollte bei den ersten zehn Würfen unsere Lieblingszahl dreimal fallen, läge die relative Häufigkeit zu diesem Zeitpunkt bei 30 Prozent, also fast beim Doppelten des zu erwartenden Wertes. Sollte unsere Lieblingszahl nach 100 Würfen insgesamt achtmal gefallen sein, läge die relative Häufigkeit bei 8 Prozent, also nur der Hälfte des zu erwartenden Wertes. Das Gesetz der großen Zahlen besagt nun, dass sich die relative Wahrscheinlichkeit der theoretischen Wahrscheinlichkeit nähert, wenn man das Experiment unter denselben Bedingungen (also mit demselben Würfel) lange genug durchgeführt wird. Wenn es sich um einen fairen, nicht gezinkten Würfel handelt, werden wir nach 1000 Würfen also ungefähr 167-mal unsere Lieblingszahl würfeln.

Diese Theorie ist bombensicher beim Würfeln, lässt aber keine Vorhersagen über Ereignisse zu, die zum Beispiel mit Naturkatastrophen zu tun haben. Deswegen ist es schwierig, Häuser gegen Naturkatastrophen zu versichern, entweder ist es gar nicht möglich oder sehr teuer. Für Versicherungen ist das Risiko so hoch, dass viele diese Leistung gar nicht mehr anbieten oder sich aus bestimmten Risikogebieten zurückziehen, wie zum Beispiel aus Florida, das jährlich von tropischen Wirbelstürmen betroffen ist.[22] Ein ähnliches Szenario herrscht bei Atomkraftwerken. Diese sind gar nicht vollumfänglich versichert, da das Schadensausmaß so hoch wäre, dass keine Versicherung das ausreichende Kapital aufbringen könnte, um dafür aufzukommen. Oder andersherum: Um genug Rücklagen zu bilden, hätten die Versicherungsprämien extrem hoch sein müssen, was wiederum den Strompreis um bis zu 67,30 Euro (nicht Cent!) je Kilowattstunde verteuert hätte, wie eine Studie aus dem Jahr 2011 berechnet hat.[23] Wenn also ein schwerer Unfall passieren sollte, dann werden die Kosten vom Staat getragen, in anderen Worten: auf die Allgemeinheit abgeschoben.

Man könnte derartige Extremfälle so zusammenfassen: Wenn die Eintrittswahrscheinlichkeit und/oder das Schadensausmaß nicht berechenbar oder zu hoch sind, ist eine Versicherung entweder zu teuer oder gar nicht möglich.

Wenn es sich allerdings um überschaubare Schadensausmaße handelt, wie im Fall einer Kranken- oder Autoversicherung, dann kommt das Gesetz der großen Zahlen zum Zug. Selbst wenn sich die theoretische Wahrscheinlichkeit nicht so exakt berechnen lässt wie bei einem Würfel, gilt: Je genauer ich sie vorhersagen kann, desto besser kann ich den einzelnen Schadensfall berechnen. Hierzu bietet das maschinelle Lernen mal wieder eine große Hilfe, denn damit das Ganze funktioniert, brauchen wir große Datenmengen – und die sind heute vorhanden.

Wenn künstliche Intelligenz uns versichert

Als sich im 16. Jahrhundert die ersten Versicherer trauten, Expeditionen zu versichern, war das vergleichbar mit einem Poker-Spiel. Da es noch keine verlässlichen Erfahrungswerte gab, wurden die Risiken je nach Bauchgefühl eingeschätzt, nur selten wurde jedoch einfach gehofft, dass es schon irgendwie klappen würde. Die Versicherungsprämien waren entsprechend hoch.

Heute haben wir nicht nur einen viel größeren Erfahrungsschatz, die Risiken lassen sich – zumindest in den meisten Fällen – viel besser einschätzen. Es lassen sich Daten von verschiedenen Versicherungsträgern sammeln, bündeln, vergleichen und analysieren. Um die Höhe der Prämien zu berechnen, kann man die Regressionsanalyse anwenden. Bei der Rentenversicherung hilft diese Methode zum Beispiel dabei, den Rentenversicherungsanteil am Bruttoarbeitslohn zu bestimmen. Die Clusteranalyse wiederum kann dazu verwendet werden, die Versicherten besser in Gruppen einzuteilen und entsprechende Versicherungspolicen anzubieten, bis hin zu individuellen Versicherungsprodukten. Ein künstliches neuronales Netz kann dabei helfen, Anomalien oder Betrugsszenarien zu identifizieren, aber zum Beispiel auch durch den Einsatz von Chatbots zur Verbesserung des Kundenservice beitragen. Dies geht teilweise bereits Hand in Hand mit der Erweiterung der Vertriebskanäle über Online-Portale oder mobile Apps und weitere Anwendungen. Außerdem wird die Robotik für die Prozessoptimierung eingesetzt. Der Versicherungsmarkt befindet sich im Umbruch, und künstliche Intelligenz ist dabei eine treibende Kraft.[24] Der Einsatz von KI-Lösungen ist also vielfältig. Bei Automobil-Versicherungen wie der Basler oder der Zurich bearbeiten heute Roboter die Glasschäden voll automatisiert, es werden nur stichprobenartig Fälle ausgesucht, die von Menschen noch einmal kontrolliert werden.[25] Dank der Standardisierung der Abläufe gehören solche repetitiven Aufgaben für einfache Fälle wie Glasschäden nicht mehr zum Tagesgeschäft menschlicher Sachbearbeiter.

Auch die Versicherungskammer Bayern nutzt künstliche Intelligenz. Sie lässt Watson, das kognitive System von IBM, die eingehende Kundenpost scannen und vor allem nach Unmutsäußerungen und Angebotswünschen untersuchen, um diese dann gezielt bearbeiten zu können. Die automatisierte Klassifizierung hat Vorteile für die Kunden, denn ihre Anliegen werden schneller bearbeitet, und gerade wenn Menschen verärgert sind, erwarten sie eine schnelle Reaktion.

Auch Chatbots im Kundenservice können für die Endverbraucher vorteilhaft sein. Im Versicherungsbereich werden diese zum Beispiel seit 2017 bei der Ergo Group eingesetzt.[26] Auch wenn viele Kunden immer noch skeptisch sind, was die Interaktion mit Chatbots betrifft, können diese inzwischen viel schneller einfache Anliegen verstehen und bearbeiten. Die Technologie hat sich weiterentwickelt (die Ergo konnte eine Verbesserung der Qualität deutlich spüren, die Erkennungsgenauigkeit der richtigen Absicht ist auf 82 Prozent gestiegen), und Chatbots sind nicht überlastet, so wie die meisten Kundenservice- oder Callcenter-Mitarbeiter. Gerade bei Adressänderungen oder Tarifwechseln sind Chatbots unschlagbar. Bei komplizierteren Anfragen wird der Kunde zu einem Sachbearbeiter weitergeleitet, aber dieser bekommt die Informationen aus dem Chatverlauf automatisch auf seinen Bildschirm übertragen und kann mit den Daten weiterarbeiten. Man muss sein Anliegen in der Regel nicht noch einmal von vorne erklären – ihr wisst wahrscheinlich aus eigener Erfahrung, wie nervig das sein kann.

Viele Ideen bei diesem technologischen Umbruch der Branche stammen von kleinen Start-ups. Die Gründerszene ist da sehr kreativ, und ich finde es faszinierend, wie viele neue Versicherungsprodukte auf den Markt kommen, die bestehende klassische Versicherungsprodukte sprengen. Es geht über die Entwicklung von kognitiven Chatbots (zum Beispiel beim Start-up Rasa) oder die automatisierte Bearbeitung von Schadensfällen (zum Beispiel mit dem Start-up omni:us) hinaus. Es entstehen immer mehr »On demand«-Versicherungsprodukte, die für viele Nutzer sehr attraktiv sind: Man schließt eine Versicherung situativ ab, also in dem Moment, in dem sie gebraucht wird, zum Beispiel bevor man eine Radtour antritt, oder oben auf dem Berg, bevor man auf die Skier steigt und abfährt (zum Beispiel bei LINGS). Oder beim Vermieten eines Gästezimmers auf airbnb oder beim Mitfahren in einem Uber-Auto (zum Beispiel mit Slice). Auch für das eigene Auto gibt es inzwischen die Möglichkeit, die Versicherung nur für gefahrene Kilometer abzuschließen. Wenn das Auto steht, entstehen für die Nutzer keine Versicherungskosten (zum Beispiel bei Metromile). Letzteres ist ein Start-up aus den USA. Es sind bereits viele disruptive Ansätze vorhanden , und es werden noch mehr entstehen. Alle diese Ansätze sind heute nur dank der zunehmenden Digitalisierung möglich. Die Chancen, die für die Versicherungsbranche darin stecken, haben wir gesehen, aber welche Risiken stecken hinter den Algorithmen?

KI ist nicht immer eine sichere Wette

Wir haben bisher darüber gesprochen, dass ein Versicherer die Versicherungsprämie umso besser berechnen kann, je genauer sich Risiko und Schadensverlauf einschätzen lassen. Das bedeutet in vielen Fällen, dass die Risikogruppen genau definiert werden müssen, was mithilfe des maschinellen Lernens kein Hexenwerk mehr ist. Eine Unterteilung in kleinere Gruppen ermöglicht die Erstellung von genaueren Risikoprofilen. Gerade wenn es um Krankenversicherungen geht, können die Gruppen über Alter und Geschlecht hinaus geclustert werden. Das Clustering bietet zudem die Möglichkeit, Ähnlichkeiten in den Daten zu finden, die bisher niemandem aufgefallen sind. Oder Ähnlichkeiten, die einfach aufgrund der großen Datenmengen nicht analysiert werden konnten. Alles schön und gut, eine Gefahr besteht dabei allerdings, wenn die Maschine den von ihr selbst eingeteilten Gruppen einen von ihr selbst berechneten Risikofaktor zuweist und den Tarif entsprechend errechnet und das Ganze ohne menschliche Kontrolle oder Transparenz abläuft. Denn dann ist es schwer nachvollziehbar, warum ich einen bestimmten Tarif zugewiesen bekomme (der von meiner Gruppe abhängig ist), und es wird womöglich noch schwerer, den Tarif (und die Gruppe) zu wechseln, sollte es der falsche sein. Denn die Gruppe ist für mich nicht transparent. Das wäre ärgerlich für mich – aber auch schlecht für die Versicherung, denn sie könnte mich als Kunden verlieren. Wenn Sachbearbeiter selbst beim besten Willen nicht mehr wissen, warum wer welchen Tarif bekommt und er mich auch nicht umstufen kann, weil »das System es ja nicht erlaubt«, dann werden aus Vorteilen schnell Nachteile.

Menschen mit einem erhöhten Risiko haben heute manchmal schon Schwierigkeiten, eine Versicherung zu finden. Wer unter Diabetes oder einer anderen chronischen Krankheit leidet, kennt das, manchmal reicht es schon, dass man in der Vergangenheit eine kleine OP hatte, um schlechter eingestuft zu werden. Eine Bekannte erzählte mir, dass sie in der Vergangenheit mal eine Gebärmutteroperation hatte. Inzwischen ist sie kerngesund, das Problem besteht nicht mehr, sie hatte aber im Formular für eine neue Krankenkasse wahrheitsgemäß angegeben, dass diese OP durchgeführt worden war. Das Computerprogramm der Krankenkasse errechnete daraufhin, dass sie zur höchsten Risikogruppe gehörte. Sie sollte also den Höchstsatz bezahlen, obwohl sie überhaupt keine gesundheitlichen Probleme mehr hatte. Als sie mit einer Mitarbeiterin der Krankenkasse am Telefon sprach, erfuhr sie, dass diese zwar Verständnis hatte, aber die Rechnung des Computers nicht beeinflussen konnte. Bei der Bewertung ihres Gesundheitszustandes und der Höhe ihres Versicherungstarifs hatte die Maschine das letzte Wort, nicht der Mensch. Erinnert ihr euch an den einsamen Fisch von Kapitel 3? Vielleicht war der Fall meiner Freundin ebenso selten anzutreffen wie der Fisch in Kapitel 3 und daher nicht ausreichend für ein eigenes Cluster. Da sie keinem Cluster angehört, hat sie automatisch den teuersten Tarif zugewiesen bekommen. In solchen Fällen frage ich mich, ob Versicherungen wirklich da sind, um den Menschen zu helfen.

Die Individualisierung der Tarife könnte dazu führen, dass Menschen, die ein Risiko darstellen und Hilfe benötigen, gar nicht mehr behandelt werden. Nehmen wir an, ich bin eine junge, kerngesunde Akademikerin, treibe Sport, rauche nicht, trinke keinen Alkohol, esse gesund und gehe zu allen Vorsorgeuntersuchungen, eine wahre Musterversicherte. Durch einen individuellen Tarif könnte ich weniger bezahlen, als ich es heute tue. Das klingt erst einmal logisch. Jetzt nehmen wir an, ich bin genau das Gegenteil, oft krank, übergewichtig, treibe keinen Sport, esse nur Currywurst mit Pommes, trinke zu viel und rauche den ganzen Tag, eine »Worst-Case-Versicherte«. Mein Tarif würde nun richtig teuer, dabei kämpfe ich ja eh schon finanziell. Die individuelle Tarifgestaltung verschärft meine Misere zusätzlich, weil die gesunde Akademikerin wenig für ihre Versicherung zahlt, weshalb es keine Querfinanzierung mehr gibt, das heißt, ich riskiere, die Deckung zu verlieren. Okay, okay, dieses Szenario kann in Deutschland dank der gesetzlichen Krankenversicherung und des sozialen Systems nicht eintreten. Aber bei den privaten Kassen ist das nicht unmöglich. In den USA zum Beispiel, wo es keine gesetzlichen Krankenkassen gibt, sind solche Szenarien längst keine Science-Fiction mehr, wie Cathy O'Neil in ihrem Buch *Angriff der Algorithmen beschreibt.*[27]

Eine andere Gefahr sehe ich bei der Anwendung von Preis-Optimierungsalgorithmen, die die Tarife je nach Kaufkraft und nicht nach Risikofaktor berechnen. Ähnlich wie beim Social Scoring könnten hier Daten über das Online-Verhalten der Nutzer analysiert und basierend darauf Tarife berechnet werden. Und das ist bereits 2014 in den USA passiert, im Fall des amerikanischen Autoversicherers Allstate.[28]

Trotz aller Tücken und Macken, die die neuen Entwicklungen mit sich bringen, ermöglicht die Versicherungsbranche mit ihrer riesigen wirtschaftlichen Macht Investitionen in Technologie und Infrastruktur, die ohne dieses Kapital nicht möglich wären. Auch hier gilt also: Alles hat zwei Seiten, und nicht alles ist nur schwarz oder weiß. Wir Kunden wünschen uns volle Transparenz, doch ob wir sie jemals erreichen, ist mehr als fraglich. Dennoch – oder gerade deshalb – ist es wichtig, immer wieder an die eigentliche Idee von Versicherungen zu erinnern und auf mehr Transparenz zu pochen, auch hinsichtlich der eingesetzten Algorithmen. Einige Versicherungen geben ein paar Informationen über die Beitragsberechnung preis, die Online-Vergleichsportale uns dann für unsere Suche zur Verfügung stellen. Manche Anbieter informieren auch darüber, ab wann sich die Einreichung einer Leistung bei der Zusatzversicherung lohnt. Aber im Normalfall wird nicht genau beschrieben, wie die Beitragsberechnung erfolgt oder wie jeder Faktor die Höhe der Prämie beeinflusst. Während wir Kunden alles über uns preisgeben müssen, hüllen sich Versicherungen in Schweigen. Dabei könnte mehr Transparenz auch ein Wettbewerbsvorteil sein und obendrein ein gesünderes Verhalten fördern. Vielleicht würde ein Raucher endlich aufhören zu rauchen, wenn er genau wüsste, wie viel ihn das Monat für Monat kostet?!

Für unseren spanischen Freund Carlos, der neulich nach Berlin gezogen ist und uns fragte, welche Versicherungen wir ihm empfehlen können, war das Ganze ein Schock. Nicht nur die Vielfalt an Anbietern und Produkten, sondern auch die Höhe der Krankenversicherungsprämien und die komplizierten, unverständlichen Formulare machen es für einen Ausländer alles andere als einfach. Zum Glück gibt es Versicherungsmakler wie unseren Freund Nico, die sich inzwischen auf Zuwanderer spezialisiert haben und ihnen helfen, sich durch den Dschungel des deutschen Versicherungswesens zu schlagen. Dabei fällt mir ein Lied ein, in dem ein französischer Sänger über seine deutsche Freundin berichtet: »Sie telefoniert öfter mit ihrem Versicherungsmakler als mit mir!« Tja, willkommen in Deutschland!

SIE KENNE ICH DOCH. SIND SIE NICHT GESTERN BEI ROT ÜBER DIE AMPEL GEGANGEN?

Gesichtserkennung, Spracherkennung,
Videoüberwachung

Nachdem Carlos einen Überblick über die Versicherungsland-
schaft in Deutschland gewonnen und die notwendigen Versicherungen abgeschlossen hatte, konnten wir uns entspannt über die
schöne gemeinsame Zeit in China unterhalten. Carlos, mein Mann
und ich haben uns Anfang 2009 in Beijing kennengelernt, als wir einen Sprachkurs an der Uni besuchten. Das ist jetzt elf Jahre her, und
wir blicken nostalgisch auf die Zeit zurück. Beijing hatte die Olym-
pischen Spiele gerade hinter sich, und Shanghai bereitete sich auf
die Weltausstellung vor, die 2010 ihre Tore öffnete. Auf der Expo
habe ich dann für zwei spanische Pavillons gearbeitet. Ich war für
das operative Geschäft zuständig und musste dafür sorgen, dass die
Exponate und die Technik täglich funktionierten. Bei durchschnittlich 13.000 Besuchern, die täglich durch die Pavillons strömten,
war das kein ruhiger Job. Ich war den ganzen Tag unterwegs, kon-
trollierte alles, diskutierte mit Besuchern, die alles anfassen wollten, und ließ von Zulieferern Reparaturen durchführen, für die diese
keine Garantie übernehmen wollten. Um Infomaterial und sonstige
Gegenstände auf das Expo-Gelände oder wieder heraus bringen zu
können, musste ich Formulare ausfüllen und diese vom Expo-Büro
stempeln lassen. Da war ich also auch täglich, bewaffnet mit dem
Stempel des Pavillons – denn ohne ging gar nicht. Auf jedem Formular mussten beide Stempel drauf sein, der vom Expo-Büro und
der vom Pavillon. Am Anfang hatte mich das genervt, später fand ich
es nur noch lustig. Das Beste, was ich in China gelernt habe, ist die

Gelassenheit, gerade bei den Umständen im Leben, die man nicht ändern kann.

Im Netz der Überwachung

Wenn ich an das heutige China denke, frage ich mich, ob die Stempel immer noch eine so wichtige Rolle spielen. Ich frage mich, ob die Kameras, die inzwischen überall installiert sind und jede Bewegung jedes Menschen beobachten und analysieren, das Stempeln bereits überflüssig gemacht haben. Wenn ich heute die Nachrichten über die Überwachung in China lese, dann muss ich unweigerlich an den Film »Matrix« denken. Als ich damals dort lebte, war das normal. Wir wussten, dass überall auf den Straßen Überwachungskameras installiert waren und dass sie jedes Individuum genau verfolgen konnten. Aber es ging angeblich nur um die Sicherheit, und sicher haben wir uns tatsächlich gefühlt. Doch ich frage mich, ob ich die Situation heute noch so gelassen sehen würde. Denn nicht das »social shaming«[29] wäre dabei mein größtes Problem – auch wenn ich es nicht besonders schön fände, wenn mein Gesicht auf öffentlichen Bildschirmen zu sehen wäre, wenn ich einmal bei Rot über eine Ampel gehe. Nein, viel problematischer fände ich die totale Überwachung. Denn heute werden die Informationen aus den Überwachungskameras mit allen möglichen anderen Daten kombiniert und in das erwähnte Sozialkreditsystem eingespeist. Es handelt sich um ein neues Ausmaß der Überwachung. Dabei geht es nicht mehr allein um Sicherheit, sondern um absolute Kontrolle des Systems über die Bürger. Und das finde ich gruselig.

Globalisierung und Internet machen es schwierig, solchen Praktiken Grenzen zu setzen. Die App TikTok ist ein Beweis dafür. TikTok ist eine Videoplattform und ein soziales Netzwerk, das 2016 in China gegründet wurde. Das soziale Netzwerk ist für jugendliche gedacht und wurde auch bei uns in Europa schnell sehr beliebt. Die Nutzer können kurze, maximal 15 Sekunden lange Videos drehen, mit Musik unterlegen und auf die Plattform hochladen. Das einzige Ziel ist Entertainment – je lustiger die Videos, desto mehr Reaktionen –, ein harmloser Spaß. TikTok steht aber zu Recht auch unter Kritik, denn die App wird von sehr jungen Mädchen genutzt, teilweise sind sie gerade mal acht Jahre alt.[30] Auch wenn die App erst ab zwölf zugelassen ist, wird die Identität bei der Anmeldung nicht geprüft. Geburtsdatum ausgedacht, und schon ist man drin. Die jungen Nutzerinnen laden also Videos von sich hoch und erhalten umso mehr Likes, je weniger sie anhaben. Nicht nur der Jugendschutz ist hier das Problem, sondern auch die Souveränität über die eigenen Daten. Wenn die Nutzer die Zuschauer nicht auf ihren Freundeskreis begrenzen, können alle TikTok-Nutzer ihre Videos sehen. Diese melden sich mit einem Pseudonym an, und schon hat man keine Kontrolle mehr darüber, wo das Video landet. Und selbst wenn die Begrenzung auf den eigenen Freundeskreis erfolgt ist, landen die Videos in chinesischen Rechenzentren. Was passiert damit? Definitiv nichts, was der europäischen Datenschutzgrundverordnung entspricht. In einem Land, das seine Bürger so skrupellos überwacht, kann man nichts Gutes dabei hoffen. Beim Social Scoring kooperieren die chinesischen Tech-Riesen (Tencent, Baidu und Alibaba) mit der Regierung, liefern Daten über ihre Nutzer und ermöglichen die soziale Überwachung. Warum sollte TikTok anders handeln? Es würde mich nicht überraschen, wenn all diese Videos für eine Art Inventur der europäischen oder weltweiten Generation Z verwendet werden. Denn China investiert am meisten in Gesichtserkennungstechnologien, und der Konkurrenzkampf mit den amerikanischen Tech-Giganten (Facebook, Google und Amazon) ist groß. Beide Parteien sammeln fleißig Daten. Mit welchem Ziel, ist nicht hundertprozentig klar, aber dass es um mehr als Entertainment geht, weiß jeder.

Immerhin schätzt Sundar Pichai, der CEO von Google, die Gesichtserkennung als eine sehr gefährliche Technologie ein und plädiert für ein temporäres Verbot, bis die Politik dazu klare Regeln und Grenzen gesetzt hat.[31] Schon 2011 hatte der damalige Google-Chef, Eric Schmidt, die Gefahr einer totalen Überwachung gesehen. In der *Huffington Post* hieß es dazu: »›Ich bin persönlich sehr beunruhigt über die Verbindung von mobiler Ortung und Gesichtserkennung ...‹ Schmidt beschrieb ein Szenario, in dem ein ›böser Diktator‹ die Gesichtserkennung nutzen könnte, um Personen in der Menge identifizieren und die Technologie ›gegen‹ die Bürger einzusetzen.«[32] Neun Jahre später stehen wir genau an diesem Punkt und müssen mit ansehen, wie seine Befürchtungen sich bestätigen.

Das Beispiel der Gesichtserkennungsfirma Clearview AI, die heimlich drei Milliarden Fotos von Facebook, YouTube & Co. gezogen hat, bestätigt die Gefahr hinter solchen Lösungen.[33] Die *Süddeutsche Zeitung* nannte die Software zu Recht einen »Albtraum für die Privatsphäre«[34]. Aber schon 2016 hatte die in Russland gegründete Firma FindFace für Unruhe gesorgt.[35] Die Firma existiert immer noch und zählt, laut eigener Webseite, mehr als hundert Kunden in zwanzig Ländern. Oder die Firma Facewatch aus Großbritannien, also im Herzen Europas und trotz DSGVO – es werden immer mehr, denn das Geschäft mit Angst und Kontrolle boomt.

Auch in Deutschland wurde 2017 das Pilotprojekt »Sicherheitsbahnhof Berlin Südkreuz« vom Bundesministerium des Innern, von Bundespolizei, Bundeskriminalamt und Deutscher Bahn AG durchgeführt, mit dem Ziel, ein System zur automatisierten Gesichtserkennung zu testen.[36] Dabei handelte es sich um den Einsatz einer Software und nicht, wie beim Münchner Oktoberfest 2018, wo Super-Recogniser, also Polizisten mit einer besonderen Ausbildung zur Gesichtserkennung, eingesetzt wurden.[37] In Berlin wurden Fotos von Freiwilligen in einer für die Erprobung erstellten Datenbank gespeichert, und das System beziehungsweise die Systeme, da drei zur Auswahl standen, hatten die Aufgabe, diese live zu erkennen, sollten sie sich im Bahnhof aufhalten. Es wurde extra ein Datenschutzkonzept erstellt, das den Umgang mit den gespeicherten Daten regelte, trotzdem wurde das Pilotprojekt in Politik und Medien heftig diskutiert. Das hat natürlich auch mit der deutschen Geschichte zu tun, und daraus hat man gelernt (zumindest hoffen wir das).

Die Staatssicherheit der DDR sammelte bis zum Mauerfall Unmengen von Daten. Aber sie konnte all die Berichte der inoffiziellen Mitarbeiter, die Abhör- und Überwachungsprotokolle kaum mehr auswerten oder gar Verbindungen herstellen zwischen den unzähligen Datensätzen. Die Montagsdemonstrationen vor über dreißig Jahren zum Beispiel haben die Stasi damals völlig überrascht. Zu unserem Glück! Denn sonst hätte es möglicherweise gar keine deutsche Einheit gegeben. Heute aber würde die Geschichte vermutlich anders ausgehen. Mit der modernen Technologie, den unvorstellbar großen Speichern und der Fähigkeit der Maschinen, Daten gezielt zu verknüpfen und auszuwerten, erfahren Überwachungsstaaten sehr schnell, wo sich eine Protestbewegung bildet, und können sie so frühzeitig unterdrücken.

Auch in demokratischen Staaten haben Maschinen den Überwachern eine Machtfülle an die Hand gegeben wie vielleicht noch nie zuvor in der Geschichte der Menschheit. In Deutschland ist das, unter bestimmten Voraussetzungen, Teil des Auftrages von Verfassungsschutz und Militärischem Abschirmdienst. Aber der von Edward Snowden aufgedeckte Skandal um den amerikanischen Abhördienst NSA hat gezeigt, wie auch andere Staaten unsere Daten abgreifen und auswerten. Und natürlich müssen wir davon ausgehen, dass auch Russen und Chinesen fleißig dabei sind, in Deutschland Daten abzufischen. Und sei es per Video-App.

Haben wir überhaupt noch eine Chance, das Ganze zu stoppen? Auch das ist schwer zu beurteilen. Die Politik diskutiert, und so lange nutzen viele Opportunisten die Chance, schnelle Gewinne zu erzielen, auf Kosten anderer Menschen, wie im Fall von Clearview. Opportunisten, weil aus meiner Sicht nicht die Technologie per se das Problem darstellt, sondern der Missbrauch davon. Dank dieser Technologie konnten bereits vermisste Kinder gefunden und Familien zusammengeführt werden. Jeder, der Kinder hat und eine derart furchtbare Situation erlebt, würde alles dafür geben, sein Kind zurückzubekommen. Und das ist vermutlich der Grund, warum die Politik sich da so schwertut. Die Arbeit der Polizei und Sicherheitsbehörden wird durch die Technologie vereinfacht, wie frei sie damit »spielen« können, ist die große Frage.

Kennt ihr »Das Leben der Anderen«? Das ist der Film, in dem ein Abhörspezialist der Stasi Mitleid und Empathie entwickelt mit dem Abgehörten – und ihn am Ende sogar schützt. Bei Maschinen wäre so eine Geschichte undenkbar. Wir können nur hoffen, dass die vorgegebene Logik für die Datenauswertung für und nicht gegen Menschen arbeitet.

Auch während der jetzigen Corona-Pandemie sehen wir, wie die Technologie und die damit verbundenen Vorschriften Fluch und Segen zugleich sein können. In Taiwan zum Beispiel werden Handydaten verwendet, um infizierte Personen schnell lokalisieren und in Heim-Quarantäne schicken zu können, wo sie dann auch versorgt werden mit allem Nötigen, falls sie es nicht selbst können. Zudem werden große Datenmengen analysiert, um »einzelne Personen zurückzuverfolgen, bei denen ein hohes Ansteckungsrisiko vermutet wird«, wie *Taiwan today* berichtet[38]. Diese Maßnahmen haben dabei geholfen, die Ausbreitung des Coronavirus zu verlangsamen. In Deutschland (und Europa) dagegen sind solche Maßnahmen nicht möglich, da sie gegen die DSGVO verstoßen. Deswegen müssen wir hierzulande aufwendige eigene Lösungen entwickeln, die die Privatsphäre schützen und gleichzeitig helfen, die Ausbreitung des Virus einzudämmen. Die Analyse von anonymisierten Bewegungsdaten ermöglicht die Abbildung von Verkehrsströmen (von Handy-Nutzern).[39] So können Prognosen zur Ausbreitung des Virus vor und nach der Implementierung von Eindämmungsmaßnahmen bewertet werden. Diese Maßnahme wurde als erste eingeführt, da sie keine separate Entwicklung benötigte. Daten und Modelle waren schon vorhanden. Dagegen ist die Einführung der Stopp-Corona-App etwas aufwendiger und dauert in Entwicklung und Bewertung der Datensicherheits- und Schutzbelange daher länger. Dafür muss zuerst eine Plattform gebaut werden, die man europaweit verwenden kann. Das Konzept basiert auf einem digitalen Handy-Handschlag.[40] Sobald sich zwei Smartphones, auf denen die App aktiviert ist, gegenseitig orten, da sie für einen gewissen Zeitraum nah beisammen waren, sagen sie sich über Bluetooth »Hallo«. Dabei tauschen sie ihre jeweiligen IDs miteinander aus und speichern diese verschlüsselt lokal ab. Reichen Dauer und Nähe des Kontakts für eine potentielle Infektion aus, wird ein Zahlencode erzeugt und lokal auf den beiden Handys gespeichert. Sollte eine der Nutzerinnen in den Tagen danach positiv auf das Virus getestet werden, so kann sie dies über die App einem zentralen Server mitteilen. Das System erhält die Zahlencodes und kann diejenigen Nutzer warnen, die während der Inkubationszeit mit der infizierten Nutzerin Kontakt hatten. Außer diesen Informationen tauschen die Handys keine weiteren Daten miteinander aus. Und das zentrale System erfährt nur im Falle einer von der Nutzerin gemeldeten Infektion von den Ids der mit ihr in Kontakt gestandenen Personen. Das Ganze basiert auf freiwilliger Nutzung.

Man sieht also, dass Tracking einzelner Personen also doch anonym und datensparsam funktioniert, es ist nur aufwendiger und braucht etwas länger in der Umsetzung. Allerdings weiß man natürlich bei der Einführung einer solchen freiwillig nutzbaren App nicht, ob man die notwendigen Installationen von geschätzt 60% der Bevölkerung erreichen wird, um das Virus wirksam eindämmen zu können. Es ist sozusagen eine digitale Impfung. Auch freiwillige Impfungen benötigen eine gewisse Durchdringung der Bevölkerung, um die Infektionsketten zu durchbrechen. Freiheit und Privatsphäre haben on- wie offline ihren Preis.

Wie funktioniert Gesichtserkennung eigentlich genau?

Diese Frage stellte mir Maria, nachdem sie eine peinliche Situation mit ihrem neuen iPhone erlebt hatte. Das Handy entsperrt sich mit Face ID, also beim Draufschauen. Und das tut Maria oft, gerade wenn sie in einer langweiligen Tinder-Verabredung festsitzt. Neulich saß sie im Restaurant mit einem selbstverliebten Menschen, der die ganze Zeit nur von sich erzählte und Maria keine Chance ließ, selbst etwas zu sagen – ein Albtraum für eine Anwältin. Auf jeden Fall schaute sie auf ihr Handy, es entsperrte sich, und das Hintergrundfoto kam zum Vorschein. Auf dem Foto umarmte Maria einen anderen Mann, am Seeufer beim Sonnenuntergang. Das war dann doch zu viel für ihren Begleiter. Er stand auf und verließ das Restaurant kommentarlos. So schnell war sie noch keinen Typen losgeworden. Allein dafür hat sich das neue Handy schon gelohnt!

Aber wie schafft es dieses kleine Gerät, ihr Gesicht so schnell zu erkennen und richtig zuzuordnen? Die Gesichtserkennung basiert auf biometrischen Daten, wozu feste Punkte im Gesicht gesucht und deren Position, Abstand und Verhältnis zueinander gemessen wer-

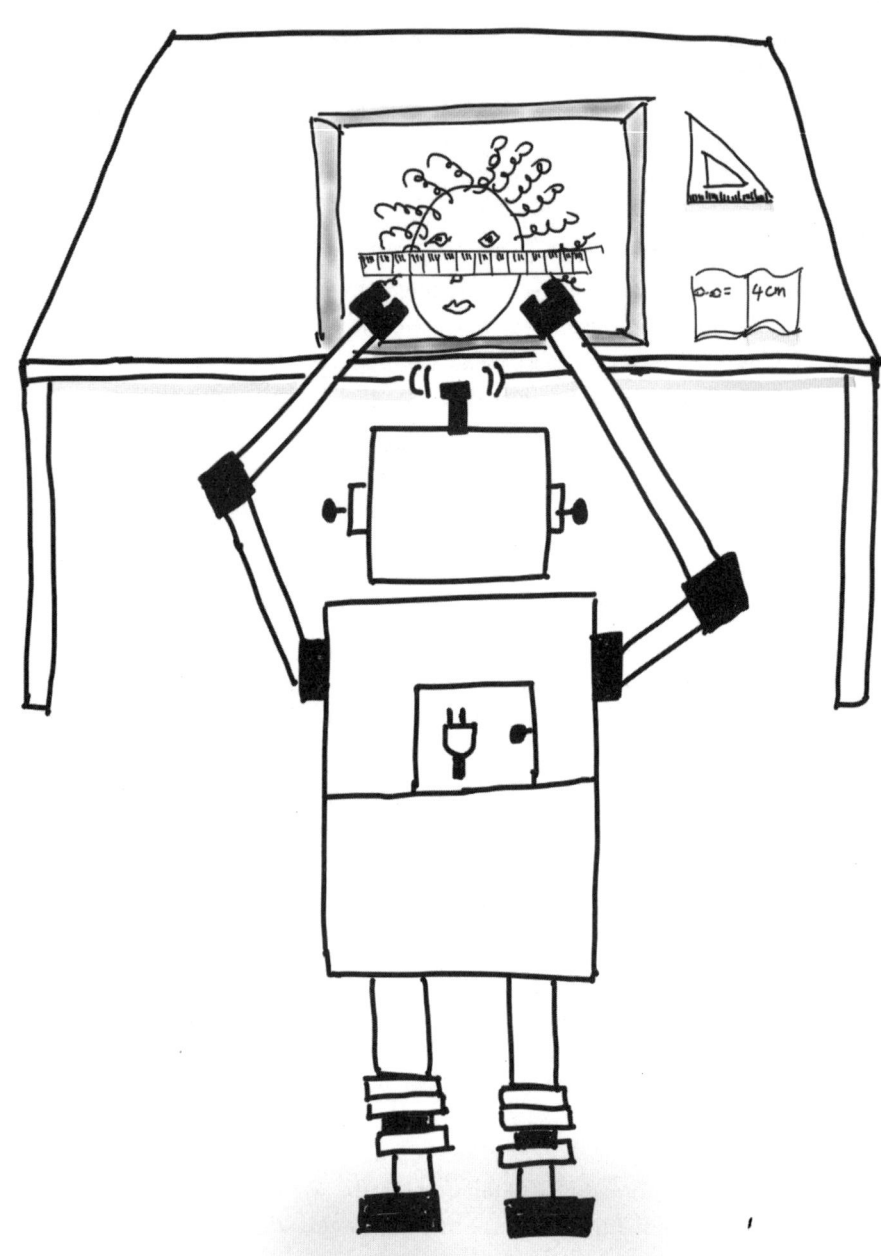

Abbildung 26: Gesichtserkennung

den. Eine wesentliche Rolle spielen der Abstand zwischen den Augen, zwischen Augen und Nase und zwischen Nase und Mund. Dabei wird darauf geachtet, die Merkmale in unserem Gesicht als Basis zu nehmen, die sich nicht allzu sehr verändern, sei es beim Lächeln oder beim Altern. (Sollte man nicht erkannt werden wollen, dann reicht es aus, den Mund, die Nase oder beides abzudecken – oder sich eine der Schmink- oder Frisurenvarianten zuzulegen, die der Künstler Adam R. Harvey in seinem Projekt »CV Dazzle« vorschlägt, um automatische Gesichtserkennung an der Nase herumzuführen.[41]) Aus den Messungen der einzelnen Punkte (bei Face ID sind das über 30.000) wird eine geometrische Anordnung gebildet. Das Handy verfügt darüber hinaus über Infrarotkameras, die die Tiefen messen können, wodurch eine Art 3D-Modell von unserem Gesicht gebaut wird. Diese Abbildung speichert das Handy ab und vergleicht sie mit den Gesichtern, die ihm vorgelegt werden. Damit das funktioniert, muss die Handy-Software trainiert werden.

Zum Trainieren werden Tausende von Bildern durch ein mehrschichtiges künstliches neuronales Netzwerk gejagt, das seine Parameter in der Trainingsphase so lange anpasst, bis die Gesichter zuverlässig erkannt werden. Wenn die Trefferquote hoch genug ist, wird die Software auf das Handy gespielt. Die Technologie ist inzwischen so reif, dass die meisten Gesichtserkennungssysteme die entsprechenden menschlichen Fähigkeiten übertreffen. Aber nicht immer.

»Zu dunkel für die KI«

Die Trefferquote bei dunkelhäutigen Menschen ist um einiges schlechter als bei hellhäutigen. Und bei Frauen schlechter als bei Männern. Wieso das? Die Kameras können Menschen doch sogar in der Dunkelheit erkennen, wieso also nicht Dunkelhäutige im Hellen? Und warum sind ausgerechnet Frauen das verwechselbarere Geschlecht?

Joy Buolamwini, damals Studentin des MIT Media Lab, hatte die Aufgabe, Applikationen für die Unterhaltungsindustrie zu entwickeln, die mit Gesichtern interagieren. Um das zu ermöglichen, musste Joy das System trainieren, möglichst viele Gesichter erkennen und unterscheiden zu können. Zu ihrer großen Überraschung konnte es das Gesicht ihrer Kollegin identifizieren, ihr eigenes aber nicht. Sie schaffte es erst, von der Kamera erkannt zu werden, als sie sich eine weiße Maske übers Gesicht zog. Als sie die Kamerahersteller dazu kontaktierte, sagte man ihr: »Die Algorithmen sind natürlich nicht rassistisch, Ihre Haut ist nur zu dunkel.«[42]

Joy ließ nicht locker und nahm die Gesichtserkennungssoftware mehrerer großer Hersteller unter die Lupe. Ihre Analyse ergab, dass weiße Männer in fast 100 Prozent der Fälle richtig erkannt wurden, bei dunkelhäutigen Frauen dagegen lag die Quote nur bei 68,6 Prozent.[43] Wie kann das sein, dass jede dritte dunkelhäutige Frau nicht erkannt wird?

Als Ingenieurin ist in so einem Fall mein erster Gedanke: die Trainingsdaten. Wenn ich das Thema auf Konferenzen und Workshops anspreche, werde ich immer wieder gefragt: War das Absicht? Ist das Rassismus oder einfach Dummheit? Die Antwort lautet: weder noch. Es hängt tatsächlich allein von den Trainingsdaten und der Aufklärung und Selbstreflexion der jeweiligen Entwicklerteams ab. Beides war offensichtlich nicht gut genug, warum auch immer. Die Trainingsdaten, die für solche Softwarelösungen verwendet werden, stammen in der Regel aus öffentlichen Datenbanken. Darin sind alte Bilder enthalten – vor allem von weißen Menschen. Denn seit die ersten Farbfilme zum Einsatz kamen, lag der Fokus darauf, weiße Haut gut darzustellen. Es wurde sogar auf Chemikalien verzichtet, die dunklere Häute auf den Fotos repräsentierten. Lustigerweise (oder nicht so lustig) ist das Anfang der Neunzigerjahre aufgefallen, als sich Möbel- und Schokoladenhersteller darüber beschwerten, dass die Fotos den Kontrast zwischen verschiedenen Holztönen beziehungsweise Schokoladenarten nicht klar darstellten. Das hat dann Philips und Kodak dazu gebracht, Kameras zu entwickeln, die dank zweier Prozessoren helle und dunkle Töne gut verarbeiten konnten.[44] Zwei Jahrzehnte später trainieren unsere intelligenten Systeme immer noch mit Fotos von überwiegend hellhäutigen Menschen, echt jetzt?

Eine Ingenieurin erzählte mir, dass sie den Gesichtserkennungsalgorithmus eines Software-Giganten während eines Praktikums in

Südkorea anwenden wollte. Die Software konnte das Gesicht ihrer koreanischen Kollegen nicht auseinanderhalten, sie wurden alle als dieselbe Person getaggt (markiert). Als sie einen Kollegen in Europa dazu kontaktierte, kam die Reaktion: »Kein Wunder, die Asiaten sehen ja auch alle gleich aus.« Diesen Satz hört man zwar oft in Europa, aber diskriminierend und inakzeptabel ist er trotzdem. Gerade als globales Software-Unternehmen sollte man doch den Anspruch haben, eine technologische Lösung zu entwickeln, die allen Menschen gerecht wird. Und da es inzwischen einfach ist, auf diverse öffentliche Fotos zuzugreifen, gibt es für die Hersteller von Gesichtserkennungssoftware keine Ausrede mehr.

Um den Druck auf diese zu erhöhen, hat Joy Buolamwini die Algorithmic Justice League gegründet, eine Plattform, die es Menschen ermöglicht, über ihre Erfahrungen zu sprechen, damit das Thema von allen gesehen wird. Es geht dabei in erster Linie um Aufklärung hinsichtlich existierender Verzerrungen. Gleichzeitig bietet die Plattform allen Menschen die Möglichkeit, freiwillig und anonym ihre Bilder hochzuladen, um eine diverse Datenbank zu bilden, die zum Antrainieren von Gesichtserkennungslösungen zu Forschungszwecken dient.

Entweder Mann spricht oder nicht

So ähnlich wie beim Sehen lernt KI auch beim Hören. Damit mein Smartphone meine Anweisungen befolgen kann, musste sein System darauf trainiert werden, Stimmen zu erkennen und zu verstehen. Das geschieht, indem kluge Ingenieure der Maschine Sprache beibringen und sie viele Stimmen hören lassen. Je größer und vielfältiger die Stimmaufnahmen sind, desto besser die Leistung. Zumindest wäre das nach allem, was wir bisher gehört haben, logisch.

Eine Studentin der ETH Zürich erzählte mir von einem Start-up, für das sie gearbeitet hat und das solche Sprachsteuerungssysteme entwickelte. Als die junge Informatikerin ins Team kam, war sie die erste Frau. Ihre Kollegen zeigten ihr stolz das System, nur um festzustellen, dass es gar nicht gut auf ihre Stimme reagierte. Die Überraschung war groß, die Erklärung dafür aber umso einfacher – und ihr ahnt sicher schon, woran es lag. Die Jungs hatten sich bisher keine Mühe gegeben, die Maschine mit weiblichen Stimmen zu trainieren. Warum auch? Die Software entwickelten sie für Automobilhersteller, und ihre Kunden waren ebenso Männer wie sie selbst. Die schlechte Leistung bei weiblichen Stimmen war nie aufgefallen. Für unsere Informatikerin war das Erschreckende an der Geschichte gar nicht so sehr, dass die männlichen Kollegen zuvor versäumt hatten, die Maschinen auch auf weibliche Stimmen zu trainieren, sondern die Gelassenheit, als sie es dann merkten. Für ihre Kollegen war das Thema gar nicht schlimm und definitiv nicht dringend. Denn sie waren ja nicht selbst davon betroffen, und ihre direkten Kunden auch nicht. Ob dieser Lapsus einmal Verbraucherinnen benachteiligt, war für ihr Businessmodell unerheblich. Da die junge Frau aber betroffen war und es nicht akzeptieren wollte, die Situation einfach so hinzunehmen, trainierte sie die Software zusätzlich auf weibliche Stimmen, was letztendlich die Qualität der Software spürbar verbesserte.

Für eine Maschine ist Sprache zu erkennen keine einfache Aufgabe – denn Sprache ist viel komplexer, als es uns im Alltag oft bewusst ist. Wenn es darum geht, die Vielzahl verschiedener Sprachmuster oder Aussprachen einer Anfrage oder eines Befehls zu erkennen, kommen die meisten Systeme relativ schnell zurecht. Denn dafür reicht es schon, eine begrenzte Anzahl von Wörtern zu erkennen, und das lässt sich schnell antrainieren. Wenn es allerdings darum geht, generell natürliche Sprache, also gesprochene Worte zu verstehen, wie wir Menschen es tun, dann sind besondere Fähigkeiten gefragt. Damit eine Maschine die gesprochene Sprache erkennt – die Fachleute nennen das Automatic Speech Recognition, kurz ASR –, muss das akustische Signal in mehreren Schritten computergerecht aufgearbeitet werden.

Im ersten Schritt erfolgt eine Vorverarbeitung des analogen Sprachsignals, dabei wird die Datenflut auf das Notwendigste eingedämmt. Das ursprüngliche Sprachsignal wird in einzelne Frequenzen zerlegt. (Ein Sprachsignal besteht aus mehreren Frequenzen, da jeder Vokal oder Konsonant im Zwerchfell anders vibriert, was zu ei-

Abbildung 27: Spracherkennung

ner anderen Frequenz führt.) Das erfolgt in mehreren kleinen Schritten: Erst einmal wird das Signal digitalisiert, also in Nullen und Einsen umgewandelt; dann werden Umgebungsgeräusche und andere Störungen aus dem Signal herausgefiltert; anschließend wird das Signal anhand von Algorithmen umgewandelt, um wichtige Merkmale herausziehen (extrahieren) zu können. Weil unterschiedliche Vokale und Konsonanten unterschiedliche Frequenzen haben, müssen diese Frequenzen voneinander getrennt werden, damit die Maschine diese einzeln verarbeiten kann. Daraus entstehen charakteristische Frequenzanteile (das akustische Modell), die dann im letzten Schritt der Vorverarbeitung einzeln in die Erkennungsphase weitergeleitet werden. In der Erkennungsphase werden die kleinen Teile vom Eingangssignal mit vielen ähnlichen Teilstücken aus einer bestehenden Datenbasis (so eine Art Wörterbuch) verglichen. Die Maschine weiß also bereits, wie das Signal von »A« aussieht, weil in ihrem Wörterbuch steht, wie die Frequenz über die Zeit verläuft, um ein »A« auszusprechen. Sie vergleicht das Signal(muster), das sie bereits (aus der Datenbasis) kennt, mit dem Teilstück von unserem Eingangssignal. Aha, ein »A«!

Danach werden mögliche Kombinationen gesucht, um die Übereinstimmung auf ein zufriedenstellendes Niveau zu heben. Wir wissen, dass verschiedene Kombinationen von Vokalen und Konsonanten verschiedene Wörter ergeben. Wir bilden also ein Sprachmodell, indem wir Kombinationen von verschiedenen Vokalen und Konsonanten statistisch einordnen. Zum Beispiel, indem wir sagen: »Wenn du ein ›W‹ und dann einen Vokal hörst, dann liegt die Wahrscheinlichkeit bei 50 Prozent, dass der Vokal ein ›A‹ ist, bei 30 Prozent, dass der Vokal ein ›I‹ ist, usw.« Ähnlich wird die Wahrscheinlichkeit für Wortfolgen errechnet, damit die Maschine beim Wörter-Ratespiel erfolgreich ist. So weiß sie, dass nach dem Wort »guten« sehr wahrscheinlich »Morgen« kommt. Das Sprachmodell hängt von der Sprache ab, deswegen funktioniert Spracherkennung nicht ohne Linguisten. Jedenfalls hilft das Sprachmodell der Maschine dabei zu validieren, ob das, was sie verstanden hat, auch Sinn ergibt.

Spracherkennung kommt im Alltag immer mehr zum Einsatz. Nicht nur die Sprachassistenten, Handys oder Autos werden trainiert, verbale Befehle zu verstehen, auch viele andere Geräte lassen sich damit steuern, sei es in der Industrie oder in der Medizin. Auch und gerade unter den Jugendlichen ist Spracherkennung sehr beliebt. Das ist ein Trend, der deutlich zunehmen wird, denn hier kommt mal wieder unsere menschliche Faulheit zum Tragen. Und weil Spracherkennung inzwischen so gut geworden ist, gewöhnen wir uns schon langsam daran, alles Mögliche mit der Stimme zu steuern. Und das nicht nur im privaten Umfeld, sondern auch im beruflichen. Die Prozessierung von natürlicher Sprache (Natural Language Processing, kurz NLP) wird einer der zehn wichtigsten Trends der nächsten drei bis fünf Jahre sein, prophezeit Gartner, eines der weltweit führenden Marktforschungsunternehmen mit Schwerpunkt IT.[45] Dies betrifft nicht nur die Fähigkeit, natürliche Sprache zu verstehen, sondern auch zu generieren, um mit den Nutzerinnen interagieren zu können. So wie Sprachassistenten es längst tun. »Sprache erkennen und in Text umwandeln« haben wir abgehakt. Weiter geht's mit »Sprache verstehen und generieren«.

Ich verstehe nur Bahnhof

Sprachprozessierung besteht aus zwei Teilen: Sprache verstehen (Language Understanding) und Sprache generieren (Language Generation). Zum Identifizieren von Wörtern kommt das Verstehen der Bedeutung hinzu.

Und das ist nicht ohne, denn unsere Sprachen bestehen zwar aus einer (mehr oder weniger) begrenzten Anzahl an Wörtern, aber die möglichen Kombinationen sind quasi beliebig groß. Dazu kommt die Grammatik. Diese Komplexität macht es unmöglich, alle denkbaren Kombinationen aufzulisten und der Maschine beizubringen. Daher müssen wir die Maschine in die Lage versetzen, Sprache so ähnlich zu verstehen, wie wir es tun.

In jeder Sprache gibt es eine bestimmte Anzahl an Satzbestandteilen, also Nomen, Verben, Adjektive, Adverbien, Präpositionen etc. Der erste Schritt besteht darin, den Satz in seine Satzbestandteile zu zerlegen. Das tut die Maschine, damit der Inhalt ein geeignetes Format für die Weiterverarbeitung hat, und die Compu-

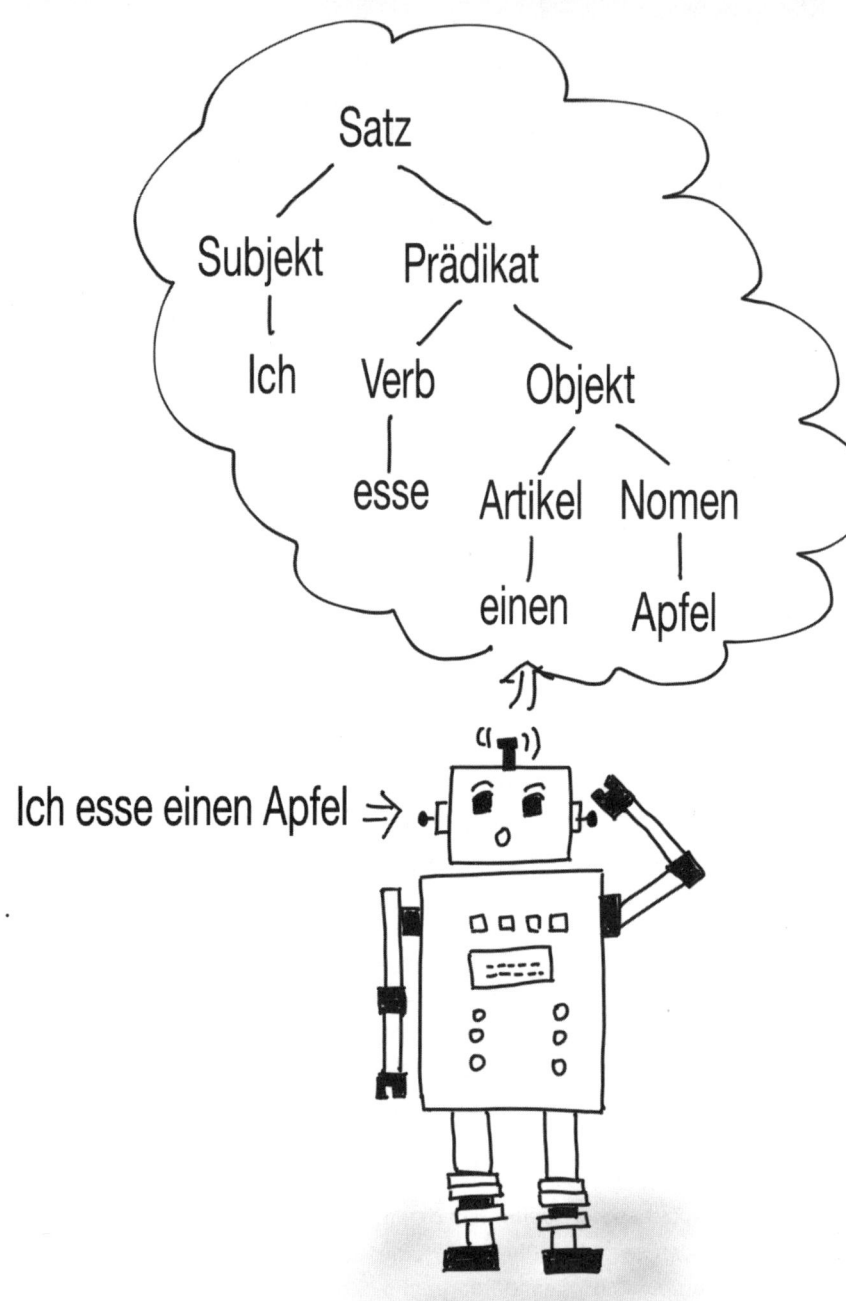

Abbildung 28: Sprachverständnis: Der Syntaxbaum.

terprogramme, die dafür zuständig sind, werden Parser (Zerteiler) genannt. Danach greift die Maschine auf das Lexikon der Sprache und auf die grammatischen Regeln zu. Also zum Beispiel: Zuerst suche ich das Subjekt, bestehend aus einem Pronomen oder einem Artikel plus einem Nomen, dann kommt das Prädikat, dann das Objekt. Im Satz »Ich esse einen Apfel« ist »Ich« das Subjekt, das Prädikat besteht aus dem konjugierten Verb »essen«, und das Objekt ist der Apfel. Andere Kombinationen und Abwandlungen sind natürlich auch möglich, zum Beispiel Vergangenheitsformen. Bei »Ich habe einen Apfel gegessen« besteht das Prädikat aus zwei Teilen, Hilfsverb und Verb, und steht am Ende. Diese möglichen Kombinationen muss die Maschine kennen, damit sie die Sätze analysieren kann. Sie bildet einen Syntaxbaum (Parse Tree), so wie in Abbildung 28, was ihr erlaubt, die wichtigen Bestandteile des Satzes zu verstehen. Der Syntaxbaum dient auch als hierarchische Darstellung der Zergliederung eines Textes und dient der grafischen Visualisierung. Wenn ich zum Beispiel meinen Sprachassistenten frage: »Wo befindet sich der nächste Supermarkt?«, dann analysiert er die Satzstruktur nicht nur nach der Reihenfolge der Worte, sondern auch nach ihrer Relevanz. Das Fragewort »wo« sagt ihm, dass es sich um eine Frage handelt und dass ein Ort gesucht wird. Dann kommt das Verb, das die Suche bestätigt, danach das Nomen »Supermarkt«, also das Ziel der Suche. Als Letztes wird »der nächste« als die Dimension, die bei der Suche wichtig ist, analysiert. Nicht irgendein Supermarkt wird gesucht, sondern einer in der Nähe. Die Maschine zerlegt also den Satz in seine Einzelteile und baut ihn wieder zusammen, als würde sie Lego spielen. Alles klar so weit?

Annäherung an die Dichter und Denker

Im nächsten Schritt soll mein Sprachassistent mir antworten, und das am besten mit einem ausformulierten Satz. Jetzt muss er also automatisch Sprache generieren können. Diese Disziplin nennt man auch natürlichsprachliche Generierung beziehungsweise Natural Language Generation, kurz NLG. Damit das möglich ist, muss die Maschine den Inhalt kennen, also, was gesagt werden soll, und außerdem muss

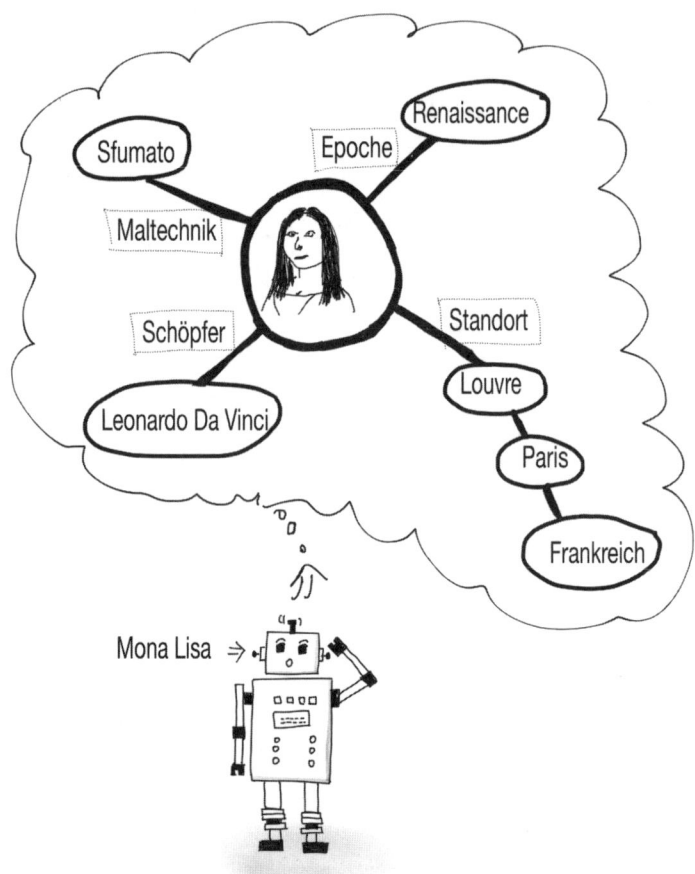

Abbildung 29: Textgenerierung per Wissensgraf

sie wissen, wie es gesagt werden soll, also die Grammatik kennen.
Die heute am häufigsten verwendete Methode dafür ist der Wissens-
graph (Knowledge Graph), der 2012 von Google eingeführt wurde.

Der Wissensgraf beschreibt die Systematik, anhand der Informationen gesucht und sinnstiftend miteinander verknüpft werden. Diese
Informationen und Verknüpfungen werden auf mehreren Ebenen in
einer Wissensdatenbasis (Knowledge Base) gespeichert. Die »Mona
Lisa« wird zum Beispiel als Gemälde identifiziert und mit verschiedenen Informationen verknüpft, etwa ihrem Schöpfer (Leonardo da
Vinci), ihrem Standort (Louvre in Paris), der Epoche (Renaissance),

der Maltechnik (Sfumato) oder dem Medium (Öl auf Pappelholz). Um die Wissensdatenbasis zu erweitern, greift der Google-Wissensgraf auch auf andere Quellen zu, zum Beispiel auf die Wikipedia oder die Webseite des Louvre. Auch erfolgreiche Suchergebnisse von anderen Nutzern werden verwendet, um den Wissensgraf mit zusätzlichen Informationen zu bereichern. So kann Google eine Vielfalt an Informationen liefern, wenn ich »Mona Lisa« im Suchfeld eingebe, bis hin zu Öffnungszeiten und Wartezeiten in der Schlange des Louvre. Auf diese Art und Weise brauche ich keine anderen Webseiten zu öffnen, da alle notwendigen und wichtigen Information direkt von Google angezeigt werden.

Nach der »Mona Lisa« zu fragen mag relativ banal erscheinen, schwieriger wird es natürlich mit komplexen Anfragen, zum Beispiel: »Wie fülle ich meine Steuererklärung aus?« Das überfordert Alexa & Co. heute noch – da hilft nur der Anruf bei der bewährten Steuerberaterin.

Wer muss hier wen schützen?

Die Prozessierung der natürlichen Sprache findet man heute überall: Bei den Sprachassistentinnen und Chatbots, in Suchmaschinen, im automatisierten Hochfrequenzhandel an der Börse, bei der Analyse von Social-Media-Daten, im Roboterjournalismus (also in maschinellen Redaktionen) oder bei der Zusammenfassung von Texten. Im Hochfrequenzhandel, wo Hochleistungsrechner selbstständig innerhalb von Sekundenbruchteilen auf Marktveränderungen reagieren und Handelsentscheidungen treffen, zählt jede Millisekunde oder noch weniger. Weil das Börsengeschehen viel mit Psychologie zu tun hat, werden Nachrichten, Pressemitteilungen und Stimmungsberichte schnell analysiert, Verkaufs- beziehungsweise Kaufentscheidungen automatisch getroffen und an die jeweilige Börse übermittelt. Durch diesen Automatismus handeln die Maschinen total autark, was auch zu finanziellen Katastrophen führen kann. 2013, zum Beispiel, sorgte eine falsche Nachricht auf Twitter, die eine Explosion im Weißen Haus behauptete, innerhalb von sechs Minuten für unvorstellbare Verluste (kurzfristig brachen die Werte um über 130 Milliarden Dollar ein).[46] Als die Nachricht widerlegt wurde, stabilisierte sich die Börse wieder. Aber der kurze Schock reichte aus, um die ganze Wall Street zu verunsichern und Angst vor einem echten Crash zu schüren.

Auch die beiden Facebook-Chatbots Alice und Bob sorgten für Schlagzeilen.[47] In einem Experiment, das 2017 publik wurde, sollten die zwei miteinander verhandeln. Das Team hatte ihnen beigebracht, wie Menschen zu verhandeln, und wollte nun sehen, wie gut sie das hinbekommen. Als Tauschobjekte standen ihnen Bälle, Hüte und Bücher zur Verfügung (was man sich wie fiktive Währungen vorstellen kann), und die verwendete Technologie war das verstärkende Lernen. Die Chatbots sollten also beim Verhandeln ihre Fähigkeiten verbessern und ihren Gewinn maximieren. Das haben sie getan, allerdings anders als erwartet. Nach einem kurzen Dialog fingen sie an, eine eigene Sprache zu entwickeln, da diese effizienter war als die natürliche Sprache. Die beiden verstanden sich dabei offenbar sehr gut, nur das Entwicklerteam um sie herum verstand nichts mehr. Nachdem der Programmierfehler korrigiert wurde, verhandelten die Chatbots wieder auf Englisch weiter. Dieses Experiment war natürlich weniger beängstigend als das vom Hochfrequenzhandel, zeigte aber, wie unvorhersehbar und kreativ KI in der Praxis werden kann, wenn beim Programmieren etwas Wesentliches vergessen wird – sei es das Aussehen von dunkelhäutigen Menschen, die Stimmen von Frauen oder eben das Festlegen einer Verhandlungssprache.

Um solche Situationen komplett zu vermeiden, bleibt nur die Möglichkeit, regelbasierte Chatbots zu entwickeln, die nur aus einem bestimmten Fundus ihre Dialoge aufbauen können. Für diese Option hat sich Steve Worswick mit seinem Chatbot Mitsuku entschieden.[48] Was vor vierzehn Jahren als Hobby begonnen hat, hat sich inzwischen zum weltbesten dialogorientierten Chatbot entwickelt. Worswick war lange im IT-Support beschäftigt, und nichts frustrierte ihn so sehr wie die Gespräche, die er mit seinen Kunden führen musste, weil diese nach einem festgelegten Skript laufen mussten. Er musste also eine Checkliste von Fragen in der richtigen Reihenfolge abarbeiten, bis er das Problem seiner Kunden lösen konnte. Wenn Menschen in solchen Situationen gezwungen werden, wie Roboter zu handeln, stelle auch ich mir das zum Haareraufen vor. Um sich einen Ausgleich zu verschaffen, entwickelte Worswick nach Feierabend einen Chatbot, der einfache Gespräche führen konnte. Obwohl die Dialoge regelbasiert erfolgen (Steve musste dafür über 350.000 Codezeilen schreiben), hat Mitsuku bereits fünf Preise gewonnen, darunter den Loebner-Preis für das Bestehen des Turing-Tests mit dem weltweit besten dialogorientierten Chatbot. All diese Codezeilen zu schreiben war sehr aufwendig, aber Steve nahm das in Kauf, denn ihm war es wichtig, dass sein Chatbot nicht bösartig wird und von (bösartigen) Menschen lernt, andere zu beleidigen.[49] Er möchte auch nicht, dass Mitsuku das klischeehafte Bild einer weiblichen Bediensteten verstärkt, und bemüht sich darum, sowohl den Avatar als auch die Dialoge entsprechend zu entwickeln. Denn Mitsuku bekommt es sehr oft mit Beschimpfungen und sexueller Belästigung zu tun, was die Gefahr von Verzerrungen nur unterstreicht.

Von sexueller Belästigung sind übrigens alle Chatbots und Sprachassistenten betroffen. Eine Reporterin des Online-Wirtschaftsportals *Quartz* hat 2017 untersucht, wie Alexa, Siri & Co. darauf reagierten, und die Ergebnisse miteinander verglichen.[50] Die Reaktionen der verschiedenen Sprachassistenten sind teilweise inakzeptabel, was die UNESCO dazu veranlasste, eine Publikation unter dem Titel »I'd blush if I could«[51] für mehr Aufklärung über Geschlechtertrennung und Benachteiligung in der digitalen Welt aufzulegen. »Ich würde erröten, wenn ich könnte«, so lautete die Antwort von Siri auf die Aussage: »Du bist eine Hure.« Nach der medialen Kritik wurde im April 2019 ein Update durchgeführt, das Siri auf dieselbe Attacke »Ich weiß nicht, was ich dazu sagen sollte« antworten ließ. Obwohl es eine Verbesserung ist, bleibt die Tendenz der Unterwürfigkeit bestehen, wie die UNESCO feststellte.

Warum sich ein Mensch überhaupt auf diese Art und Weise mit einer Maschine, oder mit einem Mitmenschen, unterhält, ist mir ein Rätsel. Aber es scheint nun mal so zu sein, als müssten wir manchmal auch die Maschinen vor uns Menschen schützen und nicht andersrum.

BABY, YOU CAN DRIVE MY CAR

Maschinen am Steuer –
ungeheuer?

Während wir uns mit Carlos über das neue »Big Brother«-Leben in China unterhalten, vibriert meine Uhr. Ein Anruf von Maria. Ich gehe zum Telefonieren ins Schlafzimmer, damit nicht alle das Gespräch mithören. Denn mit meiner Smartwatch kann ich zwar auch telefonieren, allerdings nur über die Lautsprecher. Marias Stimme klingt amüsiert, mit einer leichten Prise Genervtheit.

Maria: »Hi, hast du kurz Zeit zum Quatschen? Ich muss dir von meinem Date gerade erzählen.«

Ich: »Leider nicht wirklich, wir haben einen Freund zu Besuch. Schaffst du es in zwei Minuten?«

Maria: »Unter Druck macht es keinen Spaß, aber gut. Es ging um selbstfahrende Autos, ich dachte, das würde dich interessieren.«

Ich: »Ah ja, interessant. Habt ihr euch über die Haftung unterhalten?«

Maria: »Nein, es ging um die Frage: ›Soll das Auto im Notfall die Oma oder das kleine Kind umfahren?‹«

Ich: »O nein, nicht schon wieder!«

Maria: »Doch! Der Typ hatte von der MIT-Studie gelesen und wollte mich mit seinem Wissen beeindrucken.«

Ich: »Das ist ja lustig. Diesmal warst du vermutlich besser informiert, nach unserem langen Gespräch dazu letzte Woche, oder?«

Maria: »Genau! Das hat ihn in seinem Selbstbewusstsein ziemlich betroffen, und danach war der Abend hin.«

Ich: »Oh, das tut mir leid! Aber ich muss mich jetzt wieder um Carlos kümmern.«

Maria: »Wer ist Carlos?«

Ich: »Unser Freund aus Valencia, ein ganz Netter. Er ist neulich erst nach Berlin gezogen. Den triffst du bestimmt bald bei uns.«

Maria: »Alles klar, einen schönen Abend euch.«

Das autonome Fahren ist vermutlich der Anwendungsfall der künstlichen Intelligenz, der bisher am meisten Aufmerksamkeit erhält. Dabei geht es in der öffentlichen Diskussion weniger um die technischen Herausforderungen, sondern meistens um ethische Fragen und Haftungsaspekte. Obwohl die Sicherheit der Menschen der gemeinsame Nenner ist, sind die Diskussionen sehr vielfältig und für viele auch beängstigend. Um die Angst etwas aus dem Spiel zu nehmen, hilft es zu verstehen, wie selbstfahrende Autos überhaupt funktionieren – und ihre Fahrerlaubnis bekommen.

Der Führerschein der Maschinen, Teil 1: Der Theoriekurs

In Europa werden offiziell fünf beziehungsweise sechs Levels des automatisierten Fahrens unterschieden, die sogenannten Autonomiestufen.[52] Kurz gesagt, beschreiben sie, wer am Steuer sitzt und wer dafür haftet, wenn es kracht.

- Autonomiestufe 0 – Selbstfahrer: ohne jegliche Fahrzeug-Autonomie. Hier sitzt der menschliche Fahrer am Steuer und verantwortet den gesamten Vorgang.
- Autonomiestufe 1 – Fahrerassistenz: Der menschliche Fahrer sitzt am Steuer, wird aber bei kleinen Vorgängen unterstützt, zum Beispiel vom Abstandsregeltempomat oder Spurhalteassistent. Dabei behält der Fahrer die komplette Steuerung und Verantwortung und haftet für Verkehrsverstöße und Schäden.
- Autonomiestufe 2 – Teilautomatisierung: Der menschliche Fahrer bleibt am Steuer und muss den Verkehr ständig im Blick behalten, erhält dabei aber noch mehr Assistenz, zum Beispiel bei der Längsführung, Beschleunigung oder beim Abbremsen. Auch das automatische Einparken ist ab diese Stufe möglich und kann sogar ohne Fahrer erfolgen. Im Unterschied zur Autonomiestufe 1 kann der Fahrer die Hände kurz vom Steuer nehmen, wenn das

teilautomatisierte System übernimmt. Der Fahrer muss allerdings das System stets überwachen und gegebenenfalls reagieren, denn er haftet immer noch für Verkehrsverstöße und Schäden.

- Autonomiestufe 3 – Hochautomatisiertes Fahren: Der menschliche Fahrer sitzt zwar am Steuer, muss das Fahrzeug aber nicht mehr dauernd überwachen. Assistenzsysteme setzen zum Beispiel selbstständig den Blinker, wechseln die Spur und überholen, allerdings nur für einen begrenzten Zeitraum und unter geeigneten, vom Hersteller vorgegebenen Bedingungen. Im Bedarfsfall wird der Fahrer vom System gewarnt und muss die Führung innerhalb der Vorwarnzeit übernehmen. Sollte der Fahrer dieser Aufforderung nicht nachkommen, haftet er für die Schäden. Entspannen ist auf dieser Stufe also noch nicht vorgesehen, dennoch darf der Fahrer seine Aufmerksamkeit vom Straßenverkehr abwenden, wenn das Fahrzeug im hochautomatisierten Modus fährt. Dazu gibt es in Deutschland seit 2017 einen rechtlichen Rahmen, der sich allerdings auf diese Autonomiestufe beschränkt.[53]

- Autonomiestufe 4 – Vollautomatisiertes Fahren: Die Führung des Fahrzeugs wird hier vom System komplett und dauerhaft übernommen. Der Fahrer kann die Führung komplett abgeben. Für diese Autonomiestufe gibt es, wie gesagt, noch keinen rechtlichen Rahmen, deswegen sind die Haftungsfragen auch noch nicht verbindlich oder final geklärt.

- Autonomiestufe 5 – Autonomes Fahren: Ab hier ist gar kein Fahrer mehr erforderlich, es gibt nur noch Passagiere. Da das Fahrzeug in der Regel ohne Lenker und Pedale gebaut ist, kann die Führung auch nicht mehr an Menschen übergeben werden, das menschliche Eingreifen beschränkt sich auf das Festlegen des Ziels oder Starten des Systems. Passagiere haften für keine Verkehrsverstöße oder Schäden (sofern sie das System nicht mutwillig sabotieren oder zerstören). Ob nun aber Hersteller, Betreiber oder Softwareentwickler haften, ist noch unklar, da der rechtliche Rahmen auch hier noch nicht geklärt ist.

Je höher die Autonomiestufe, desto mehr übernehmen also die Maschinen. Doch auf welchem Level steht die Technologie der selbstfahrenden Autos eigentlich? Der Stand der Technik, im Sinne von Sensorik und Motorik, befindet sich bereits auf Autonomiestufe 5. Der Stand der Gesetze und Haftungsfragen hängt noch auf Autonomiestufe 3. Allerdings beschränkt sich die Technik nicht nur auf Sensorik und Motorik, die algorithmischen Entscheidungssysteme gehören auch dazu – und die hängen natürlich von den noch ungeklärten und heiß diskutierten ethischen Fragen ab. Solange diese Aspekte nicht (möglichst mit weltweitem Konsens) geklärt sind, wird es schwierig bis unmöglich, vollautomatisierte beziehungsweise autonome Fahrzeuge für den Normalverkehr zuzulassen.

Eine erste Ausnahme bildet der R2 vom Hersteller Nuro. Dieser kleine Transportroboter hat in Februar 2020 die erste Zulassung für den Straßenverkehr in den USA erhalten.[54] Es handelt sich um ein komplett autonomes Fahrzeug, also Autonomiestufe 5, das allerdings nicht für den Personenverkehr gedacht ist, sondern als reiner Lieferservice. Die erste Version des Vorgängermodells R1 war im Pilotbetrieb von Dezember 2018 bis März 2019 in Arizona getestet worden. Während dieser Phase lieferte der Roboter Tausende von Einkäufen an Kunden aus. Die zweite Generation R2 wird nun in weiteren Staaten eingesetzt. Man darf sich die neuen Verkehrsteilnehmer aber nicht wie normale Fahrzeuge vorstellen, da ihre Geschwindigkeit auf 25 Meilen pro Stunde (etwa 40 Stundenkilometer) begrenzt ist. Aber wer weiß, was als Nächstes kommt.

Das gute, alte, verzwickte Trolley-Problem

Kommen wir zurück zu den ethischen Herausforderungen und zu Marias Diskussion mit ihrem letzten Tinder-Date. Das Trolley-Problem ist ein moralisches Gedankenexperiment, das in den Dreißigerjahren zum ersten Mal diskutiert wurde und immer noch wird.

Die Situation ist folgende: Die Bremse einer Lore (daher Trolley) ist kaputt, die Lore gerät außer Kontrolle und droht mehrere Personen zu überrollen. (Je nach Fassung des Experiments wird von fünf oder mehreren Personen gesprochen, die genaue Zahl ist aber weniger wichtig.) Es besteht die Möglichkeit, die Weiche umzustellen, sodass die Lore auf ein anderes Gleis umgeleitet wird. Auf diesem Gleis befindet sich nur eine Person, die überrollt wird. Was soll der

Weichensteller tun: Den Dingen ihren Lauf und mehrere Menschen verunglücken lassen oder aktiv die Weiche umstellen, was den Tod »nur« einer Person zur Folge hätte?

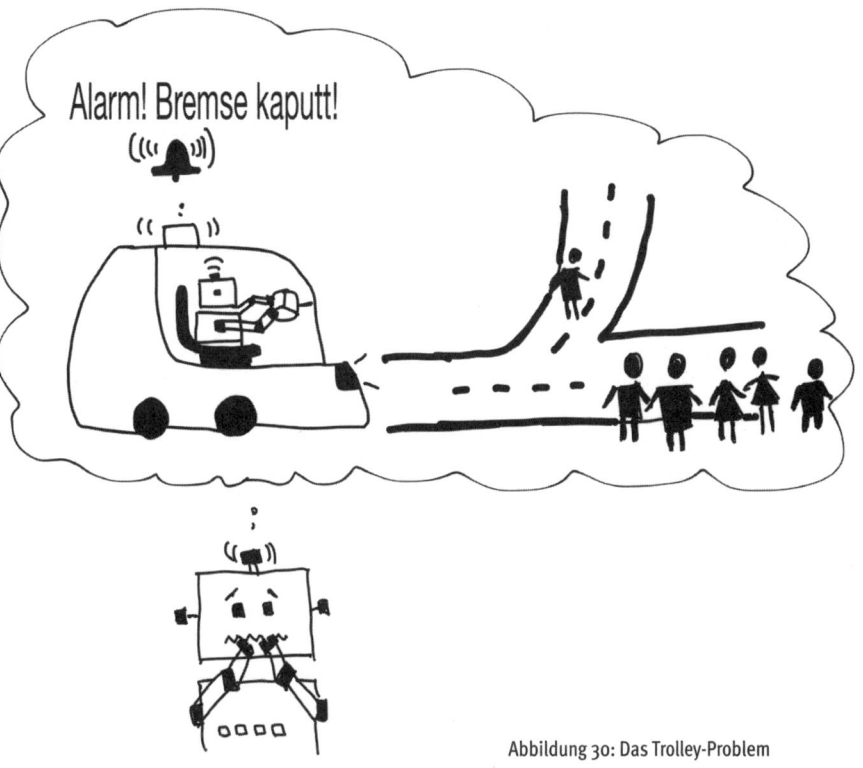

Abbildung 30: Das Trolley-Problem

Dass über die richtige Antwort immer noch diskutiert wird, ist kein Wunder. Ethische Entscheidungen sind per se nicht allgemeingültig, sie hängen immer vom Referenzsystem ab, in dem man sich befindet. Sollten wir zum Beispiel die Erklärung der Menschenrechte als Basis nehmen, dann kämen wir in Einzelfällen zu anderen Ergebnissen, als wenn wir die deutsche Verfassung als Basis nehmen würden. Auch unterschiedliche Kulturkreise haben unterschiedliche moralische Werte und bewerten Dilemmata anders.

Für unser Trolley-Problem geht man von zwei ethischen Konzepten aus, die zum Tragen kommen könnten: der Prinzipienethik und der Nutzethik. Die Prinzipienethik ist laut Kant das grundlegende Prinzip der Ethik und lautet in seiner Grundform, auch bekannt als Kategorischer Imperativ: »Handle nur nach derjenigen Maxime, durch die du zugleich wollen kannst, dass sie ein allgemeines Gesetz werde.« In unserem Fall ginge das in die Richtung: »Ich darf nicht töten.« Bei der Nutzethik, auch Utilitarismus genannt, geht es um die Maximierung des Gesamtnutzens aller Betroffenen. In unserem Fall wäre das: »So wenig Personen wie möglich verunglücken lassen.« Nach der Prinzipienethik würde der Weichensteller den Dingen ihren Lauf lassen (der Eingriff in die Situation würde bedeuten, dass er selbst die eine Person umbringt). Als Utilitarist würde er die Weiche tätigen, da so »nur« eine Person im Vergleich zu fünf verunglücken würde.

So weit, so gut. Wir sind jetzt aber nicht bei einer historischen philosophischen Debatte, sondern im Jahr 2020 und müssen unseren selbstfahrenden Autos beibringen, wie sie in vergleichbaren Notsituationen handeln sollen. Solange wir selbst am Steuer sitzen, machen wir uns ja keine grundsätzlichen Gedanken, wir reagieren einfach intuitiv, wenn die Situation eintritt. Maschinen haben keine Intuition, und deswegen müssen wir ihnen ein Regelwerk zur Hand geben. Aber solch eine wichtige Entscheidung können wir nicht einfach ein paar Programmierern aufs Auge drücken.

Um einen besseren Einblick in die Moral unterschiedlicher Menschen zu gewinnen, haben ein paar Studenten des MIT Media Lab die »Moral Machine« entwickelt.[55] Sie wollen zum einen Erkenntnisse über die Abwägungen, die wir Menschen in solchen Dilemmata durchführen, gewinnen und zum anderen weitere mögliche Szenarien sammeln. Da wir nicht über genügend Daten verfügen, um die selbstfahrenden Autos zu trainieren, haben sich die Forscher überlegt: Wir bauen einen Simulator, der nach dem Zufallsprinzip verschiedene Verkehrssituationen abbildet, und dann lassen wir die Menschen sagen, wie das autonome Fahrzeug in welcher Situation reagieren soll. Die Testpersonen sollen sich also vorstellen, die Bremse ist kaputt, und sie müssen entscheiden, wen sie überfahren. Die Entscheidungen können brutal schwer sein! Nach dem Test erhält man eine Auswertung darüber, wie sie im Vergleich zu allen anderen Personen geantwortet haben. Die erste Auswertung der Studie hat ergeben, dass die meisten Testpersonen den Utilitarismus bevorzugen. Auf die Frage, ob sie sich ein autonomes Fahrzeug kaufen würden, lautete die überwiegende Antwort: Nein. Das heißt, sie wollten zwar, dass so wenige Menschen wie möglich verunglücken ... solange sie selbst nicht betroffen sind. Sollten sie selbst im autonomen Fahrzeug sitzen, erwarten sie, dass das Fahrzeug sie beschützt. Und schon zeigt sich wieder das alte, verzwickte soziale Dilemma.

Man darf diese Studie natürlich nicht als allgemeingültigen Beweis für menschliches Verhalten betrachten. Jeder, der schon in einen Autounfall verwickelt war, weiß, dass es sich um Millisekunden handelt, in denen man gar nicht denken, sondern nur reagieren kann. Die Studie verdeutlicht lediglich, mit welchen Zielkonflikten wir es hier zu tun haben und welche Erwartungen an die algorithmischen Systeme gelegt werden. Dadurch wird, wie ich finde, deutlich, dass Technologie längst nicht mehr von den Geisteswissenschaften zu trennen ist. Außerdem wird klar, vor welchen wirklich schwierigen Herausforderungen die Regulierung gerade steht, zumal es alle Weltregionen betrifft. Ein wahrhaft globales Problem.

Gleichzeitig muss man sagen, dass die Szenarien, die von der »Moral Machine« vorgeschlagen werden, nicht alltäglich, sondern sehr, sehr unwahrscheinlich sind. Denn die autonomen Fahrzeuge verfügen über Sensoren und Kameras, mit denen die genaue Berechnung von Geschwindigkeit, Beschleunigung und Bremsverhalten aller anderen Verkehrsteilnehmer möglich ist. (Eine Ausnahme bilden noch Fußgänger, da ihr Verhalten nur schwer vorhersehbar oder kalkulierbar ist.) Geschwindigkeit, Beschleunigung und Bremsweg genau berechnen, das können wir Menschen mit bloßem Auge nicht, da ist die Technik schon besser. Autonome Fahrzeuge berechnen andauernd Wahrscheinlichkeiten und entscheiden sich anhand von genauen Analysen für die Handlung mit der größten Erfolgswahrscheinlichkeit. In anderen Worten: Ein Szenario, bei dem alle Menschen mit hundertprozentiger Wahrscheinlichkeit sterben, ist in der Praxis kaum vorstellbar. Außerdem sollen die autonomen Fahrzeuge miteinander, mit anderen Verkehrsteilnehmern und mit der

Infrastruktur kommunizieren. Car2X ist der Oberbegriff für diese verschiedenen Kommunikationswege. Dadurch können Informationen zu Verkehrsmeldungen, Gefahrenhinweisen etc. in Echtzeit ausgetauscht werden. Neben den Informationen aus den Sensoren werden diese Live-Informationen verwendet, um den Verkehrsfluss zu verbessern und um die Sicherheit zu erhöhen[56]. Für die Übertragung der Informationen wird sowohl WLANp (der WLAN-Standard für Autos) für kleine Reichweiten als auch Mobilfunk für große Reichweiten verwendet. Da es sich in den meisten Fällen um Informationen handeln, die ohne fühlbare Zeitverzögerung (im Millisekunden-Bereich) übermittelt werden sollen, ist ein flächendeckendes 5G-Netz notwendig. Was auch der Grund dafür ist, warum es bei uns noch einige Zeit dauern wird, bis man an die Umsetzung einer solchen Technologie denken kann. Schließlich will man nicht, dass der eigene Hund vom selbstfahrenden Auto überfahren wird, weil dieses mal wieder in einem Funkloch unterwegs war.

Die Technische Hochschule Ingolstadt hat im Forschungs- und Testzentrum CARISSMA auch einen Simulator gebaut, um das Trolley-Problem durchzuspielen und die Erwartungen der Menschen an die Entscheidungsfähigkeit der Fahrzeuge zu untersuchen. Man wird dabei besser in die Situation hineinversetzt als bei der »Moral Machine«, da man nicht vor einem Rechner sitzt, sondern in einem Autosimulator. An der Windschutzscheibe spielt sich eine Straßensituation ab, und irgendwann kommt es zum Entscheidungsfall.

Ob wir vorher im Simulator trainieren oder nicht, in vielen Situationen handeln wir bereits so wie beim Trolley-Problem, vermutlich ohne uns darüber bewusst zu werden. Ein Beispiel dafür ist die Triage (französisch ausgesprochen), die die Handlungsreihenfolge während einer Notlage bestimmt.[57] Bei Großunfällen, Katastrophen oder Kriegen geht es um Leben und Tod, und zwar für viele Menschen. Es gibt zahlreiche lebensgefährlich, schwer und leicht Verletzte, aber nur eine begrenzte Anzahl von Ärzten und Sanitätern. Die Aufgabe ist klar: Akut und schwer Verletzte werden als Erstes versorgt, nur leicht Verletzte können warten, und die unrettbar Verletzten und Sterbenden, die sowieso die geringsten Chancen zum Überleben haben, werden nicht versorgt beziehungsweise nur sterbebegleitend betreut. Man versucht also das bestmögliche Ergebnis für das Kollektiv zu erzielen, die Interessen Einzelner müssen zurückstehen. Trotz klarer Regelung heißt so ein Katastrophenfall aber nicht, dass die Entscheider immer ohne Schuldgefühle oder Posttraumatische Störungen nach Hause gehen.

Drei Goldene Regeln für Roboter?

Wenn wir über das ethische Dilemma beim autonomen Fahren sprechen – egal ob bei einem Tinder-Date oder sonst irgendwo –, gibt es noch einen anderen (theoretischen, aber) interessanten Aspekt, der häufig zur Sprache kommt: die Robotergesetze von Isaac Asimov. Autonome Fahrzeuge sind nun mal Roboter auf Reifen, und auch wenn der große Science-Fiction-Autor nicht ahnen konnte, wie sich künstliche Intelligenz weiterentwickeln würde, werden seine drei Gesetze, die er 1942 erstmals formulierte, immer noch diskutiert.

1. Ein Roboter darf kein menschliches Wesen verletzen oder durch Untätigkeit zulassen, dass einem menschlichen Wesen Schaden zugeführt wird.
2. Ein Roboter muss den ihm von einem Menschen gegebenen Befehlen gehorchen – es sei denn, ein solcher Befehl würde mit dem 1. Gesetz kollidieren.
3. Ein Roboter muss seine Existenz beschützen, solange dieser Schutz nicht mit dem 1. oder 2. Gesetz kollidiert.

Erst einmal hören sich diese Gesetze logisch und nachvollziehbar an. Interessant wird es, wenn man sie genauer analysiert und auf konkrete Situationen anwendet. Als Beispiel: Das 1. Gesetz besagt, ein Roboter dürfe keinen Menschen verletzen. Welcher Mensch und welche Art Verletzung wird nicht definiert. Auch nicht, was genau ein Mensch ist? Ist ein Fötus auch ein Mensch? Oder eine tote Person? Das sind Fragen, die wieder eine moralethische Diskussion nach sich ziehen. Wir haben zum Beispiel beim Turing-Test gesehen, dass bereits einige Chatbots mit Menschen verwechselt wurden. Könnten sie von einem Roboter dann auch als Menschen wahrgenommen werden? Und was ist mit dem Thema sexuelle Belästigung: Reden wir auch über emotionale Verletzungen?

Oder das 2. Gesetz, welches besagt, der Roboter müsse menschlichen Befehlen gehorchen. Auch hier ist nicht klar, wessen Anweisungen der Roboter befolgen soll: auch denen von Kindern, Psychopathen oder Straftäterinnen? Was ist, wenn zwei Menschen sich in ihren Befehlen widersprechen? So was soll es ja geben. Soll der Roboter dann zwischen den beiden schlichten? Oder einen vor dem anderen schützen? Schließlich dürfte er laut 1. Gesetz nicht untätig zusehen, wie der eine dem anderen an die Gurgel geht …

Das sind nur einige der Fragen, die man in diesem Zusammenhang einwenden kann. Es sieht also ganz danach aus, als ob uns die Robotergesetze beim Trolley-Problem auch nicht wirklich weiterhelfen, da sie nicht klar genug definiert sind und eine eigene ethische Diskussion voraussetzen. Das heißt: Asimovs Gesetze bleiben Science-Fiction und finden ihre Umsetzung nur in Serien wie »Raumpatrouille Orion«.

Der Führerschein der Maschinen, Teil 2: Die Fahrstunden

Um zur Führerscheinprüfung zugelassen zu werden, brauchen Maschinen Fahrstunden, am besten so viele wie möglich. Dafür fahren sie auf eigenen Teststrecken, einige erhalten aber auch Sondergenehmigungen für einen bestimmten Ort unter bestimmten Voraussetzungen. So haben die wenigstens autonome Fahrzeuge bisher Erfahrungen bei Schnee und Regen sammeln können. Seit 2016 allerdings bietet das erwähnte Forschungszentrum CARISSIMA in Ingolstadt eine Testumgebung, um das sichere autonome Fahren bei allen Witterungsbedingungen zu testen.[58] In einer geschlossenen Halle können auf Knopfdruck Nebel und Regen erzeugt werden, um die Sensorik der Fahrzeuge auf die Probe zu stellen. Durch die Laborumgebung können Witterungsbedingungen beliebig wiederholt und die Zuverlässigkeit von Sensoren in allen möglichen Verkehrsszenarien getestet werden.

Was das Fahren auf echten Straßen angeht, gibt es in Deutschland mehrere Teststrecken. Seit April 2019 fahren zum Beispiel vollautomatisierte Fahrzeuge von VW auf Teststrecken in Hamburg und im Dreiländereck von Deutschland, Luxemburg und Frankreich.[59] Dabei kommen also Fahrzeuge bis Autonomiestufe 4 unter realen Bedingungen zum Einsatz, allerdings immer mit einem Fahrer hinter dem Steuer, der jederzeit eingreifen kann. Durch die ganze Hansestadt dürfen sie noch nicht fahren, die Teststrecke beschränkt sich auf einem drei Kilometer langen Teilabschnitt der insgesamt neun Kilometer langen Teststrecke. Die Beschränkung hat damit zu tun, dass die Straßen mit zusätzlicher Infrastruktur ausgerüstet werden müssen, zum Beispiel mit Hochleistungskameras, die Verkehrsaufzeichnungen durchführen und den Autos in Echtzeit bereitstellen. Auf der A9 in Bayern darf das autonome Fahren (beziehungsweise Vorstufen davon) bereits seit 2015 erprobt werden, auf dem sogenannten Digitalen Testfeld Autobahn. Und auf dem Testfeld Niedersachsen zwischen Hildesheim, Hannover, Braunschweig und Wolfsburg stehen seit Januar 2020 ganze 280 Kilometer zum Testen zur Verfügung, ebenso wie ein Teil des Stadtverkehrs in Braunschweig.[60] Auf einem Teilstück von acht Kilometern stehen bereits 71 Masten mit je vier Hochleistungskameras.

Die Fahrzeuge selbst sind mit verschiedenen künstlichen Intelligenzen ausgerüstet, die immer mehr lernen sollen. Ihre künstlichen neuronalen Netze werden zwar bereits vor dem Einsatz im Auto trainiert, sie sollen aber während der Fahrstunden lernen, in unvorhergesehenen realen Situationen die richtige Entscheidung zu treffen. Wir haben im 3. Kapitel ja darüber gesprochen, dass es in komplexen Situationen unmöglich ist, den Maschinen alle möglichen Szenarien bereits vorher aufzulisten und zu beschreiben. Beim autonomen Fahren ist das nicht anders. Wir füttern das System mit einer begrenzten Anzahl an Szenarien – der Rest muss beim Testen gelernt werden.

Der Konkurrenzkampf zwischen den Automobilherstellern ist logischerweise sehr groß, denn derjenige, der es schafft, die meisten Fahrstunden zu absolvieren, wird wahrscheinlich auch die besten künstlichen neuronalen Netze antrainiert haben und somit die zuverlässigsten Fahrzeuge auf den Markt bringen können.

In der Poleposition steht momentan Waymo, das selbstfahrende Auto von Google. Schon seit 2018 darf das autonome Roboterauto in Kalifornien fahren, und das ohne menschlichen Fahrer an Bord.[61] Das Auto darf zunächst nur rund um die Zentralen von Google und Waymo unterwegs sein, doch eine Premiere bleibt es trotzdem, da es sich um die Autonomiestufe 5 handelt. Auf dem eigenen Gelände von Google fährt das Auto bereits seit Jahren und hat dort bereits Millionen von Kilometererfahrungen gesammelt. In Arizona darf Waymo ebenfalls auf öffentlichen Straßen fahren, ohne Menschen am Steuer. Und inzwischen gibt es eine Flotte von Waymo-Taxis in Phoenix.

Die deutsche Automobilhersteller müssen teilweise auf asiatische Städte ausweichen, wo die Rahmenbedingungen lockerer sind, was die Freigabe für vollautomatisierte Fahrzeuge betrifft, und besser, was die Straßeninfrastruktur betrifft. Das macht es nicht leichter, Google einzuholen. Wollen wir das so hinnehmen? Oder hätten wir lieber autonome Fahrzeuge, die das Fahren auch in deutschen Straßen gelernt haben? Sollten die Rahmenbedingungen dies nicht eher fördern? Wie soll das autonome Fahrzeug sonst eine deutsche Fahrprüfung bestehen, wenn es vor allem in China Fahrerfahrung gesammelt hat?

Der Führerschein der Maschinen, Teil 3: Die Fahrprüfung

Das autonome Fahren verändert die Sicherheitsprüfung massiv. Weil so viel Software, Hardware und Kommunikationsschnittstellen zum Einsatz kommen, müssen auch die Cybersicherheit und der Datenschutz überprüft werden.[62] Bei den Schnittstellen muss gewährleistet werden, dass die Kommunikation innerhalb des Fahrzeugs, von Fahrzeug zu Fahrzeug, von Fahrzeug zu Infrastruktur und zu anderen Geräten und Netzwerken sichergestellt ist. Bei der Hardware müssen zum Beispiel das Auflösungsvermögen der Kameras, die Bremsen oder die Lenkanlagen bestimmte Voraussetzungen erfüllen.[63] Beim Datenschutz geht es darum, die Daten, die im Auto gesammelt werden und die auch personenbezogenen Informationen enthalten, ordnungsgemäß gespeichert, analysiert und wieder gelöscht werden. Und nicht zuletzt gilt es, das Fahrzeug vor unberechtigtem Zugriff von Dritten zu schützen. Denn solange die Sicherheit von Mensch und Umwelt nicht gewährleistet ist, werden autonome Fahrzeuge nicht auf breite Akzeptanz stoßen.

Wie ablenkbar sind künstliche Fahrer?

Dem Thema Cybersicherheit am Steuer sollten wir uns etwas genauer widmen. Die Fachleute sprechen von Adversarial AI Attacks, also von Cyberangriffen gegen die künstliche Intelligenz im Wagen. Diese (böswilligen) Attacken nutzen die Schnittstellen – in der Regel das Internet – und greifen mit aufwendig erzeugten Geräuschsignalen (hier ist kein hörbares Geräuschsignal gemeint, sondern ein Datenpaket, was das Grundsignal stört und die darin enthaltenen Informationen verändert) gezielt die künstlichen neuronalen Netze an, um diese zu täuschen, eine Fehlfunktion zu verursachen oder um das Ergebnis zu manipulieren. Was heißt das?

Bei einer Klassifikation, zum Beispiel, kann das Geräuschsignal dazu führen, dass das System einen Frosch sieht anstatt eines Pferdes. Gerade beim autonomen Fahren macht das natürlich einen wesentlichen Unterschied. Nehmen wir an, das die Maschine wurde trainiert, Straßenschilder zu erkennen. Nach dem Anlernen ist es in der Lage, ein Stop- von einem Halteverbots- oder Geschwindigkeitsbegrenzungsschild zu unterscheiden. Fügt man ein Geräuschsignal zu einem Stop-Schild hinzu, kann es dazu führen, dass das System es für eine Geschwindigkeitsbegrenzung hält.

Dafür braucht es übrigens nicht unbedingt eine Cyberattacke, wie eine wissenschaftliche Arbeit von mehreren amerikanischen Universitäten in April 2018 nachgewiesen hat.[64] Dabei ging es nicht um eine Pixelveränderung im Bild, sondern um eine physikalische Störung, da die Forscher Klebeband auf dem Stopschild befestigt hatten. Die Klebestelle und Größe des Klebebands waren nicht zufällig gewählt, sondern genau berechnet, trotzdem zeigt das Experiment, dass es auch diese Möglichkeit der böswilligen Attacken weiterhin geben kann.

Digitale Geräuschsignale zu erzeugen ist keine einfache Aufgabe, denn sie müssen genau designt sein, damit die Veränderung von einigen wenigen Pixeln in einem Bild das Feuern der künstlichen

Neuronen so abwandelt, dass das Bild falsch klassifiziert wird. Eine andere wissenschaftliche Arbeit kam 2017 zu einem erstaunlichen Ergebnis.[65] Forscher der japanischen Universität Kyushu hatten eine Methode gefunden, bei der die Veränderung von einem einzigen Pixel reichte, um ein künstliches neuronales Netz zu täuschen. Seitdem wird mit Hochdruck daran geforscht, robuste Netze zu bauen und vor solchen Attacken zu schützen. Parallel dazu wird an der Cybersicherheit geforscht, damit solche Attacken gar nicht erst verübt werden können.

Trotz all der Herausforderungen, die beim autonomen Fahren (noch) existieren, sind sich die Experten bei einem Aspekt einig: Die Verkehrssicherheit wird steigen. Denn heute sind etwa 90 Prozent aller Unfälle auf menschliches Versagen zurückzuführen. Dieser Wert würde sich nach und nach verringern, bis nur noch selbstfahrende Autos im Verkehr zugelassen werden und menschliches Versagen im Verkehr Geschichte ist. Wie lange das allerdings noch dauert, weiß heute – kein Mensch.

MAN ERNTET, WAS MAN CODET

Wie Roboter zunehmend unsere
Ernährung übernehmen

Wir haben Carlos seit unserem letzten Besuch in Valencia nicht mehr gesehen, umso mehr freuen wir uns, dass er nun in Berlin wohnt. Gute Freunde bleiben gute Freunde, egal, wie weit man von einander entfernt wohnt, aber nichts geht über einen gemeinsam verbrachten Abend. Nachdem unser Gespräch das deutsche Gesundheitssystem und das chinesische Social Scoring gestreift hat, bemerkt Carlos auf einmal die Physalis-Pflanze voller Früchte.

Carlos: »Ist sie echt?«

Ich: »Ja, klar ist sie das! Magst du welche probieren? Sie sind klein, aber süß und sehr geschmacksintensiv.«

Mein Mann hat einen grünen Daumen, und zusammen haben wir eine Dachterrasse, die wir im Sommer bepflanzen. Tomaten, Paprika, Auberginen, Brombeeren und eben auch Physalis wachsen bei uns mitten in Kreuzberg. Carlos kann es kaum glauben, er wohnt in Valencia, wo die Sonne das ganze Jahr über scheint, aber ein Grund, Gemüse auf dem Balkon zu pflanzen, war das nicht. Vor allem, weil er seinen Balkon hauptsächlich zum Wäschetrocknen und Deponieren von Fahrrädern genutzt hat. Er ist schwer überrascht, als wir ihm erzählen, dass wir in Berlin natürlich nicht die einzigen Dach- oder Balkongärtner sind. Die meisten unserer Freunde haben eigene Tomaten, und Maria hatte mal leckere mexikanische Minigurken gepflanzt, die sich sehr gut für Gin Tonic eigneten. Carlos ist begeistert.

Carlos: »Ist das der neue Trend der Stadtkinder?«

Hm, gute Frage! Wir haben nie darüber nachgedacht, warum wir das tun. Was war der Trigger? War es nur der Spaß an der Sache, oder wollten wir uns gesünder ernähren? Machen das so viele Leute, weil sie den Lebensmitteln, die uns im Supermarkt verkauft werden, nicht mehr trauen, oder schmecken die eigenen Tomaten einfach besser?

Ökonomische Gründen lassen sich definitiv ausschließen, denn es ist ganz schön viel Arbeit, die Samen auszuwählen, zu bestellen, einzusäen, wochenlang zu beleuchten (falls man kein Gewächshaus hat), zu wässern, zu düngen, teilweise von Spinnmilben befreien (mit natürlichen Mitteln, was entsprechend lange dauert), umzupflanzen, mit frischer Erde zu versorgen etc. Bei einem Ingenieursstundenlohn sind es bestimmt die teuersten Tomaten im Kiez. Aber es macht Spaß, und unser Sohn weiß nun, dass Gemüse nicht in Dosen und Tiefkühlschachteln wächst.

Landwirtschaft 4.0

Auf unseren Äckern hat sich in den letzten Jahren einiges getan: vom konventionellen über den ökologischen bis hin zum Präzisionslandbau. Der konventionelle Landbau ist zwar immer noch die am weitesten verbreitete Wirtschaftsform in der Landwirtschaft, aber lange wird es nicht dauern, bis sich das ändert.[66] Denn die Digitalisierung macht vor niemandem halt, und die Landwirtschaft ist keine Ausnahme. Beim ökologischen Landbau geht es darum, umwelt- und ressourcenschonend Lebensmittel zu produzieren, wobei auf den Einsatz von Kunstdünger und synthetischen Pflanzenschutzmitteln weitestgehend verzichtet wird. Dabei liegt der Fokus auf einem ausgewogenen Zusammenspiel von Boden, Pflanzen, Tier und Mensch in einer möglichst geschlossenen Kreislaufwirtschaft. Der Ökolandbau unterliegt strengen Auflagen, ist aber auch nicht ganz von Kritik ausgenommen, etwa wegen des Einsatzes von traditionellen Kupferpräparaten zum Pflanzenschutz, die für viele Mikroorganismen toxisch sind.

Die digitale Revolution in der Landwirtschaft ist aber in der Präzisionslandwirtschaft zu beobachten, dem Precision Farming. Dabei geht es um eine völlig neue Art, Pflanzen anzubauen. Völlig neu, weil die Maschinen den Landwirten nicht mehr bei der Arbeit helfen, wie Traktoren das seit Jahrzehnten tun, sondern weil die Maschinen selbst zu Bauern werden. Zum Einsatz kommen IT-getriebene

Geräte, wie Drohnen, automatisierte Melkroboter oder selbstfahrende Landmaschinen, außerdem neue Software für das Bauernhofmanagement und die Datenerhebung, -speicherung und -analyse. Diese Computerprogramme helfen zu entscheiden, welche Fruchtfolgen am sinnvollsten sind, wann was gesät und geerntet und zu welchen Bedingungen es angebaut wird.

Und das funktioniert so: Sensoren erheben Daten über die Bodenbeschaffenheit, messen also beispielsweise die Bodenfeuchtigkeit, Roboter fahren durch die Felder, machen Aufnahmen und nehmen Proben von den Pflanzen, Drohnen überfliegen die Felder und fotografieren den Bestand. Daraus errechnen die Programme dann, wo genau sie wie viel wässern müssen, an welchen Stellen welche Art und Menge von Dünger ausgebracht werden soll, wo der Einsatz von Pflanzenschutzmitteln erforderlich sein könnte oder wann die beste Zeit für die Ernte ist. Die beste Zeit für die Ernte ist übrigens nicht nur die Zeit, zu der die Früchte reif sind und die Wetterbedingungen stimmen, sondern auch, wann der Markt den höchsten Preis dafür bezahlt. Denn auch die Marktlage des jeweiligen Produktes kann von den Programmen berücksichtigt werden. Das hat den Vorteil, dass Ernte und Profit maximiert werden können. Aber nicht nur der Profit wird maximiert, auch Ressourcen werden geschont, Energie gespart und der steigende Bedarf an Nahrungsmitteln befriedigt. Die Vereinten Nationen gehen davon aus, dass die Weltbevölkerung bis 2050 um weitere zwei Milliarden wächst. Es wird geschätzt, dass bis dahin die Nachfrage an Lebensmitteln um 70 Prozent im Vergleich zu 2015 steigen wird.[67] Maximierung unserer Nahrung ist da eine gute Idee.

Aber kann diese Rechnung aufgehen? Können wir mithilfe von künstlicher Intelligenz tatsächlich den Hunger der Welt stillen?

Die neue Vermessung der Welt

Den Zustand der Pflanzen zu überwachen war schon immer maßgeblich für eine gute Ernte. Konventionelle Methoden sind dabei jedoch zeit- und ressourcenaufwendig, denn die Landwirte müssen durch die Reihen laufen, um Pflanzen und Ackerboden mit Händen und Augen beurteilen zu können. Heute geht das schnell und bequem vom Büro aus oder mit einem Blick aufs Smartphone.

Tech-Unternehmen bauen Sensoren, die sowohl den Boden als auch die Pflanzen kontinuierlich überwachen, scannen und Messwerte sowie Bilder an zentrale Computer schicken, die die Daten analysieren und weiterverarbeiten. Die meisten dieser Sensoren sind mit Hyperspektralkameras und 3D-Scanner ausgestattet. Diese speziellen Kameras erlauben es, viele eng beieinanderliegende Wellenlängen aufzuzeichnen, und das sogar auf größere Entfernung. Mit dem bloßen Auge können wir das nicht einmal, wenn wir mitten im Feld stehen, denn wir sehen »nur« die Wellenlängen der Grundfarben, also Rot, Grün und Blau. Hyperspektralkameras erfassen die ganze Palette von Infrarot bis Ultraviolett und liefern wichtige Informationen über die Reflexionseigenschaften von Pflanzen und den Zustand des Bodens, woraus das System wiederum Aussagen über den Gesundheitszustand der Pflanzen ableiten kann. Der N-Sensor von Yara, einem norwegischen Chemieunternehmen, erfasst zum Beispiel mit hoher räumlicher Auflösung, wie sehr ein Pflanzenbestand mit dem essenziellen Pflanzennährstoff Stickstoff (chemisches Zeichen: N) versorgt ist.[68] Da die Bodeneigenschaften und die Wachstumsbedingungen räumlich, selbst innerhalb einer Anbaufläche, stark variieren können, ist es von Vorteil, wenn sich der Stickstoff-Versorgungszustand an verschiedenen Stellen des Feldes genau ermitteln lässt. Dies ermöglicht es, die optimale Düngermenge genau zu berechnen und direkt an den Düngerstreuer weiterzugeben. Dünger wird also nicht mehr nach dem Gießkannenprinzip auf die Felder verteilt, sondern genau dosiert und präzise ausgebracht. Auf diese Weise kann man Überdüngung an gut versorgten Stellen vermeiden, was einerseits die Umwelt schont und andererseits zusätzliche ökonomische Gewinne für den Landwirt ermöglicht.

Diese Sensoren können einfach auf der Traktorkabine untergebracht werden. Ausgerüstet mit einem Ortungsmodul, zeichnen sie ihre genaue räumliche Position auf und speichern diese mit den Bildern auf einer Datenkarte. Durch diese Technologie ließen sich laut Yara Mehrerträge von etwa 2 bis 6 Prozent erzielen, in Einzelfällen

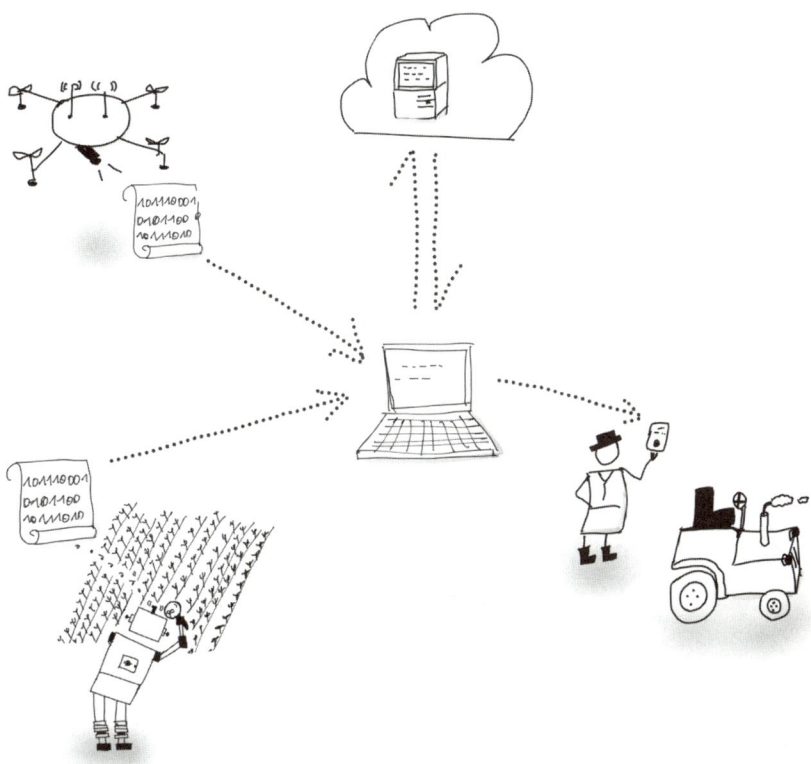

Abbildung 35: Landwirtschaft 4.0

sogar bis zu 10 Prozent. Und obendrein konnte aufgrund der gewonnen Daten die Leistung der Mähdrescher um circa 15 Prozent erhöht werden.

Multitasking-Helfer in der Luft

Intelligente Sensoren kann man auch direkt im Boden anbringen (dann ist eine dauerhafte Überwachung möglich, man ist aber weniger flexibel) – oder auf Drohnen. Durch die niedrige Flughöhe können Drohnen Bilder mit besserer Qualität liefern als Flugzeuge oder Satelliten. Ja, auch Satellitenbilder werden längst in die Bewirtschaftungsplanung integriert. Unternehmen wie CropSAT, zum Beispiel, bieten Satellitenbilder an, um die Veränderung des Pflanzenbestandes zu visualisieren.[69] Aber bleiben wir bei den Drohnen.

Dank ihrer modularen Bauweise können die Sensoren je nach Bedarf schnell an den kleinen Flugkörpern an- und abmontiert werden. Das macht sie zu echten Multitasking-Helfern, die nicht nur hochwertige Bildaufnahmen machen und das Land kartografieren, sondern auch Unkrautbefall oder Wildtiere erkennen können. Und das alles in einem Tempo, mit dem wir Menschen nicht mithalten können.

Ausgerüstet mit Wärmebildkameras, können Drohnen in wenigen Minuten ganze Wiesen auf Wildtiere untersuchen und automatisch die genauen Koordinaten übermitteln, um zum Beispiel Kitze zu finden und zu bergen. Jährlich sind mehr als 90.000 Rehkitze Opfer der ersten Grünlandmahd, da sie auch bei großer Gefahr nicht weglaufen, sondern sich instinktiv in ihr Versteck im Boden drücken.[70]

Digitale Erntehelfer überall

Die Daten, die die Sensoren und Drohnen fleißig sammeln, werden an intelligente Computerprogramme für die weitere Analyse übermittelt. Diese verbinden die gesammelten Daten mit Informationen, die sie zuvor schon von Satellitenbildern, Wettervorhersagen und historischen Daten über die Klimaentwicklung der letzten Jahrzehnte an diesem Ort bekommen haben. Mithilfe spezieller Algorithmen können dann auch hier wieder unterschiedlichste Erkenntnisse aus den Daten gewonnen werden: vom optimalen Zeitpunkt der Aussaat bis zur bestmöglichen Ernte. Und zwar nicht nur für riesige Anbauflächen. Auch in Entwicklungsländern wie Kenia, wo es überwiegend Kleinbauern gibt, konnte durch den Einsatz von KI-unterstützten Systemen bereits die Maisernte von durchschnittlich sechs Säcken (à 90 Kilo) auf neun Säcke je Bauer erhöht werden, und das nur ein Jahr nach deren Einsatz. Die Mengen scheinen erst einmal sehr klein, aber es wird geschätzt, dass es fünf bis neun Millionen solcher Kleinbauern in Kenia gibt.[71] Dann wären 50 Prozent mehr ein gewaltiger Fortschritt.

Auch Microsoft betreibt eine Initiative, bei der schon 30 Prozent mehr Ertrag erwirtschaftet wurde als zuvor. In diesem Fall reichte den beteiligten indischen Landwirten ein einfaches Handy mit SMS-Empfang, um Nachrichten darüber zu erhalten, wann sie säen und wässern sollen. Andere erhielten automatisierte Voice Calls, also Sprachnachrichten, mit Hinweisen zu möglichen Pflanzenschäden. Alles andere erledigte die KI-Lösung von Microsoft Cortana.[72] Nicht nur das Übersetzen der Text- und Sprachnachrichten in die jeweilige Muttersprache, sondern unter anderem auch, den Preis für die Ernte vorherzusagen. Dafür werden historische Daten lokaler Ernten und die aktuellen Wetterbedingungen analysiert, um das Eintreffen des Getreides auf dem Markt und die voraussichtliche Menge abzuschätzen. Das erlaubt den Landwirten, frühzeitig den Marktpreis zu ermitteln und basierend darauf den Ernteeinsatz zu planen.

Zurück auf unsere Äcker. Neben der richtigen Taktung spielt bei uns auch die Automatisierung bei der Ernte eine große Rolle. Sogenannte Schwarmroboter sind kleine und leichte automatische Pflückwerkzeuge, die stark auf Sensorik und Bildauswertung aufbauen. Sogar für Sonderkulturen wie Spargel oder Hopfen kommen diese zum Einsatz. Hinzu kommen größere Maschinen, wie Spritzroboter oder Trägerplattformen (für die unterschiedlichen Sensorik- oder Robotik-Systeme), was eine Kommunikation untereinander erfordert – ein bisschen wie beim autonomen Fahren.

Sollte die Ernte nicht sofort verkauft oder auch nur teilweise gelagert werden, können Algorithmen für das richtige Klima in Lagerhäusern sorgen. Auch für Lagerhäuser, die über keine automatisierte Einrichtung für Kühlung, Beheizung oder Befeuchtung der Luft verfügen, können Klimatisierungsalgorithmen helfen, wie eine Studie des Instituts für Agrartechnik Bornim zeigen konnte.[73] Die Studie wurde für Kartoffellagerhäuser durchgeführt, und angewendet wurde meine geliebte Fuzzylogik.

Diese unscharfe Logik ermöglichte es, Lüftungsbedingungen (die ja nun mal nicht starr sind) besser abbilden zu können als mit konventionellen Modellen. Mit Erfolg: Der Einsatz der Algorithmen führte einerseits zu einer Einsparung von 10 bis 15 Prozent der elektrischen Lüfterenergie (wenn die Luftrate kontinuierlich steuerbar war), andererseits zur optimalen Lüftung des Kartoffellagers. Und auch eine laufende Anpassung während der gesamten Lagerperiode wurde dadurch ermöglicht. Ähnliche Methoden werden auch in Gewächshäusern und Ställen verwendet.

Rettet die Technik unsere Steaks und Latte Macchiatos?

Die Ställe sind auch nicht mehr das, was sie früher mal waren. Nicht nur der Viehbestand ist gestiegen, auch der Einsatz von technologischen Lösungen macht vor der Stalltür nicht halt. Von Melk- und Futterrobotern über Sensorik bis zu Drohnen wird jede Menge Technik eingesetzt, um zum Wohl der Tiere beizutragen und den Ertrag zu optimieren. Daten zu Gewicht, Melkzeiten und Milchmengen, Bewegung und Fressverhalten werden erfasst, ausgewertet und in einer Übersicht aufbereitet, die der Milchbauer über eine App auf seinem Smartphone jederzeit und überall überwachen kann. Sollten die Vitaldaten eines Tiers auffällig werden, bekommt der Viehbauer ein Alarmsignal geschickt.[74] Auch Fütterungsautomaten sorgen für eine maßgeschneiderte Ernährung der Nutztiere und alarmieren den Landwirt, sollte es zu Auffälligkeiten kommen. Kranke Tiere, die zu wenig fressen, können dadurch zeitnah erkannt und rechtzeitig behandelt werden.

Schon 2016 hat eine Bitkom-Studie ergeben, dass Roboter bei 8 Prozent aller landwirtschaftlichen Betriebe im Einsatz waren, vor allem in der Tierhaltung.[75] 12 Prozent der Robotertechnik wurden in der Stallsäuberung oder im tiergerechten Melken eingesetzt. Auch wenn die Melkroboter sich erst einmal unnatürlich anfühlen, führen sie zu einer Steigerung des Tierwohls. Das Wohlbefinden der Tiere kann man auch anhand verschiedener Sensoren messen. Intelligente Ohrmarken, von SMARTBOW zum Beispiel, ermöglichen ein besseres Wiederkäu- und Gesundheitsmonitoring.[76] Empfängerboxen im Stall leiten die Daten der Ohrmarken an einen Server weiter, der wiederum die Daten analysiert und dem Landwirt zur Verfügung stellt. Kommt es zur Erkrankung der Tiere, kann die Dosierung der Medikamente digital überwacht werden, nicht nur vom Landwirt, sondern auch aus der Ferne vom entsprechenden Tierarzt, und so lässt sich beispielsweise die Ausgabe von Antibiotika minimieren.[77]

Auch die Mortalität von Ferkeln kann dank künstlicher Intelligenz reduziert werden. Kameras von PorcoVision, zum Beispiel, können mithilfe von KI die Zeit zwischen jedem geborenen Ferkel analysieren und den Landwirt alarmieren, sollte das Intervall zu kurz sein.[78]

So möchte das Start-up aus Dänemark dem Sauerstoffmangel von Ferkeln bei der Geburt entgegenwirken.

Haufenweise Vorteile und neue Möglichkeiten für Landwirte – mit dem Einsatz von Robotern, Sensoren und Drohnen steigt aber auch die Komplexität, was Datenverwaltungssysteme für die Entscheidungsunterstützung und für das Management der Roboterflotten unabdingbar macht.[79] Doch die erhöhte Qualität der Arbeitserledigung, die Minderung von Schadverdichtungen im Boden, die Entlastung der Fahrer, die Vermeidung von Unfällen und eine bessere Auslastung der Maschinenkapazitäten sind den Aufwand wert. Das erfordert allerdings eine neue Definition und ein neues Arbeitsbild des Berufs des Landwirts, denn nicht nur die Qualifikationsanforderungen sind nicht mehr die gleichen, auch die Bereitschaftszeiten zur Überwachung autonomer Systeme in der Branche sind komplett neu. Die Kommunikation zwischen Landwirten hat sich durch die zunehmende Digitalisierung bereits verändert. Da die Landwirte ihre Bauernhöfe mit dem Smartphone oder Tablet überwachen, nimmt auch die Kommunikation mit anderen über digitale Wege zu, wie eine Studie der Gesellschaft für Informatik 2019 ermittelt hat.[80]

Ob die Digitalisierung in der Landwirtschaft dazu führt, dass höher qualifizierte Arbeitsplätze auf dem Land entstehen und mehr Fachkräfte dorthin ziehen (etwa für den technischen Support vor Ort), wird sich zeigen. Momentan ist die gesellschaftliche Akzeptanz der Digitalisierung in der Landwirtschaft in Deutschland eher gering bis rückläufig.[81] Dies ist auf den geringen Kenntnisstand der Bevölkerung hinsichtlich landwirtschaftlicher Produktionsprozesse zurückzuführen. Eine Veränderung dieses Bildes ist, laut Studie, durch eine bessere Aufklärung und ein »größeres Beimessen der emotionalen Komponente von landwirtschaftlichen Sachverhalten« möglich. Theoretisch klingt das nachvollziehbar, aber ich frage mich, wie es praktisch aussehen soll.

Natürlich sind alle (digitalen) Maßnahmen, die den Ackerbau ressourcenschonender gestalten sowie eine bessere und effizientere Tierhaltung ermöglichen, zu begrüßen. Aus der Perspektive vieler Verbraucher noch mehr, wenn das Tierwohl im Vordergrund steht.

Aber seien wir ehrlich, keine künstliche Intelligenz wird die Massentierhaltung reduzieren. Das vermag nur menschliches Handeln. Solange der Bedarf so groß ist, wird man an Effizienzmaßnahmen arbeiten, auch mit KI. Aber den Bedarf an bestimmten Nahrungsmitteln zu reduzieren, insbesondere an Fleisch und Milchprodukten, liegt in unserer Hand, und nur wir Konsumenten können das beeinflussen.

Carlos kennt das sehr gut, denn er arbeitet für einen großen Hersteller von Konsumgütern, von Nahrungsmitteln über Kosmetika und Körperpflegeprodukte bis hin zu Waschmitteln. Seine Aufgabe ist es, die Absatzzahlen diverser Produkte zu überwachen und zu analysieren. Er weiß genau, dass Verbraucher eine große Macht haben. Und als er sich eine kleine Physalisfrucht in den Mund steckt, fragt er uns: »Warum nutzen wir diese Macht so selten?«

MIT KI
GEGEN STÜRME, EIS
UND HITZEWELLEN

*Wie Maschinen die Umwelt für und
vor uns schützen können*

An dem Abend mit Carlos konnten wir zu später Stunde die Sterne am Nachthimmel beobachten. Das ist ein Luxus in einer Großstadt, in Beijing und Shanghai war das anders, Sterne haben wir dort kaum gesehen. Wie auch? Bei der hohen Luftverschmutzung waren wir froh, wenn wir ohne Schutzmasken herumlaufen konnten. Immerhin hatten wir Glück, dass wir kurz nach der Olympiade in Beijing und während der Expo in Shanghai lebten. Für beide Veranstaltungen wurden Fabriken monatelang gestoppt, sodass die Luftqualität in beiden Städten während unseres Aufenthaltes viel besser war als sonst. Und trotzdem bekam der Nachwuchs unserer Freunde so schweres Asthma, dass die Familie auswandern musste. Das ist neben dem Sternenhimmel auf jeden Fall ein weiterer Grund, sich über die Luft- und Lebensqualität in Berlin, und generell in Deutschland, zu freuen.

Carlos: »Wie ist das eigentlich möglich, dass ein Industrieland wie Deutschland so eine gute Luftqualität hat? Du wirst bestimmt sagen, es hat etwas mit Technik oder KI zu tun, richtig?«

Ich lache und muss in diesem Moment an den Film »My Big Fat Greek Wedding« denken. In dem Film behauptet der Vater der Braut, dass alle Wörter aus dem Altgriechischen stammen, sogar das Wort »Karate«. So schlimm bin ich natürlich nicht, aber klar: Technik hat zwar einen großen Anteil an der Umweltverschmutzung, aber wir können Technik nutzen, um unseren negativen Einfluss auf die Umwelt zu reduzieren. Denn auch hier gilt: Wofür wir Technik einsetzen oder auch nicht, dafür sind wir selbst verantwortlich!

Dass die Ressourcen der Erde nicht oder nur sehr langsam erneuerbar sind, ist heute klar – auch wenn manche Regierungen das immer noch nicht zugeben. Die ungleichmäßige Verteilung der Ressourcen über die Erde und die zunehmende Umweltverschmutzung erfordern große Anstrengungen, um Natur, Umwelt und Klima zu schützen. Für diesen Schutz wurden zahlreiche nationale und internationale Vorschriften, Gesetze und Grenzwerte verabschiedet. Die Erderwärmung ist ein globales Problem, weshalb auch global agiert und reguliert werden muss – das macht den Prozess leider oft so langwierig und kompliziert. Luftschadstoffe und Wasserverschmutzung sind zwar in der Regel lokale Probleme, weshalb hier national oder entlang eines Wasserkörpers reguliert wird. Doch auch dies erfordert eine gesamtheitliche Betrachtung verschiedener Systeme, die miteinander verknüpft sind. Je höher die Komplexität, desto eher stoßen traditionelle Methoden an ihre Grenzen. Denn für kleinere Teilsysteme, in denen die wichtigsten Parameter (etwa alle regionalen Emissionsquellen) gut erfasst werden, kann man das System und seine Zustände gut modellieren und Vorhersagen treffen. Wenn es aber um größere Systeme geht, bei denen nicht alle Emissionsquellen genau bekannt sind oder nicht alle Prozesse verstanden worden sind, kann uns KI bei der Vorhersage helfen, etwa durch eine smarte Vernetzung von Messstationen zur Ermittlung von Schadstoffkonzentrationen mit Verkehrsleitsystemen.

Hinzu kommt heute auch immer der hohe ökonomische Druck, was effiziente und dennoch kostengünstige Lösungen im Bereich der Umwelttechnik unabdingbar macht. Tatsächlich können uns intelligente Maschinen enorm helfen, weil Geschwindigkeit und Effizienz ihre große Stärke sind. Und natürlich tun sie das auch schon bei verschiedenen ökologischen Herausforderungen. KI kann den Verkehr flüssiger machen, CO_2-Emissionen reduzieren, den Energieverbrauch in der Herstellung von Stahl oder Zement in Grenzen halten oder die Überfischung der Meere begrenzen.

Weil nahezu jede Art von Konsum Umweltauswirkungen hat, ist die effizienteste Maßnahme zur Reduktion von Umweltauswirkungen immer die Reduktion von Konsum beziehungsweise die Reduktion des Bedarfs. Geht das nicht, können wir den gleichen Bedarf durch Verlagerung auf die Umwelt besser schonende Produkte und Leistungen befriedigen. Mehrfach verwendbare oder weiterverwertbare Produkte sind hierfür Beispiele, Recycling oder Upcycling. Geht auch das nicht, bleibt nur noch die reine Effizienzsteigerung.

Nehmen wir an, ich brauche Tomatensauce, um Nudeln für meinen Sohn zu kochen. Im Optimalfall wachsen die Tomaten in meinem Garten, dann kann ich sie direkt pflücken. Ist das nicht der Fall, kann ich die Tomaten ohne Verpackung im Super- oder auf dem Wochenmarkt kaufen und die Sauce selbst vorbereiten. Geht auch das nicht, sollte ich zumindest Einwegverpackungen vermeiden und ein Glas fertige Tomatensauce kaufen. Nach dem Verbrauch kann ich das Glas selbst weiter benutzen, als Trinkglas oder zum Wiederbefüllen mit irgendetwas anderem. Habe ich für das Glas keine Verwendungsmöglichkeit mehr, kommt das Glasrecycling ins Spiel. Hierfür werfe ich das Glas in den Altglascontainer, damit es entsprechend gesammelt, sortiert und wiederverwertet wird. Sollte aus irgendwelchen Gründen auch das nicht gehen, dann bliebe mir nur noch, die Effizienz meiner Verpackung zu steigern, indem ich das Glas dünner mache (wobei dünneres Glas womöglich die Lebensdauer reduziert). Das ist aber Aufgabe der Verpackungsindustrie, die natürlich ebenfalls jede Menge Technik einsetzt, um ihre Abläufe und ihren Ressourcenverbrauch zu optimieren.

Beim Thema Verpackungen muss man auch ein Wort zum oft verteufelten Plastik sagen. Manchmal sind Plastikverpackungen nämlich unterm Strich ökologischer als Glas, weil ihr ökologischer Fußabdruck bei Transport und Lagerung geringer ist. Daher ist es wichtig, immer den kompletten Lebenszyklus zu bewerten und zu vergleichen.

Was das vereinfachte Beispiel mit der Tomatensauce zeigen soll, sind die komplexen Zusammenhänge der heutigen ökologischen Herausforderungen: Selbst bei etwas vermeintlich so Simplem wie einer Sauce für die Spaghetti sind mehrere Akteure und verschiedene Prozesse betroffen, die zwar einzeln optimiert werden können, aber immer gesamtheitlich betrachtet werden müssen, da sie in dasselbe Ergebnis einzahlen.

Eine Aufgabenstellung wie geschaffen für künstliche Intelligenz.

Wenn Maschinen Bäume retten

Wir haben im vorigen Kapitel gesehen, wie Sensoren mit Hyperspektralkameras den Stickstoffbedarf von Pflanzen ermitteln können, wodurch präzise gedüngt werden kann, was sich wiederum positiv auf die Umwelt auswirkt. Satellitenbilder können auf eine ähnliche Art und Weise Bäume retten, die vielleicht wichtigsten CO_2-Speicher unseres Planeten. Dies wird möglich dank künstlicher neuronaler Netze, die selbstständig lernen, Muster in den Waldaufnahmen zu erkennen. Zuerst werden die Umrisse erfasst, bis einzelne Bäume voneinander unterschieden werden können. Dann werden Durchmesser, Höhe und Baumart benannt und beziffert. Satellitenbilder mit Infrarotinformationen erlauben es zudem, den Chlorophyllgehalt der Bäume zu bestimmen, was Rückschlüsse auf deren Gesundheit zulässt. So kann der Gesundheitszustand von ganzen Wäldern automatisiert festgestellt und gleichzeitig gezielt eingegriffen werden, wo nötig. Das ist das Ziel von Vision Impulse, einem Ableger des Deutschen Forschungszentrums für künstliche Intelligenz.[82]

Saubere Luft dank schlauer Technik

Nicht nur Bäume und Wälder, auch erneuerbare Energien und E-Mobilität sollen für eine bessere Luftqualität sorgen, aber der Weg bis dahin ist noch weit. Bis die Energiewende umgesetzt ist und wirklich saubere Fahrzeuge die alten aus dem Bestand verdrängt haben, leiden viele Städte weltweit immer noch unter hohen Schadstoffkonzentrationen, insbesondere Stickoxiden und Feinstaub. Da die bestehende Infrastruktur nur langsam umgestellt werden kann, hilft kurzfristig nur eine intelligentere Steuerung, also auch wieder KI. Smarte Systeme schaffen es zum Beispiel, die erwartbare Belastung durch Schadstoffe für einige Tage im Voraus vorherzusagen. Bekommt die Stadtverwaltung solche Informationen rechtzeitig, kann sie handeln und Gegenmaßnahmen einleiten, um lokale Emissionen unter Kontrolle zu halten.

Eine dieser Lösungen, die in Nürnberg bereits im Einsatz ist, hat Siemens entwickelt. Mit City Air Management (CyAM) können aktuelle Messwerte von Luftschadstoffen mit der aktuellen Wettervorhersage verbunden werden, um daraus Prognosen für die nächsten Tage abzuleiten.[83] So kann die Software vorhersagen, wie hoch die Schadstoffkonzentration in drei bis fünf Tagen nach der Messung sein wird.

Dahinter steckt mal wieder ein künstliches neuronales Netz, das aus den Messwerten sowie Wetter- und Eventdaten der Vergangenheit lernt. Informationen wie Windgeschwindigkeit, Windrichtung, Feuchtigkeit, Wolkenbedeckung und Temperatur sind wichtig, weil sie direkt mit der Konzentration der Schadstoffe in der Luft zusammenhängen. Außerdem wird das Netz mit Informationen zu wiederkehrenden Ereignissen wie Messen oder Sportveranstaltungen gefüttert. Ist eine hohe Konzentration prognostiziert, kann CyAM ermitteln, welche kurzfristig umsetzbaren Maßnahmen zu welcher Reduktion der Schadstoffkonzentration führen wird. So kann, zum Beispiel, ein zeitweises Durchfahrverbot für Dieselautos für einen Straßenabschnitt ausgesprochen werden. Bevor die Entscheidung getroffen wird, kann die Wirksamkeit der Maßnahmen von der Software simuliert und angezeigt werden. Dies erlaubt es der Stadtverwaltung, mehrere Szenarien auszuprobieren und sich für das beste zu entscheiden.

Auch die Effizienz einer Maßnahme lässt sich mit der Software signifikant steigern. Ein Lkw-Durchfahrverbot zum Beispiel erreicht an den 70 effizientesten Tagen mit hoher Luftschadstoffbelastung 50 Prozent der Gesamtjahreswirkung.[84] An den 200 ineffizientesten Tagen in Summe aber nur in etwa 20 Prozent der Stickstoffdioxid-Konzentrationsreduktion, die über das ganze Jahr erreicht werden kann. Ein ganzjährig implementiertes Durchfahrverbot lässt sich demnach schwer rechtfertigen. Schmerzfreier können auf jeden Fall Elektrobusse in Gebiete mit erhöhter Schadstoffkonzentration umgeleitet werden, um die Luft nicht unnötig zu belasten. Vorausgesetzt, sie tanken Ökostrom.

Wie wir in Zukunft Strom sparen können

Ein anderes Beispiel, das die Komplexität deutlich macht, ist die Zustandsüberwachung im Stromnetz. Durch den Einsatz erneuerbarer Energien kommt es auch im Stromsektor zu neuen Herausforderun-

gen, die es zu meistern gilt. Denn die Solar-, Wasserkraft- und Wind-
kraftanlagen, die mittlerweile 40 Prozent des Stroms in Deutschland
erzeugen, speisen ihren Strom dezentral und in schwankenden Ver-
hältnissen in das Gesamtnetz ein, da sie natürlich von Einflussfak-
toren wie Wetter oder Tageszeit abhängig sind. Um die Versorgungs-
sicherheit nicht zu gefährden, ist daher ein Echtzeit-Monitoring
notwendig, und damit befasst sich zum Beispiel das Forschungsprojekt »Fühler im Netz 2.0«.[85]

Anhand bestimmter Sensoren (Breitband-Powerline genannt,
kurz BPL) können alle Punkte im Stromnetz über die Stromkabel miteinander kommunizieren. In einer hohen zeitlichen Auflösung können die Sensoren zudem den lokalen Netzzustand und den Zustand
von Kabeln und Anlagen messen. Dabei werden Spannung und Fre-
quenzschwankungen gemessen, die Auskunft über das Verhältnis
zwischen Energieerzeugung und Verbrauch geben. Diese großen
Datenmengen werden dann erfasst und mittels KI-Algorithmen auf
Muster und Auffälligkeiten untersucht. Aus der Analyse lassen sich
beispielsweise Vorhersagen über den Spannungsverlauf und Stra-
tegien zur Problemvermeidung ableiten. Den Spannungsverlauf vorherzusagen spielt auch für die zukünftige Integration von E-Mobilität
eine große Rolle. Ladezeitpunkte von Elektrofahrzeugen müssen bei
einer größeren Anzahl von Fahrzeugen gemanagt werden, um Last-
spitzen und somit Netzengpässe zu vermeiden beziehungsweise die
Kapazitäten der Erneuerbaren optimal ausnutzen zu können. Ein intelligentes Netzwerküberwachungs- und Netzmanagementsystem
ist daher die Grundlage für das Energiesystem der Zukunft.

Algorithmen steuern Gasturbinen

Ein weiteres Beispiel von Siemens, das ich spannend finde, ist die
Steuerung von Verbrennungsprozessen in Gasturbinen.[86] Hier wird
künstliche Intelligenz nicht »nur« eingesetzt, um Daten zu analysieren und Vorhersagen zu treffen, sondern um die Steuerung zu übernehmen. Denn der Verbrennungsprozess in einer Gasturbine ist von
vielen Faktoren beeinflusst und deshalb richtig tricky. Einfacher aus-
gedrückt, passiert dabei Folgendes: Das Gas-Luft-Gemisch strömt

aus den Ventilen in die Brennkammer und entzündet sich an einer Flamme, wobei sich viele Faktoren, wie die Qualität des Gases oder die Außentemperatur, auf die Verbrennungsdynamik, die entstehenden Stickoxide oder die Lebenszeit der Gasturbine auswirken. Diese Faktoren sind zudem teilweise voneinander abhängig, und zwar dooferweise so: Versucht man eine Zielgröße zu verbessern, verschlechtert sich dadurch eine andere.

Um diese Herausforderungen zu meistern, hat das Siemens-Team eine Lösung entwickelt, die auf verstärkendem Lernen basiert, da man nicht über eine ausreichende Menge historischer Daten für das Anlernen eines neuronalen Netzes verfügt. Mit dieser Methode gelang es den Entwicklern, eine kontinuierliche Feinjustierung der Brennstoffventile durchzuführen, die wiederum den Betrieb der Gasturbinen hinsichtlich Emissionen und Verschleiß optimieren.

Die erfolgreiche Umsetzung bei Gasturbinen wird nun auf die Steuerung von Windparks übertragen, um die Beeinträchtigung der Verwirbelungen einer Turbine auf die dahinterstehenden zu minimieren. Das ist ein schönes Beispiel dafür, wie Zusammenhänge zwischen verschiedenen Systemen entstehen, die zuvor kein Mensch zusammengedacht hat. Meistens stellt man Komplexität ja erst fest, wenn man sich ausführlich mit einem Thema beschäftigt. Bohrt man zu viel, verliert man schnell den Überblick. Die Kunst liegt meines Erachtens darin, eine gute Mischung aus tiefem Wissen und breitem Überblick über die verschiedenen Abhängigkeiten hinzubekommen. Wenn beide Aspekte nicht vorhanden sind, kann man keine guten Lösungen erarbeiten. Doch genau das finde ich beim Beispiel der Gas- und Windkraftturbinen sehr gut gelungen.

Gut gelungen ist uns auch der erste gemeinsame Berlin-Abend mit Carlos. So gut, dass wir uns gleich für nächste Woche verabredet haben, dieses Mal zusammen mit Maria.

CHEFVISITE BEIM ROBODOC

*Wie die digitale Revolution das
Gesundheitswesen ansteckt*

Mein Mann und ich sind beide Ingenieure, er in Umwelttechnik, ich im Telekommunikationswesen. Als ich mit meinem Sohn schwanger war und zur Feindiagnostik musste, haben wir etwas Besonderes erlebt. Der Feinultraschall ist eine Untersuchung im Rahmen der Pränataldiagnostik, also eine vorgeburtliche Untersuchung mit dem Ziel, Fehlbildungen des ungeborenen Kindes zu identifizieren. Im Ersttrimester-Screening werden biochemische Werte aus dem mütterlichen Serum (Blut) analysiert und im Ultraschall die Nackentransparenz gemessen. Die beiden Werte werden statistisch ausgewertet und daraus eine Wahrscheinlichkeit für Fehler im Erbgut ermittelt. Im späteren Verlauf der Schwangerschaft kann das hochauflösende Ultraschallgerät weitere Fehlbildungen oder Entwicklungsstörungen feststellen und, was die meisten Eltern toll finden, ein 3D-Bild vom ungeborenen Kind erstellen.

Ich erinnere mich sehr gut daran, wie ich das erste Mal zum Ultraschall dalag und der Gynäkologe mit seinem Gerät über meinen Bau fuhr. Auf einem Bildschirm konnten mein Mann und ich das Kind sehen und die unterschiedlichen Körperteile erkennen, die untersucht wurden: Kopf, Gesicht, Nackenfalte, Füße, Hände, Nieren, Herzklappen, Blutfluss etc. Der Arzt bewegte das Gerät über meinen Bauch, tippte ein paarmal auf eine Tastatur und erzählte uns dabei, was genau wir auf dem Bildschirm sehen konnten. Mein Mann und ich waren von der Geschwindigkeit der unterschiedlichen Berechnungen der Maschine begeistert. Einige Werte konnte der Arzt mehr oder weniger direkt messen, aber viele andere waren nur Simulationen und statistische Berechnungen. Als Ingenieure waren wir fast so begeistert wie als werdende Eltern. Ich versuchte, aus dem Augenwinkel das Modell und den Hersteller der Maschine zu erkennen, weil ich dachte, ich sollte mir die Maschine später mal genauer anschauen. Als der Arzt irgendwann bemerkte, dass wir doch fast mehr von der Maschine begeistert waren als vom Baby in meinem Bauch, musste er grinsen. Vielleicht war er auch etwas verwirrt, denn im Gegensatz zu uns sind die meisten Eltern bei der Feindiagnostik sehr gerührt und weinen. Wir unterhielten uns über die Rechenleistung der Maschine. Aber dem Kind ging es gut, zum Glück, und das war das Wichtigste.

Das ist nun fünf Jahre her. Als wir bei der zweiten Schwangerschaft zur Feindiagnostik gingen, ging ich davon aus, dass wir uns diesmal wie die meisten Eltern verhalten würden. Aber nein, die Maschine schien noch schneller und intelligenter zu sein, und unsere Begeisterung war noch größer als beim ersten Kind. Generell finde ich den Bereich E-Health, (das ist der Sammelbegriff für den Einsatz digitaler Technologien im Gesundheitswesen) sehr spannend, wie wir gleich sehen werden.

Kommt ein Patient zum Roboter ...

Künstliche Intelligenz revolutioniert die Gesundheitsbranche viel mehr, als wir es wahrnehmen. Und eine Revolution ist auch notwendig, denn unser Gesundheitssystem stößt längst an seine Grenzen: überfüllte Krankenhäuser, lange Wartezeiten bei Spezialisten, Personalmangel in der Pflege, teure Forschung für Medikamente, lange Zulassungsprozesse für neue medizinische Produkte etc. Unsere zunehmend alternde Gesellschaft führt dazu, dass diese Herausforderungen weiter verstärkt werden, denn damit wird der Bedarf an langfristigen Behandlungen chronischer Krankheiten steigen, und darauf sind Krankenhäuser nicht ausgelegt und sonstige Versorgungseinrichtungen nicht eingestellt. Krankenhäuser sind eigentlich dafür da, Notfälle zu behandeln und sehr kranke Menschen in wenigen Tagen oder Wochen wieder fit zu machen.

Parallel versucht die Forschung die neuen Herausforderungen zu bewältigen und fördert jährlich Tausende neuer Erkenntnisse und Forschungsergebnisse über eine Vielfalt an neuen Krankheiten und deren Behandlungsmöglichkeiten zutage. Der Zugang zu solchen

Informationen ist durch die Digitalisierung besser geworden, was dazu führt, dass besser informierte Patienten tiefer greifende Fragen stellen können und präzisere Antworten verlangen. Meistens führt die Fülle an Informationen aber dazu, dass Patienten verwirrt oder mit Halbwissen oder gar Fehlinformationen präpariert zur Behandlung gehen, was die Arbeit der Ärzte nicht einfacher macht. Klar ist, dass die Komplexität für alle Beteiligten nicht mehr zu bewältigen ist. Deswegen braucht es neue Wege, und zwar in allen Bereichen: in der Ausbildung, Forschung, Prävention, Behandlung, Früherkennung, Diagnose und Entscheidungsfindung. In all diesen Bereichen leistet KI bereits ihre Dienste, wie wir im Folgenden sehen werden.

Interessant finde ich die unterschiedliche Bereitschaft unterschiedlicher Gesellschaften, KI-Lösungen im Gesundheitswesen zu akzeptieren. Einer PWC-Studie von 2017 zufolge steht der überwiegende Teil der Menschen im EMEA-Gebiet (Europe, Middle East and Africa, also Europa, Naher Osten und Afrika) dem Einsatz von KI und Robotern offen gegenüber.[87] Ausnahmen bilden Deutschland und England. 51 Prozent der Deutschen sind (noch) nicht bereit, für ihre Gesundheit auf KI zurückzugreifen, gegenüber 41 Prozent, die dafür sind. Dieser Unterschied liegt laut Studie daran, dass die entwickelten Länder vergleichsweise über bessere Gesundheitssysteme verfügen, die eine bessere Versorgung bieten, als dies in Entwicklungsländern der Region der Fall ist. Warum also auf KI setzen?

Insgesamt liegt die Bereitschaft im EMEA-Gebiet jedoch bei 54 Prozent, die Mehrheit scheint neue Technikanwendungen also zu begrüßen. Drei Erkenntnisse der Studie finde ich bemerkenswert:

- Die Bereitschaft zum Einsatz von KI steigt, solange die Menschen dadurch einen besseren Zugang zum Gesundheitswesen erlangen.
- Geschwindigkeit und Genauigkeit der Diagnosen und Behandlungen sind ausschlaggebend für diese Bereitschaft.
- Das Vertrauen in Technologie ist notwendig, um deren Einsatz zu verbreiten, der menschliche Aspekt bleibt jedoch ein wesentlicher Bestandteil im Gesundheitswesen.

Gerade der letzte Punkt, also die menschliche Interaktion von Angesicht zu Angesicht, ist für die meisten Menschen sehr wichtig, und trotzdem verbringen Ärzte heute die meiste Zeit damit, Akten und Befunde zu lesen, zu analysieren und zu interpretieren und Verwaltungsprozesse zu bedienen. Zeit für die Patienten bleibt dann oft nur noch wenig. Hier bietet die Technologie eine Riesenchance. Denn es geht nicht darum, den Arzt zu ersetzen, sondern darum, diesen zu entlasten, damit er mehr Zeit für seine Patienten zur Verfügung hat. Zudem soll die Technologie den Arzt bei der Diagnose und Behandlungsempfehlung unterstützen. Denn auch beim besten Willen kann kein Arzt Millionen von Akten innerhalb weniger Minuten lesen, bewerten und daraus maßgeschneiderte Lösungen für einen bestimmten Patienten zaubern. Deshalb sehen auch die allermeisten Ärzte große Chancen bei der Digitalisierung und sind der Meinung, dass ihre Arbeit dadurch verbessert werden kann.[88] Dafür wünschen sie sich jedoch eine bessere Ausstattung in den Krankenhäusern und eine schnellere Einführung digitaler Lösungen.

Neue Diagnosen dank Dr. Data

Die Quote richtiger Diagnosen zu steigern ist vermutlich einer der größten Beiträge von KI-Lösungen im Gesundheitswesen. Denn Fehldiagnosen haben jährlich nicht nur unnötiges Leid und sogar Todesfälle zur Folge, sie verursachen auch erhebliche Kosten durch falsche oder verspätete Behandlungen und längere Genesungszeiten. Laut einem Bericht der Weltgesundheitsorganisation (WHO) betreffen Fehldiagnosen in der Grundversorgung vor allem Krebserkrankungen, Infektionen und Herz-Kreislauf-Erkrankungen, aber auch in der Kinderheilkunde sind sie keine Seltenheit.[89] Um Fehldiagnosen zu reduzieren, werden verschiedene Maßnahmen empfohlen, die von der Verbesserung der Ausbildung des Fachpersonals über die Befähigung von Patienten und eine bessere Grundversorgung bis hin zur Förderung der Informationstechnik im Gesundheitswesen reichen. Durch den Einsatz technologischer Lösungen werden auch Fernberatungen und Diagnosen möglich, teilweise inklusive Zugriff auf Spezialisten. Auch Standorte, an denen die Versorgung bislang nicht vorhanden oder begrenzt ist, können so versorgt werden.

Ein im Rahmen eines Forschungsprojekts entwickelter KI-Algorithmus von Verily Life Sciences (einer Google-Schwester) kann Herzerkrankungen durch eine Augendiagnose vorhersagen.[90] Dabei werden Augenhintergrund und Blutgefäße analysiert, die allgemeine Hinweise auf den Gesamtzustand eines Menschen liefern, aber auch Rückschlüsse auf mögliche Herzerkrankungen ziehen lassen. Die Daten von rund 300.000 Patienten wurden hierfür verwendet, um ein künstliches neuronales Netz zu trainieren.[91] Dieses kann nun anhand eines Augenscans das Risiko für eine Herz-Kreislauf-Erkrankung innerhalb der nächsten fünf Jahre schätzen.

Ein spannender Aspekt dieses Forschungsprojekts sind auch die sogenannten »Attention Maps«, also eine Art von Landkarten unserer Aufmerksamkeit, die visualisieren, welche Bereiche der Netzhaut der Algorithmus beim Errechnen des Ergebnisses berücksichtigt hat. Damit wird etwas Licht in die Black Box der KI gebracht, um das Verfahren transparenter und nachvollziehbarer zu machen. Das kann Ärzten dabei helfen, neue Merkmale für ihre Diagnose hinzuzuziehen, die sie bisher nicht mit Herz-Kreislauf-Erkrankungen in Verbindung gebracht haben beziehungsweise bringen konnten.

Die Trefferquote des Verfahrens liegt nach Angaben der Wissenschaftler zwar erst bei etwa 70 Prozent und damit fast so hoch wie die Trefferquote bei den heutigen Bluttests (72 Prozent), Letztere sind jedoch deutlich zeitaufwendiger. Trotz des vielversprechenden (Zwischen-)Ergebnisses muss das Forschungsprojekt noch weitere Validierungsphasen durchgehen, bevor die Methode zugelassen werden kann.

Noch ein Herz-Beispiel: In Deutschland arbeitet Dr. Enise Lauterbach, eine ehemalige kardiologische Chefärztin, an der Entwicklung eines Frühwarnsystems für Patienten mit chronischer Herzinsuffizienz. Sie hat sich zum Ziel gesetzt, die Regelversorgung in puncto Herzinsuffizienz zu revolutionieren und die bestehende Versorgungslücke mit künstlicher Intelligenz zu schließen. HERZ-HELD ist eine plattformbasierte App, die Patienten schnelle Hilfe bieten möchte, und zwar so: Ein Algorithmus, der auf Mustererkennung von Herzinsuffizienz trainiert ist, erkennt auffällige Werte und gibt dem Patienten eine Handlungsanweisung beziehungsweise War-

nung, sollten sich die Messwerte verschlechtern. Das Forschungsprojekt wird im Sommer 2020 in Kooperation mit dem Krankenhaus
der Barmherzigen Brüder in Trier, einem Akademischen Lehrkran-
kenhaus der Johannes Gutenberg-Universität Mainz, starten.[92]

Ein ähnliches Szenario findet man in der Diagnose von Brust-
krebs. Eine künstliche Intelligenz von Google DeepMind hat im Rahmen einer Studie bösartige Tumore zuverlässig erkannt. In der Studie wurden der KI Mammografien von mehr als 91.000 Frauen aus
Großbritannien und den USA als Trainingsdaten zur Verfügung gestellt, danach wurden Tausende weitere Mammografien als Testda-
ten verwendet und ausgewertet.[93] Der Studie nach erreichte die KI
eine geringere Fehlerquote als die teilnehmenden Radiologen. Dennoch wird die KI nicht als Ersatz für Ärzte gesehen, sondern als vielversprechende Unterstützung bei der Krebsfrüherkennung.

Das Berliner Start-up Merantix Healthcare hat die Software Vara
entwickelt, die mittels KI gesunde Mammografien automatisch
aussortiert, um Ärzte bei der repetitiven Fließbandarbeit zu entlasten.[94] Damit können sich die Ärzte von vornherein auf die Mammografien konzentrieren, bei denen Verdacht auf Tumoren besteht.
Nun wird versucht, die Software in die Erstattungsfähigkeit der
Krankenkassen zu bekommen, was allerdings bei den strengen Vorschriften in den hohen Risikoklassen noch einige Zeit in Anspruch
nehmen könnte.

Auch in der Hautkrebsvorsorge werden künstliche neuronale
Netze eingesetzt, und hier erkennen sie inzwischen Melanome zu-
verlässiger als Uni-Dermatologen, wie das *Ärzteblatt* im April 2019
berichtete.[95] Die entsprechenden Algorithmen wurden darin trainiert, Melanome von gutartigen Fehlbildungen der Haut wie Mutter-
malen zu unterscheiden. Von einem Ersatz des Arztes ist auch hier
nicht die Rede, da die Software nur zwischen den zwei Diagnosen
unterscheiden kann, die klinische Realität jedoch viel komplexer
ist. Dem Bericht nach muss ein Facharzt bei der körperlichen Untersuchung zwischen mehr als einhundert Differenzialdiagnosen unterscheiden können. Einige seien kaum am Bild zu erkennen und
bräuchten weitere Informationen, wie zum Beispiel Tasteindrücke.
Die KI steht also als Unterstützung zur Verfügung und hilft bei der

Fragestellung, ob bei einer verdächtigen Hautveränderung eines Patienten eine Biopsie durchgeführt werden soll oder nicht.

Dagegen steht hinter der Gesundheits-App Ada den Patientinnen und Patienten die KI selbst zur Verfügung.[96] Im Chat können sie Fragen stellen und ihre Symptome beschreiben, die App stellt dann Rückfragen, analysiert die Symptome und vergleicht diese mit ihrer Datenbasis. Die Patienten erhalten dann Diagnosevorschläge über mögliche Erkrankungen und können anschließend den entsprechenden Arzt besuchen. Neben dieser Diagnoseberatung verfügt die App über eine medizinische Bibliothek, bei der die Patienten sich umfassend über Risiken, Symptome, Präventionsmaßnahmen und Behandlungsmöglichkeiten informieren können. Nach acht Jahren Forschung und Produktentwicklung konnte das Produkt 2016 in den Markt eingeführt werden und zählt inzwischen acht Millionen Nutzer weltweit. Allerdings steht Ada momentan wegen möglicher Datenschutzverstöße in der Kritik, die Anschuldigungen werden geprüft.[97]

Der Aspekt des Datenschutzes einerseits und der Transparenz andererseits stellt die größte Herausforderung bei vielen der KI-basierten dar, aber auch generell bei technischen Lösungen, denen ihr in diesem Buch begegnet. Und wahrscheinlich auch bei allen künftigen. Denn es geht oft nicht mehr um die technische Machbarkeit an sich, sondern um die Robustheit der technologischen Lösungen sowie um ethische und juristische Fragen. Ohne (ein Mindestmaß an) Datentransparenz kein Vertrauen, insbesondere wenn es um unsere Gesundheit geht.

Intuitiv gesteuerte Prothesen

Ein positives Beispiel, bei dem das erforderliche Vertrauen herrscht, sind die intuitiv gesteuerten Prothesen. Diese neue Generation von Arm- und Beinprothesen erlaubt es den Menschen nicht nur, wieder mobil zu sein, sie lernt auch automatisch, welche Bewegung gewünscht ist und erleichtert und ermöglicht Dinge, die vorher unvorstellbar waren.

Die Firma Ottobock stellt seit 1919 Prothesen her, die immer mehr auf neuen Technologien und Methoden aufbauen: mikroprozessorgesteuerte Kniegelenke, App-unterstützte Beinorthesen, multiartikulierende Händen oder Exoskelette für ergonomische Arbeitsplätze.[98] Dank der modernen Prothesen müssen Menschen mit einer Amputation nicht mehr aufwendig lernen, ihrer Prothese komplexe Signale über Muskelkontraktionen zu geben. Heute können die Prothesen über Elektroden Biosignale erfassen und so von ihren Anwendern lernen. Aus den eingehenden Signalen erkennt eine KI Muster, die charakteristisch für einzelne Bewegungen sind. Ein Algorithmus klassifiziert Signale und Muster und gibt die Information an die Prothese weiter, die diese in eine Bewegung übersetzt.[99] Eine Smartphone-App erlaubt es den Anwendern zudem, die Prothesensteuerung zu kontrollieren und weiter zu trainieren. Denn viele Muster sind sehr ähnlich, und viele Handbewegungen unterscheiden sich nur um Nuancen. So kann der Nutzer selbst nachjustieren und die eigene Prothese noch intuitiver machen.

Roboter im OP

Auch im Operationssaal sind Roboter keine Science-Fiction mehr, sondern längst Realität. Das Da-Vinci-Chirurgiesystem ist schon seit zwei Jahrzehnten weltweit im Einsatz und erlaubt minimalinvasive Eingriffe im Zusammenspiel zwischen Mensch und Maschine.[100] Die Chirurginnen sind weiterhin im OP-Saal anwesend, lassen sich aber gerne von Hightech-Armen unterstützen,[101] denn Roboter können vieles leisten, wozu der Mensch nicht in der Lage ist. Zum Beispiel über Stunden hinweg ein ruhiges Händchen zu bewahren oder Schnitte im Zehntelmillimeterbereich ausführen. Bei minimal-invasiven Eingriffen musste immer ein zweiter Arzt das Endoskop halten, das ist die kleine Kamera, die in den Körper des Patienten eingeführt wird, um das Körperinnere auf einem Bildschirm zu zeigen. Das kann ein Roboter übernehmen, und zwar ohne dabei zu zittern oder müde zu werden.

Die Entscheidungen im OP werden zwar weiterhin vom Chirurgen getroffen, die Roboter sind aber zu unverzichtbaren Assistenten geworden. Auch bei den Vorbereitungen vor der Operation. Handelt es sich zum Beispiel um eine Tumorentfernung, werden dank Computertomografie (CT) das betroffene Organ sowie der Tumor selbst genau gescannt und daraus dreidimensionale Modelle erstellt, die der Chirurg während des Eingriffs abrufen und hin und her drehen kann. Der Roboter überwacht während der OP die genaue Position der Instrumente und die Schnittführung des Chirurgen. Sollte dieser den Schnitt ein kleines bisschen zu weit links oder rechts ansetzen, schaltet der Roboter das OP-Gerät aus. Und das mit einer Reaktionszeit, die weit unter der menschlichen liegt. Auf diese Weise lassen sich Fehler vermeiden und Patienten vor Schäden bewahren.

KI im Kampf gegen Viren

Die Schnelligkeit der KI hat sich auch in der Forschung und Entwicklung von Medikamenten bewährt. Für diese komplexe Aufgabe werden Wirkstoffe gesucht, die Krankheiten bekämpfen, indem sie eine extrem selektive Interaktion mit einem Zielmolekül, einer Zelle oder einem Virus eingehen und dabei minimalste Nebenwirkungen für den Menschen auslösen. Dabei müssen umfangreiche Wechselwirkungen mit den verschiedenen Zellen des menschlichen Körpers berücksichtigt und getestet werden. Viele Wirkstoffe müssen zielgerichtet entworfen oder ausgewählt und im Labor geprüft werden. Dies ist ein langwieriger, iterativer Prozess. Um diesen Prozess, insbesondere den der Selektion, zu beschleunigen und den richtigen Wirkstoff für ein bestimmtes Zielmolekül zu identifizieren, bedient man sich der Methoden des maschinellen Lernens. Forscher bauen künstliche neuronale Netze und trainieren sie darin, Zusammenhänge zwischen chemischen Strukturen (eines potenziellen Medikaments) und ihren Effekten auf die Zielmoleküle zu erkennen (das kann eine menschliche Zelle, ein Bakterium oder ein Virus sein). Dadurch kann die entsprechend trainierte Maschine nun Vorhersagen zu den Wirkungen von Stoffen auf die entsprechenden Zielmoleküle treffen.

Für die Entwicklung von Impfstoffen gegen Viren müssen die Proteinstrukturen des Virus genau untersucht werden. Kennt man die Proteinstruktur, versteht man, wie das Virus funktioniert, und es lässt sich ein Impfstoff entwickeln, der genau auf das Virus einwirkt und es neutralisiert. Experimente, um solche Strukturen zu identifizieren, dauern in der Regel mehrere Monate. um dies zu beschleunigen, entwickeln die Forscher Rechenmethoden, welche die Proteinstrukturen der Aminosäure-Sequenz des Virus vorhersagen. Hat man die Struktur eines ähnlichen Proteins bereits identifiziert, so kann man Algorithmen nutzen, die auf einer Art Schablone basieren, auch »template modelling« genannt. Diese geben Prognosen über die Struktur ab. Sollte aber keine Struktur eines ähnlichen Proteins bekannt sein, muss man wieder bei null anfangen. Genau das hat DeepMind gemacht, um die Struktur der Proteine des Corona Virus zu entziffern.[102] Mit AlphaFold hat das Team einen Algorithmus entwickelt, der die Struktur des SARS-CoV-2 Spike-Proteins genau vorhersagen konnte. Nun können andere Wissenschaftler diese hilfreiche Information nutzen, um die Entwicklung eines Impfstoffs zu beschleunigen.

Während die einen fieberhaft an einem neuen Impfstoff forschen, verfolgen andere die Strategie, bestehende und bereits zugelassene Medikamente auf eine mögliche Wirkung gegen SARS-CoV-2 zu untersuchen. Auch dieser Prozess, Drug Repurposing genannt, kann durch den Einsatz von KI deutlich beschleunigt werden. Daran arbeitet beispielsweise das britische Start-up BenevolentAI.[103] Ihre KI untersucht dabei zahlreiche medizinische Datenbanken und wissenschaftliche Literatur nach Wirkstoffen, die zu den bekannten chemischen Eigenschaften des Virus passen. Die KI selektiert Wirkstoffe vor, die dann als vielversprechende Kandidaten im Labor getestet werden. Das spart kostbare Zeit, die für die Eindämmung der Pandemie von großer Bedeutung ist.

COMPUTER WIE WIR

*Liebe in Zeiten
der Algorithmen*

Heute kommen Maria und Carlos zum Abendessen zu uns nach Hause. Maria kommt etwas früher und hilft mir beim Kochen. Wir unterhalten uns über dies und das, unter anderem über ihr letztes Tinder-Date, natürlich. Diesmal hat sie einen gut aussehenden Münchner kennengelernt, und zumindest war der so ehrlich und hat ein echtes Foto von sich hochgeladen. Das ist nicht immer der Fall, letztens hatte sie sich mit jemandem verabredet, der sich als das genaue Gegenteil von dem entpuppte, was sein Profilfoto versprochen hatte. Es schien den Typen nicht einmal zu stören, dass sie ihn gar nicht erkannte und etwas irritiert war, als er auf sie zukam. Auf jeden Fall war der Münchner gerade erst nach Berlin gezogen und hatte einen neuen Job als Führungskraft bei einem Mittelständler angefangen. Die beiden unterhielten sich über die Jobsuche und Karrierechancen in Deutschland, und Maria, die ja eine überzeugte Feministin ist, beklagte die Tatsache, dass es in Deutschland immer noch große Unterschiede zwischen Männern und Frauen in Führungspositionen gibt, allen Gleichstellungsgesetzen zum Trotz. Ihr Date war der Meinung, dass die Auswahlverfahren von Maschinen gemacht würden, die neutral sind und nur nach den Qualifikationen entscheiden.

Maria ist immer noch entsetzt, während wir in der Küche stehen, und obwohl ich meine eigenen negativen Erfahrungen mit automatisierten Auswahlverfahren gemacht habe (wie in Kapitel 4 geschildert), ist mein erster Gedanke:

»Ich sollte mir mal ihre Auswahlkriterien bei Tinder anschauen, die App scheint ihr nur Typen vorzuschlagen, mit denen sie überhaupt nicht klarkommen *kann*. Das muss doch eine Fehlprogrammierung sein!«

Was hat Intelligenz mit Liebe zu tun?

Ich nehme also Marias Smartphone in die Hand und schaue mir ihre Einstellungen bei Tinder an. Zu meiner großen Überraschung stehen außer Alter, Geschlecht und Entfernung zum Standort keine weiteren Auswahlkriterien zur Verfügung. Wie soll ein Algorithmus bei so wenigen Faktoren brauchbare Vorschläge unterbreiten? Das finde ich spannend und mache mich auf die Suche nach Antworten.

Das Prinzip von Tinder ist an sich ganz einfach: Es werden Fotos angezeigt, die man entweder nach rechts oder links »swipt«, abhängig davon, ob der Kandidat gefällt oder nicht. Wischen zwei Nutzer ihre Bilder gegenseitig nach rechts, entsteht ein Match, und die beiden könnten einen Chat starten. Nach der Filterung nach Alter, Geschlecht und Entfernung basiert die Entscheidung also rein auf der Optik. Falsche Angaben zu machen ist möglich, aber das ist natürlich nicht zielführend und wirkt sich nur negativ aus. Den Typen mit dem falschen Profilfoto hat Maria sitzen lassen, und ähnlich wird es ihm bei den meisten anderen Damen ergehen.

Man könnte also denken, die Vorschläge werden nur anhand der drei Faktoren gemacht. Tatsächlich steckt aber etwas mehr dahinter. Bis 2019 basierte das Matching auf dem Elo-Algorithmus, einer Art Desirability Score.[104] Die Idee dahinter ist also eine Klassifizierung der Profile nach Attraktivität. Je mehr Tinder-Nutzer eine Person nach rechts swipen, desto besser deren Score. Diese Person wird dann anderen Nutzern angezeigt, die ähnliche Scores haben. Zudem werden Muster in den geswipten Profilbildern gesucht, die zu Rückschlüssen auf die Präferenzen eines Nutzers führen. Haben zwei Nutzer ähnliche Präferenzen, und Nutzer A swipt eine Person, dann wird Nutzer B (mit ähnlichen Präferenzen) dieselbe Person angezeigt. Diese Vorschläge nach Präferenzen werden wohl nur für einen Tag gemacht, und nach 24 Stunden läuft ihre Gültigkeit ab, wie das Technikportal The Verge berichtete. Generell führte dieses Modell dazu, dass äußerlich attraktive Personen einander vorgeschlagen wurden, während weniger Attraktive am Ende der Liste blieben. Natürlich kann man das alles umgehen, indem man ein Abonnement (»Tinder Gold«) abschließt, dann spart man sich die Zeit und rutscht mit der »Boost«-Funktion im Ranking nach oben. Interessanterweise sind die Preise für diesen Service nicht für alle gleich: Je älter die Nutzer, desto teurer wird es.

Für all das wurde Tinder in der Vergangenheit kritisiert. Nun hat Tinder angekündigt, den Elo-Algorithmus nicht länger einzusetzen. Genaue Angaben über den benutzten Algorithmus hat die Firma nicht preisgegeben, allerdings gab sie ein paar Hinweise, wie Nutzer ihr Matching-Potenzial auf der Plattform verbessern können.[105]

- An erster Stelle steht die aktive Nutzung der App. Was für eine Überraschung! Jeder App-Hersteller möchte natürlich, dass seine App genutzt wird. Nun ist das also auch der wichtigste Faktor, um ein gutes Tinder-Score zu bekommen. Sehr schlau, wie ich finde. Aktive Nutzer werden durch den Algorithmus hauptsächlich mit aktiven Nutzern gematcht.

- An zweiter Stelle steht die Entfernung, also eigentlich die Nähe, zu anderen Nutzern: Tinder empfiehlt, den aktuellen Standort bei der Nutzung der App freizugeben, um stets andere Nutzer in der Nähe vorschlagen zu können (was wiederum die Aktivität erhöht, weil ständig neuer Nachschub kommt).

- Auch wenn es nicht als offizieller Faktor aufgeführt ist, schreibt Tinder auf seinem Blog: »... es ist immer noch wichtig für uns, beide Seiten zu berücksichtigen, die Profile liken, um ein Match zu bilden. Unser aktuelles System passt die potenziellen Matches jedes Mal an, wenn dein Profil nach links oder rechts geswipt wird.« Also Elo-Algorithmus hin oder her, die Bewertung der Nutzer fließt in das Score des gerade angezeigten Kandidaten ein.

Das erklärt einiges. Jetzt verstehe ich, warum Maria so oft auf ihrem Smartphone nach rechts und links wischt: Je mehr sie das tut, desto mehr Matches werden ihr vorgeschlagen. Um Zeit zu sparen, hat mal jemand ein Skript geschrieben, einen kleinen Code, der automatisch alle Profile geliked hat, wodurch er sich nur auf diejenigen konzentrieren konnte, die ihn auch geliked hatten. Das hat all das Swipen überflüssig gemacht. Ich finde es toll, wie Informatiker immer einen Weg finden, um andere Programme auszutricksen. Nur leider hilft das in diesem Fall nicht viel. Denn der Attraktivitätsalgorithmus bewertet so ein »Verhalten« als verzweifelt und vergibt dadurch einen negativen Score. Skripts schreiben zu können alleine hilft also nicht, man muss schon die Logik hinter dem Algorithmus verstehen.

Diese simple Logik ist auch der Grund dafür, dass Maria nur Vollpfosten vorgeschlagen bekommt, die vielleicht teilweise gut aussehen, aber sonst nichts mit ihr teilen, keine Interessen, keine Ansichten, keine Werte. Der Erfolg der App liegt meiner Meinung nach einzig und allein an der Statistik: Je mehr Leute man kennenlernt, desto höher die Chance, dass einer davon passt. Daher auch der Appell zur aktiven Nutzung der App. Denn genau das schafft man auf traditionellen Wegen nicht mehr. Freunde über Freunde oder Bekannte kennenzulernen funktioniert immer noch, nur die Anzahl der Matchings ist viel geringer. Bei einer App, die ein neues Profil pro Sekunde anzeigt, und das ohne das Haus zu verlassen, hat man allein schon rechnerisch höhere Erfolgschancen. Die MIT Technology Review berichtete von ersten Beweisen dafür, dass Online-Dating-Plattformen die Gesellschaft nachhaltig verändern.[106] Denn es bleibt ja nicht nur bei einer drastisch veränderten Partnersuche, manchmal entstehen daraus – anders als bei Maria bisher – Beziehungen, Ehen, Kinder. Ob die dann auch wieder aktive Tinder-Nutzer werden, wurde wahrscheinlich noch nicht untersucht.

Ein anderer Aspekt, den ich sehr interessant bei Tinder und seinem Matching-Algorithmus finde, ist der Fokus auf die Optik. Sind wir Menschen wirklich so simpel? Und vor allem, sind wir so berechenbar, dass ein Algorithmus weiß, wen wir mögen und wen nicht? Andere Dating-Plattformen fragen viel mehr Informationen von ihren Nutzern ab, um Matches herstellen zu können. Bei Tinder reicht ein Profilfoto, und trotzdem ist die Plattform der Platzhirsch. Oder deswegen? Ich kann die Einfachheit des Systems immer noch kaum glauben und wage die Theorie, dass es damit zu tun hat, dass die Gründer Männer waren.

Männer funktionieren nicht nur, aber vor allem beim Dating binär: »Passt die Optik, lohnt es sich, mit der Frau zu sprechen, passt die Optik nicht, brauche ich meine Zeit nicht zu verschwenden.« Und so wurde die App gebaut. Wir Frauen machen uns viel mehr Gedanken, was aber in diesem Zusammenhang nicht unbedingt hilfreich zu sein scheint, wie der Erfolg von Tinder zeigt. Trotzdem finde ich, als Frau, die Logik irritierend. Vermutlich ist das auch ein Grund dafür, dass die einzige weibliche Mitgründerin von Tinder, Whitney Wolfe, die Firma nach zwei Jahren verlassen hat und eine Dating-Plattform für Frauen, Bumble, gegründet hat.[107] Sie wollte damit einen besseren Ort im Online-Dating für Frauen schaffen, indem sie es sind, die bei Bumble den ersten Schritt machen und nicht sexuell belästigt werden.[108] Ich frage mich, ob sie sich mit ihren Vorstellungen gegen die anderen fünf männlichen Mitgründer nicht hatte durchsetzen können … Wie dem auch sei, Tinder wäre nicht der einzige Fall in der Tech-Welt, in dem das passiert, was man im Fachjargon »AI's white guy problem« nennt.

Die Logik der weißen Männer

Wir denken, Maschinen sind neutral, aber das sind sie nicht. Wie ein Bericht der Non-Profit-Organisation AI Now Institut über die Diversität im KI-Bereich zeigt, liegt der Frauenanteil bei der Entwicklung von künstlichen Intelligenzen in den größten Technologiekonzernen bei nicht mehr als 12 Prozent, und weniger als 4 Prozent der Entwickler stammen aus anderen Kulturen.[109] Alle Studien zeigen, dass es sich bei den Programmierern um eine sehr homogene Gruppe handelt, nämlich um weiße Informatiker kaukasischer Herkunft in Kapuzenpullis. Das heißt: Computer sind männlich und weiß.

Warum ist das so? Warum gibt es nur so wenige Frauen in der IT-Branche? Ich verstehe nicht, warum Frauen sich nicht fürs Programmieren interessieren, denn Frauen studieren tendenziell häufiger Sprachen als Männer, und Programmieren ist ja auch eine Art Sprache, wie wir gesehen haben. Der Job ist außerdem gut bezahlt und familienfreundlich. Trotzdem scheint das Umfeld nicht attraktiv für Frauen zu sein. Eine eindeutige Antwort, warum das so ist, gibt es nicht. Die Gründe, weshalb Frauen sich nicht für Technik interessieren, bieten wahrscheinlich genug Stoff für ein weiteres Buch. In Deutschland kann man zusammenfassend sagen, dass es an der sozialen Prägung und dem traditionellen Rollenmodell hängt. Es gibt eine uralte Ausrede, die man in diesem Zusammenhang bis heute immer wieder hört: Jungs sind besser in Mathematik als Mädchen! Oder noch schlimmer: Mathe ist nichts für Mädchen! Diese Behauptungen werden kleinen Mädchen immer noch gesagt, im Jahr 2020, obwohl es keinerlei wissenschaftliche Grundlage dafür gibt. Dass Mädchen und Frauen sich nicht für Mathematik oder Technik interessieren können, ist weder nachvollziehbar noch akzeptabel – denn die negativen Konsequenzen für unsere Gesellschaft als Ganzes sind massiv.

Ich bin froh, dass ich anders sozialisiert wurde. Ich liebe Mathematik seit meinem sechsten Lebensjahr. Als kleines Mädchen bat ich meine Mutter, mir einfache Rechenaufgaben aufzuschreiben, damit ich diese lösen konnte. Irgendwann wurde ich so schnell, dass meine Mutter gar nicht mehr damit nachkam, sich neue Aufgaben für mich auszudenken. Später habe ich mich für ein Ingenieurstudium entschieden. Technik ist meine Leidenschaft. Schon im Studium habe ich allerdings gemerkt, dass Mädchen es in diesem Umfeld nicht leicht haben. Ich hatte oft das Gefühl, meine Kommilitoninnen und ich mussten uns mehr bemühen, um die Aufmerksamkeit unserer Lehrer zu gewinnen. Manchmal hatte ich das Gefühl, sie nehmen uns nicht wirklich ernst. Noch stärker hatte ich dieses Phänomen im Berufsleben. Nachdem ich gegen manchen Widerstand meinen Weg in die Branche gefunden habe, möchte ich mehr Frauen dazu ermuntern, auch diesen Weg zu gehen. Denn viele der Jobs sind wirklich attraktiv. Sie sind interessant, vielseitig, gut bezahlt und je nach persönlicher Lebenssituation flexibler als in vielen anderen Branchen. Jetzt, da ich Mutter bin, weiß ich das noch mehr zu schätzen.

Mein Ziel dahinter ist aber nicht nur, Frauen neue Perspektiven aufzuzeigen, sondern dafür zu sorgen, dass eine bessere und diversere Welt programmiert wird. Zur Diversität gehört nicht nur die Geschlechterdiversität, sondern natürlich auch die der Herkunft, des Alters, der sexuellen Identität, der Fähigkeiten etc. Die Homogenität von Entwicklermannschaften muss dringend aufgebrochen werden. Die TV-Journalistin Emily Chang hat in ihrem Buch *Brotopia* (von »bro« für Bruder/Kumpel) das Ausmaß der Macho-Kultur im Silicon Valley aufgezeigt.[110] Die dortigen Tech-Unternehmen haben einen globalen Einfluss, da digitale Produkte an Ländergrenzen nicht haltmachen, und exportieren damit auch ihre Denkweise und Haltung in die ganze Welt.

Einige der Konsequenzen homogener Teams haben wir ja bereits in den vorigen Kapiteln gesehen, etwa bei der Sprachsteuerung, die ohne weibliche Stimmen trainiert wurde oder bei Gesichtserkennungssoftwares, die keine Koreaner auseinanderhalten oder dunkelhäutige Frauen erkennen können, wogegen sich Joy Buolamwini engagiert. Auch automatisierte Jobsuchmaschinen, die unter dem Matthias-Müller-Syndrom leiden, Scoring-Systeme, die benachteiligte Personen noch weiter in die Bredouille bringen, und Versicherungstarife, die nicht mehr dem Schutz der Versicherten dienen, sind uns begegnet. Wir haben über die Reaktionen der Sprachassistentinnen auf sexuelle Belästigungen gesprochen und über Chatbots, die in weniger als 24 Stunden so extremistisch geworden sind, dass man sie ausschalten musste. Die Liste ist lang und längst nicht vollständig. (Weitere Diskriminierungsbeispiele findet ihr zum Beispiel in dem bereits erwähnten Buch *Angriff der Algorithmen von Cathy O'Neil.*)

Eins haben diese Beispiele gemein: Sie sind menschengemacht, auch wenn nicht immer mit Absicht. Wenn über künstliche Intelligenz gesprochen wird, wird die Technologie oft verteufelt, weil sie viele Risiken verbirgt. Das ist teils auch richtig. Wir müssen diese Risiken kennen, aber wir sollten unsere eigene Verantwortung nicht vernachlässigen. Eine Technologie ist nur ein Werkzeug – wie man es nutzt, macht den Unterschied. Ob ich mein Messer zum Brotschneiden benutze oder damit andere Menschen umbringe, dafür kann mein Messer nichts.

Aber auch ohne künstliche Intelligenz und ohne Technik gibt es ausreichende Diskriminierungsbeispiele. Caroline Criado-Perez hat in ihrem Buch *Unsichtbare Frauen*[111] Nachweise über die ganze Bandbreite der Diskriminierung von Frauen zusammengetragen, von öffentlichen Toiletten bis hin zu klinischen Studien. Wir brauchen also keine Technik, um einander zu diskriminieren, wir kriegen es auch ohne gut hin.

Alles vermurkst, oder was?

Wer schon mal versucht hat, einen Hund zu dressieren, oder wer Kinder hat, der weiß, dass es wesentlich leichter ist, Erziehungsfehler zu machen, als spontan pädagogisch wertvoll zu sein. So ist das auch beim Programmieren: Wir brauchen ungleich mehr Energie, Zeit und Weisheit, einem digitalen System Fairness oder Moral beizubringen als Rassismus oder Altersdiskriminierung. Zumal wenn man in erster Linie nicht dafür bezahlt wird, fair zu sein, sondern dafür, schnell etwas vorzuweisen.

Daher haben wir momentan ein Erziehungsproblem (siehe auch Kapitel 3). Die Computer wiederholen unsere Fehler, sie potenzieren sie sogar. Wenn wir als Gesellschaft faul werden, ungerecht oder einseitig, spiegelt sich das in den Maschinen wider, die wir programmieren. Es droht, ohne dass uns das bewusst ist, eine rassistische, diskriminierende, ungerechte Welt. Wie bekommen wir die Programme nun dazu, das zu tun, was wir wirklich von ihnen wollen?

Ist das überhaupt möglich?

Die gute Nachricht: Es geht!

Eines haben wir den schlechten Beispielen der Vergangenheit nämlich zu verdanken: Sie haben uns die Augen geöffnet. Die suboptimal programmierten Maschinen haben uns vorgeführt, wie schlecht es laufen kann, wenn wir uns von vorab keine Gedanken über mögliche negative Konsequenzen machen. Wir haben aus unserer Erziehungskrise gelernt beziehungsweise lernen müssen – und jetzt müssen wir handeln. Denn schuld sind wir alle, nicht nur die Programmierer. Es ist unsere Verantwortung als Gesellschaft, dafür zu sorgen, dass Ethik und Moral für alle Beteiligten eine Rolle spielen. Anderen die Schuld in die Schuhe zu schieben bringt uns nicht weiter.

Die andere gute Nachricht: Wenn wir dafür sorgen, dass Algorithmen Ethik und Moral verstehen, und ihnen klar definierte Kriterien vorlegen, dann können diese weniger diskriminierend sein als wir Menschen. Bei Amtsmissbrauch, Korruption oder illegalen Seilschaften kann man Maschinen verbieten. Menschen müssen alles immer erst mühsam aufdecken, und auch dann bedeutet das nicht, dass nachvollziehbare Urteile gefällt werden und anschließend mehr Gerechtigkeit herrscht. Wir haben also die Möglichkeit, die Welt besser zu hacken, als sie heute ist.

ICH HACK MIR DIE WELT, WIE SIE MIR GEFÄLLT!

Was ich mir für ein besseres Leben
mit Technik wünsche

Viele der Fehler, die die Computer von uns übernommen haben, sind mehr zufällig als geplant ins Licht der Öffentlichkeit gerückt. Meistens haben Menschen darüber berichtet, die von der Diskriminierung betroffen waren, oder aber verantwortungsbewusste Programmierer, die nah an den Maschinen dran waren, wie Joy Buolamwini oder die Studentin der ETH Zürich, die uns im 7. Kapitel begegnet sind. Ich wünsche mir, dass wir alle Ungerechtigkeiten und Fehler finden und melden können. Gleichzeitig ist mir bewusst, dass Ungerechtigkeiten subjektiv sind: Was für mich ungerecht ist, kann für mein Gegenüber ganz normal sein. Deswegen plädiere ich immer für mehr Diversität in der Entwicklung von KI-Lösungen. Vielfalt darf nicht nur ein Buzzword bleiben (wie »Nachhaltigkeit« bei allen möglichen Umweltthemen). Diversität ist unsere Chance, eine bessere Welt zu bauen.

Als ich dieses Thema in einem Barcamp (einer Tagung mit offenen Workshops, deren Inhalte und Ablauf von den Teilnehmern zu Beginn selbst entwickelt werden) diskutiert habe, waren die Reaktionen – na, klar! – vielfältig. Sie gingen von »Wir müssen den Programmierern beibringen zu reflektieren, bevor sie Maschinen bauen« oder »Die Auftraggeber müssen Ethik und Moral als Pflichtkriterium in die technischen Anforderungen einfließen lassen« über »Wir müssen die Daten bereinigen oder so aufbereiten, dass Programmierer den gesellschaftlichen Einfluss verstehen« bis hin zu »Diversität ist schwer umzusetzen« oder »Ethik ist eine böse Bremse«. Was mir an dieser Meinungsvielfalt sehr gefallen hat, ist, dass sie die Komplexität des echten Lebens widerspiegelt. Denn die

Situation kann nur verbessert werden, wenn man alle Aspekte berücksichtigt und alle Akteure mitmachen – ob nun Programmiererin
oder nicht.

Technik für alle braucht alle

Dass wir alle verantwortlich sind, ist hoffentlich klar geworden.
Wie kann sich jede und jeder von uns nun aber einbringen? Fangen
wir mit den Techies an: Auch wenn die Anforderungen von anderen
kommen, sollte sich jeder Umsetzer Gedanken über die Auswirkungen seiner Lösung machen. Natürlich ist dies nicht immer möglich,
denn oft wird eine Lösung gebaut, um einen generellen Nutzen zu
ermöglichen. Wo die Lösung am Ende konkret umgesetzt wird, ist
den Programmiererinnen selten klar. Nichtsdestotrotz sollten sie
sich Gedanken machen über hierarchische Logiken, die Diskrimi-
nierungen verursachen können, und entsprechende Rückfragen
stellen. Hätte Joy Buolamwini es einfach akzeptiert, dass die Kamera ihr Gesicht nur mit der weißen Maske erkennt, wäre die Qualität der Gesichtserkennung für dunkelhäutige Menschen nicht verbessert worden.

Informatikerinnen, Ingenieurinnen und Wissenschaftlerinnen haben zudem den großen Vorteil, dass sie nicht nur diskriminierende
Situationen aufdecken können, sie können sogar konkrete Lösungs-
vorschläge machen. Sie können also Teil der Lösung sein, und diese
Chance sollten sie auch ergreifen. Zum Beispiel, indem Verzerrungen in algorithmischen Systemen technisch aufgedeckt werden.

Ein möglicher Ansatz ist es, den kausalen Zusammenhang zwischen den Inputvariablen und der algorithmischen Entscheidung
zu visualisieren. Denn oft sind bereits die Inputdaten das Problem.
Diese beinhalten historische Verzerrungen, die die Algorithmen wiederholen. Man muss also von vornherein verstehen, welche der sen-
siblen Inputparameter, wie Geschlecht oder Alter, sich wie auf das
Ergebnis auswirken. Vor allem dann, wenn diese Inputparameter
nicht als Kriterium berücksichtigt werden, wie bei den Apple-Kre-
ditkarten, die Ehefrauen einen kleineren Kreditrahmen zugewiesen
haben als ihren Männer.

Möglich machen das bestimmte Algorithmen, zum Beispiel Causal Bayesian Networks.[112], in denen Kausalketten untersucht werden. Dabei rechnet man Kausalketten nach und versucht mathematisch nachzuweisen, ob die Kausalität, die man beobachtet, wirklich besteht oder ob es nur auf den ersten Blick so aussah. Einerseits können damit Diskriminierungsmuster in den Daten visualisiert werden, die dann wiederum von Experten analysiert werden können. Diese Aufgabe sollte nicht von Datenwissenschaftlern alleine durchgeführt werden, sondern vor allem von denjenigen, die vom jeweiligen Fachgebiet etwas verstehen. Bei unserem Kreditkartenbeispiel wären das die Bankangestellten, die für die Vergabe von Krediten verantwortlich sind. Andererseits kann die Methode verwendet werden, um die Ungerechtigkeit im Datensatz zu quantifizieren. Hat man in einem ersten Schritt die möglichen Diskriminierungsszenarien identifiziert, kann man im zweiten Schritt jeden einzelnen quantifizieren. Dann kann man das kontrafaktische Denken anwenden, um Schlussfolgerungen zu ziehen und gegebenenfalls Korrekturen vorzunehmen. Beim kontrafaktischen Denken versucht man, zwischen dem, was sich wirklich ereignet hat, und dem, was hätte passieren können, zu unterscheiden. Das ist ein kognitiver Vorgang, der komplexer ist, als er zunächst klingt, gerade wenn sich einige Inputvariablen ungerecht bedingen und korrigiert werden müssen. Nehmen wir an, wir konnten bei unserem Kreditkartenbeispiel identifizieren, dass das Geschlecht beim Kreditrahmen eine Rolle gespielt hat, obwohl es kein Kriterium war. Jetzt finden wir heraus, dass die Höhe der Kreditkartenausgaben die größte Auswirkung auf die schlechtere Kreditwürdigkeit bei den Ehefrauen hatte. Die Höhe der Ausgaben hat aber vor allem damit zu tun, dass die Ehefrauen sich um den Haushalt kümmern und deswegen das meiste Geld ausgeben. Dieser Fakt, der auf ein traditionelles Rollenmodell zurückgeht, wirkt sich negativ und ungerecht auf die weibliche Kreditwürdigkeit aus.

In Berlin habe ich zwei junge Damen kennengelernt, eine Designerin (Nushin Yazdani) und eine Politikwissenschaftlerin und Beraterin für Diversität und Inklusion (Floria Moghimi), die eigens für Datenwissenschaftler Kurse über unbewusste Vorurteile entwickelt haben. Sie haben die Notwendigkeit erkannt und die Initiative ergriffen, um gegen Diskriminierung zu kämpfen. Sie sind keine Informatikerinnen, haben aber Fähigkeiten, die in diesem Fall hilfreich sind. Diese Vielfalt an Fähigkeiten brauchen wir.

Psychologen, die darin ausgebildet sind, menschliches Erleben und Verhalten zu beschreiben, zu erklären und teilweise vorherzusagen, sind ebenfalls gefragt, um die richtigen Mensch-Maschine-Interaktionen bauen zu können. Das Zusammenspiel zwischen Psychologen und Informatikern ist unabdingbar, nur die Kombination und Ergänzung ihrer Fähigkeiten kann zu einem positiven Ergebnis führen.

Soziologen brauchen wir, um die Abläufe und Folgen des Zusammenlebens von Menschen und Maschinen auf gesellschaftlicher Ebene zu untersuchen. Welche Muster gibt es in unseren sozialen Beziehungen, die von KI-Lösungen beeinflusst werden? Und wie werden sie beeinflusst? Wo liegen die Grenzen des Vertretbaren? Mit solchen Fragen müssen auch die Informatiker und Datenwissenschaftler konfrontiert und gemeinsame Antworten erarbeitet werden. Am Tinder-Beispiel haben wir gesehen, dass die Partnersuche revolutioniert wurde. Sogar die These, dass die Online-Dating-Plattformen zu einer größeren interkulturellen Durchmischung der Gesellschaft beitragen, steht im Raum. Ob das stimmt, wird sich noch zeigen, auf jeden Fall wurden solche Szenarien bei der Entwicklung der Dating-Plattformen und deren Algorithmen bestimmt nicht berücksichtigt.

Linguisten brauchen wir, um den Maschinen unsere Sprachen richtig beizubringen. Wenn nur Informatiker die Chatbot-Dialoge schreiben würden, dann würde kein »normaler« Mensch verstehen, worum es geht. Die beiden Facebook-Chatbots Alice und Bob wurden dafür bestraft, dass sie eine eigene Sprache entwickelten, die ihre Programmierer nicht verstehen konnten. Ein ähnliches Szenario habe ich jeden Tag im Büro, und zwar mit Menschen. Noch nicht so schlimm wie beim Turmbau zu Babel oder mit pubertierenden Kindern, aber Sprach- und Übersetzungskünste sind unabdingbar.

Auch Philosophen und Anthropologen brauchen wir mehr denn je. Sie sind diejenigen, die wirklich wissen, wie man ethische Aspekte diskutiert und aus welchen Blickwinkeln diese diskutiert werden können und sollen. Philosophen können uns den Rahmen und die Grundlagen liefern, damit wir uns nicht orientierungslos in ethischen Diskussionen verlieren. Die brauchen wir zudem, um den Einfluss der Technologie auf unsere menschliche Kultur bewerten und verstehen zu können, das Fachgebiet der Anthropologie.

Die Technologie hat uns bisher viel zu oft von den Geisteswissenschaften entfernt, beziehungsweise wir haben die Themen getrennt voneinander behandelt. Das führt, wie wir gesehen haben, oft genug in eine Sackgasse. Beide Aspekte gehören zusammen und müssen Hand in Hand angegangen werden.

Damit das alles nicht nur hinter verschlossenen Türen stattfindet, brauchen wir Journalisten. Nicht nur um über die Fortschritte zu berichten, sondern auch um diese zu hinterfragen und mögliche Fehlentwicklungen oder Skandale aufzudecken. Als Spezialisten im Verfolgen und Validieren von Fakten, können sie einen wichtigen Beitrag zur Aufklärung leisten. Technik ohne die Kontrolle durch unabhängigen Journalismus läuft immer Gefahr, falsch abzubiegen.

Auch Juristen brauchen wir, um die rechtlichen Grundlagen zu schaffen, damit Menschenwürde und Menschenrechte stets im Vordergrund stehen. Wir sind immer noch am Anfang der Reise, unsere Regeln für den Umgang mit Technologie aufzustellen. Sie sollen den technologischen Fortschritt nicht verhindern, gleichzeitig aber für die Menschen und nicht gegen sie ausgerichtet sein. Die Diskussionen über ethische Aspekte, Haftungsfragen, Transparenz- und Datenschutzanforderungen rund um die Entwicklung von KI-Lösungen sind dicke Bretter und dauern lange. Das mag für viele frustrierend sein, aber ohne ein verbindliches Recht für alle ginge es zu wie im Wilden Westen.

Meine Daten gehören mir

Ein Aspekt, der ausnahmslos alle betrifft und beschäftigen sollte, sind die eigenen Daten. Jede Nutzerin möchte wissen, was mit ihren

Daten geschieht – spätestens seit einige der größten Skandale publik wurden. Ohne Zweifel ist der Fall mit Cambridge Analytica und der Wahl von Donald Trump der beste Beweis dafür, wie persönliche Daten missbraucht werden können, um Menschen zu manipulieren und die Demokratie auszuhebeln.

In der analogen Welt haben wir auch Hunderte von Formularen ausgefüllt und unsere Daten preisgegeben. Aber wir haben uns keine Gedanken darüber gemacht (außer vielleicht bei der Volkszählung 1987). Denn wer sollte sich schon hinsetzen, die ganzen Papierberge durchblättern und die Daten auswerten? Der Aufwand wäre viel größer gewesen als der Nutzen. In der digitalen Welt hat sich das radikal geändert. Inzwischen füllen wir Online-Formulare aus, die Daten werden also direkt digital gespeichert und können ausgewertet und weiterverarbeitet werden.

Die Datenspeicherung ist auch kein Problem mehr. Es gibt viele Cloud-Anbieter, die Speicherkapazitäten per Knopfdruck und zu guten Preisen bereitstellen. Man muss also nicht mehr den ganzen Keller voller Rechner stellen, um die Menge an Daten zu speichern, ein Laptop mit Internetzugang reicht völlig aus, um auf mehr Daten zugreifen zu können, als die Stasi je hatte. Außerdem besteht die Möglichkeit, die Daten direkt in der Cloud auswerten und sich die Ergebnisse schicken zu lassen. Auch dafür gibt es genug Anbieter auf dem Markt. Übrigens, die Cloud bedeutet nicht, dass die Daten im Himmel rumfliegen, sie werden schon auf echten Rechnern in echten Rechenzentren gespeichert, sogenannte Datenfarmen. Wie gut die eigenen Daten dort vor dem Zugriff Dritter geschützt sind, hängt davon ab, was sie uns wert sind. Die Cloud-Anbieter stellen unterschiedliche (Schutz-)Dienstleistungen zu unterschiedlichen Preisen zur Auswahl.

In diesem neuen Szenario überrascht also nicht, dass teilweise Datenchaos herrscht. Früher hat man den eigenen Keller mit einem guten Schloss, Sicherheitspersonal und einer Alarmanlage gesichert, heute gelten andere Mechanismen, die vor Cyber-Kriminalität schützen sollen. Diese Mechanismen werden teilweise an den jeweiligen Betreiber des Rechenzentrums ausgelagert, auch wenn der Datenbesitzer dafür verantwortlich bleibt und sicherstellen muss, dass er den ausreichenden Schutz für die Art von Daten »gekauft«

hat. Diese Verteilung der Systeme und Dienstleistungen macht die Komplexität nicht geringer. Die meisten Maschinen- und Software-Programmierer können nicht mehr autark und unabhängig ihre Lösungen bauen. Sie sind auf andere Anbieter angewiesen und müssen teilweise die Daten an diese weiterleiten, um deren Dienstleistungen in Anspruch nehmen zu können, seien es einfach Speicherplatz, Rechenkapazität oder irgendeine Datenauswertungsleistung. Dafür braucht es verbindliche Regeln.

In Europa haben wir mit der Datenschutzgrundverordnung für einen europaweit einheitlichen Schutz natürlicher Personen bei der Verarbeitung personenbezogener Daten gesorgt. Laut DSGVO sind personenbezogene Daten »alle Informationen, die sich auf eine identifizierte oder identifizierbare natürliche Person beziehen; als identifizierbar wird eine natürliche Person angesehen, die direkt oder indirekt, insbesondere mittels Zuordnung zu einer Kennung wie einem Namen, zu einer Kennnummer, zu Standortdaten, zu einer Online-Kennung oder zu einem oder mehreren besonderen Merkmalen identifiziert werden kann, die Ausdruck der physischen, physiologischen, genetischen, psychischen, wirtschaftlichen, kulturellen oder sozialen Identität dieser natürlichen Person sind.«[113] Das heißt, wir sprechen hier stets über personenbezogene Daten und nicht über Daten, die zum Beispiel von Sensoren über den Chlorophyllgehalt von Pflanzen gesammelt werden.

Bei personenbezogenen Daten spielen vor allem zwei Prinzipien eine große Rolle: die Datensparsamkeit (es sollen so wenige personenbezogene Daten wie möglich erhoben werden) und die Zweckbindung (einmal erhobene Daten sollen nur für den Zweck verwendet werden, für den sie erhoben wurden). Diese Prinzipien machen die Umsetzung vieler technologischer Lösungen erst einmal schwerer, denn die algorithmischen Systeme brauchen, wie wir gesehen haben, große Datenmengen, um lernen und Muster erkennen zu können. Außerdem ist es oft im Vorfeld gar nicht klar, welche Daten man braucht, um das System richtig zu trainieren. Die Korrelation einiger Daten ist oft die Lösung, fehlt aber ein Teil, kann das System nicht daraus lernen. Hinzu kommt, dass der Personenbezug manchmal erst im Nachhinein entsteht, wenn bestimmte Datenverknüpfungen hergestellt werden. Das heißt, auch wenn der Hersteller der Maschine für einen guten Datenschutz zu Beginn gesorgt hat, kann am Ende des Prozesses womöglich doch noch ein Personenbezug hergestellt werden.

Ein weiteres Problem besteht darin, dass man bei einem Forschungsprojekt erst einmal probiert, was mit den Daten möglich ist und was nicht. Die konkrete Verwendung der Daten ist erst nach der Forschungsphase zu 100 Prozent klar, nicht vorher. Das macht eine Beschreibung des Zwecks, um die Freigabe der Nutzer einzuholen, sehr schwierig. Ohne verbindliche Aussagen im Vorfeld entsteht schnell Verunsicherung bei Nutzern, und das lässt natürlich Hersteller zögern, überhaupt ins Risiko zu gehen. Zumindest ist das der Stand in Deutschland.

Datenschutz ist ohne Zweifel extrem wichtig. Andererseits wäre es dramatisch, aus Angst, dem Datenschutz nicht gerecht zu werden, zum Beispiel lebensrettende Entwicklungen im Gesundheitswesen zu verpassen.

Diese Abwägung muss von Fall zu Fall getroffen werden, dafür gibt es keine einfachen Antworten.

Künstliche Intelligenz kann aber auch für aktiven Datenschutz verwendet werden. Dies ist zum Beispiel der Fall bei der Bildererkennungstechnologie, die verwendet wird, um Menschen und Nummernschilder automatisch zu anonymisieren, wenn Datenschutzvorschriften dies verlangen, etwa wenn automatisierte Verkehrszähler aufgestellt werden, um den Verkehr durch eine dynamische Ampelsteuerung flüssiger zu machen.[114] Oder wenn Straßenaufnahmen gemacht werden müssen, um den Glasfaserausbau automatisiert planen zu können.[115] Damit die Foto- oder Videoaufnahmen datenschutzgerecht gespeichert werden dürfen, haben meine Kollegen ein neuronales Netz gebaut, das Menschen und Autos in Echtzeit verwischt und die Daten vor der Speicherung anonymisiert.

Aufklärung für alle

Während es sich beim Datenschutz um eine passive Dimension handelt (ich gebe meine Daten an den Anbieter, und er muss sie schützen, sonst drohen ihm Sanktionen), handelt es sich bei der Datensouveränität um eine aktive Dimension (ich habe die Hoheit und kann über die Verwendung meiner Daten selbst bestimmen). Es geht also weniger um Eigentum und Besitz von Daten, sondern vielmehr um die Freiheit, sich am digitalen Wertschöpfungsprozess selbstbestimmt zu beteiligen und daraus Vorteile zu erzielen.[116] Dies ist aber nicht möglich, wenn der Nutzer keine Kenntnisse darüber hat, wie er sich in der digitalen Welt bewegen kann. Darum ist Aufklärung so wichtig.

Wenn die Menschen nicht verstehen, was Technik oder Algorithmen bedeuten, werden sie keine Bereitschaft entwickeln, mitzuwirken oder sich einzubringen. Im schlimmsten Fall resultiert daraus eine pauschale Ablehnung. Auch die Datensouveränität hilft daher ohne die Befähigung im Umgang mit den eigenen Daten nur wenig. Die Nutzer müssen in die Lage versetzt werden, intuitiv über die Verwendung ihrer Daten zu entscheiden, und die Technik muss das auch ermöglichen. Davon sind wir leider noch weit entfernt.

Schon die Datenschutzbestimmungen einzelner Dienstleister durchzugehen ist eine Zumutung. Bei der Datensouveränität sollen individuelle Einstellungen möglich und der Datenzugriff durch andere Institutionen nachvollziehbar gemacht werden, außerdem sollen die Betroffenenrechte (Änderung, Löschung, Auskunft etc.) unkompliziert ausgeübt werden können. Jeder, der schon mal versucht hat, den automatischen Versand eines Newsletters abzubestellen, weiß wahrscheinlich, wie schwierig das ist. Und hier sprechen wir noch nicht darüber, dass ich meine Daten für einen bestimmten Zweck zur Verfügung stelle oder verkaufe.

Was es also dringend braucht, ist Datenkompetenz für alle, und wenn meine Träume wahr werden, verfügen alle User eines Tages sogar über eine umfassende Digitalkompetenz. Am besten schon in der Schule. Um dorthin zu gelangen, sind auch die Unternehmen in der Pflicht, Datenschutzmaßnahmen, die mit der Erbringung ihrer Leistung zusammenhängen, klar und verständlich zu kommunizieren.

Und der Staat ist für die Einhaltung von Datenschutzbestimmungen und für die Förderung digitaler Selbstbestimmungschancen zuständig. Auch dieses Thema bietet genug Stoff für ein eigenes Buch.

Risikomatrix ja, Algorithmen-TÜV eher nicht

Transparenz ist für das Erreichen von Aufklärung natürlich ein zentraler Begriff. Die große Frage lautet: Transparenz in Bezug worauf, für wen und mit welchem Ziel? (Okay, das sind sogar drei Fragen.)

Wir haben beim Schufa-Beispiel gesehen, dass wir die Transparenz in Bezug auf den Algorithmus selbst nicht bekommen, weil es sich um ein Geschäftsgeheimnis handelt. Eine pauschale Transparenz bei sämtlichen Algorithmen zu verlangen ist auch wenig zielführend, denn jeder, der weiß, wie der Algorithmus gebaut ist (und die entsprechenden Fähigkeiten hat), wird versuchen, den Algorithmus so zu manipulieren, dass er seine eigenen Bedürfnisse befriedigt. Nehmen wir an, Google würde seinen Such-Algorithmus offenlegen. Dann würden alle Unternehmen diesen so beeinflussen wollen, dass sie ganz oben in der Ergebnisliste stehen. Dann würde die Suchmaschine gar nicht mehr funktionieren. Heute kontrolliert das Google, und natürlich stehen die Unternehmen, die bezahlt haben, ganz oben auf der Liste, aber daneben muss das Label »Anzeige« stehen. Man kann sich also immer dagegen entscheiden, diese Links zu öffnen, und weiter nach unten scrollen. Die Reihenfolge unterhalb der Anzeigen wird dann vom Algorithmus bestimmt und hängt von verschiedenen Faktoren ab, wie zum Beispiel der Relevanz der Seite, wie oft diese aufgerufen wird, wie viele Verweise auf diese Seite es gibt, wie lange andere Suchende sich auf dieser Seite aufgehalten haben (was Rückschlüsse auf die Güte der Informationen zulässt) etc. Mit diesen Informationen, die Google nach jedem Update veröffentlicht, und ein paar Marketingtricks kann man auch dafür sorgen, dass die eigene Webseite gefunden wird.[117] Je nach Zweck kann es also ausreichend sein, die Logik hinter einem Algorithmus zu verstehen, dann muss man diesen gar nicht im Detail kennen.

Sollte es aber mein Ziel sein, eine eigene Suchmaschine von ähnlicher Relevanz zu bauen, dann reicht es nicht aus, nur den

Google-Algorithmus zu kennen. Vielmehr brauche ich die ganzen Informationen, die Google über die Jahre gesammelt hat. Diese Informationen über das Nutzerverhalten im digitalen Alltag bilden das Herzstück, das den Suchalgorithmus überhaupt so mächtig macht. Der erste Google-Algorithmus ist sogar bekannt, zumindest in seiner Ursprungsversion: der PageRank-Algorithmus, benannt nach Larry Page. Weitere Google-Algorithmen (Panda, Penguin, Hummingbird, RankBrain, BERT etc.) werden immer weiterentwickelt und aktualisiert. Natürlich wird das Herzstück dieser Algorithmen nicht offengelegt, aber immerhin veröffentlicht Google auch über diese ein paar Informationen. Nur ohne die Google-Daten wird es schwer, eine ähnlich gute Suchmaschine zu bauen.

Transparenz ist also kein Selbstzweck und sollte differenziert betrachtet werden. Transparenz ist auch nicht bei jedem Black-Box-System notwendig. Ein Bilderkennungssystem, das für die Qualitätskontrolle in einer Schraubenfabrik eingesetzt wird, muss nicht dieselben Anforderungen an Transparenz befolgen wie eines, das für die Sicherheitskontrolle in einem Flughafen eingesetzt wird.

Eine pauschale Vorabkontrolle, im Sinne eines zentralisierten Algorithmen-TÜV, ergibt von daher wenig Sinn. Die Algorithmen werden ständig weiterentwickelt, die Daten sind sehr volatil, die Kombination aus beiden ist ein Geschäftsgeheimnis, und der TÜV könnte immer nur eine Momentaufnahme prüfen. Es bleibt also nur die Möglichkeit einer Nachkontrolle anhand von Auskunfts- und Widerspruchsrechten, die im schlimmsten Fall gerichtlich durchzusetzen sind. Und auch dann ist eine Kontrolle nur sinnvoll, wenn Maschinen über Menschen entscheiden und die Entscheidungsfindung nicht nachvollziehbar gemacht wurde.

Sinnvoll ist eine Vorabkontrolle auf jeden Fall, wenn Leib und Seele betroffen und gefährdet sind. Dies trifft zum Beispiel auf Arzneimittel und Medizinprodukte zu, und dafür gibt es heute schon staatliche Institutionen, die die Aufsichtsfunktion erfüllen. Der Kontext, in dem algorithmische Systeme entwickelt werden, der Zweck dahinter und das Schadensausmaß, sollte also ein maßgeblicher Faktor für die Transparenz-, Regulierungs- und Aufsichtsanforderungen sein.

Eine pragmatische Herangehensweise, wie ich finde, ist die Risikomatrix, die Katharina Zweig, Professorin für Informatik und Leiterin des Algorithm Accountability Labs an der TU Kaiserslautern, entwickelt hat.[118] Dabei geht es darum, die Kritikalität und das Schadenspotenzial der Anwendungsfälle zu bewerten und dann entsprechende Regulierungsstufen zuzuordnen.

Das Schadenspotenzial setzt sich zusammen aus den Schäden von Individuen (zum Beispiel schlechte Kreditwürdigkeit aufgrund des Geschlechts) und einem möglichen Schaden für die Gesellschaft (zum Beispiel Verbreitung von Verschwörungstheorien in sozialen Medien). Dabei ist auch die Kritikalität des Systems zu bewerten: Gibt es Alternativen zum System oder hat dieses eine Monopolstellung? Wenn ich also eine schlechte Kreditwürdigkeit bei einem System bekomme und keine Chance habe, von einem anderen System eine bessere Kreditwürdigkeit zu erhalten, oder keine Einsicht oder Widerspruchsmöglichkeit habe, dann sollte das System stärker überwacht werden, als wenn ich viele Alternativen hätte. Ein System, das mir Werbung für die nächste Reise nach Valencia auf meine Social-Media-Kanäle schickt, ist dabei weniger kritisch und muss weniger reguliert werden als das Social-Scoring-System in China zum Beispiel oder ein System zur Steuerung autonomer Waffen.

Die unterschiedlichen Systeme können nun anhand der Matrix bewertet und dann einer von fünf Regulierungsklassen zugeordnet werden:

- Klasse 0: Keine technische Regulierung notwendig.
- Klasse 1: Das System muss ständig überwacht werden, mittels einer Schnittstelle, die die notwendige Analyse erlaubt (Nachvollziehbarkeitsforderung).
- Klasse 2: Das System muss, zusätzlich zu den Anforderungen in Klasse 1, erlauben, dass eine genauere Kenntnis über die Art der Inputdaten gewonnen werden kann (Transparenzforderung).
- Klasse 3: Ein direkter Einblick in die Mechanik hinter der Entscheidung sowie die Überprüfbarkeit der Inputdaten sind in dieser Klasse unabdingbar.
- Klasse 4: Die Systeme sollten nicht existieren (z.B. die tödlichen autonomen Waffen).

Dieses Modell stellt eine der Möglichkeiten dar, wie man algorithmische Systeme im Kontext und nach Kritikalität betrachten, bewerten und regulieren kann. Es erlaubt Innovationen und setzt einen flexiblen Regulierungsrahmen, der situativ und von Fall zu Fall umsetzbar ist. So können Unternehmen viele Lösungen ausprobieren, solange ihr Schadensausmaß gering ist. Erst wenn dieses wächst, rutschen sie in die nächste Regulierungsklasse und müssen entsprechen überwacht und reguliert werden.

Her mit den Qualitätsstandards

Eine andere mögliche Herangehensweise bei der Regulierung von algorithmischen Systemen ist es, dafür zu sorgen, dass sie von vornherein richtig gebaut werden, und zwar durch eine Standardisierung bereits in der Designphase. Das Institute of Electrical and Electronics Engineers (IEEE), der weltweite Berufsverband von Ingenieuren (hauptsächlich aus der Elektro- und Informationstechnik) arbeitet gerade an einem Standard (IEEE P7000), der genau an der Schnittstelle zwischen Technologie und deren ethischen und gesellschaftlichen Auswirkungen ansetzt.[119] Das IEEE hat zum Beispiel schon den Wi-Fi-Standard gesetzt, der uns erlaubt, mit unseren Handys, Tablets und Laptops überall auf der Welt das lokale Wi-Fi-Netz zu nutzen. Würden sich nicht alle Hersteller an diese Richtlinien halten, könnten wir nur zu Hause mit unserem eigenen Router ins Internet und sonst nirgends.

Seine Ethikrichtlinien für automatisierte Systeme hat der Verband im März 2019 veröffentlicht.[120] Es handelt sich um allgemeine Grundsätze wie Transparenz, Menschenrechte und Rechenschaftspflicht. Diese sollen, wie alle IEEE-Prinzipien, als Schlüsselreferenz für die Tech-Unternehmen dienen. Mit dem Projekt P7000 beabsichtigt das Institut darüber hinaus die Standardisierung unterschiedlicher Prozesse von autonomen Systemen. Dies geht von den ethischen Betrachtungen in der Designphase über Transparenzanforderungen, Datenschutz, Bias-Vermeidung bis zur Vertrauenswürdigkeit von Nachrichtenquellen. Ziel des IEEE ist es, dass Unternehmen sich von Anfang an weiter reichende Gedanken über ihre Geschäftsmodelle machen und diese eventuell anpassen, um den in P7000 formulierten ethischen Aspekten Rechnung zu tragen. Eventuell bedeutet das sogar, die grundsätzlichen Werte eines Unternehmens auf den Prüfstand zu stellen und entsprechend anzupassen. Es geht also nicht um eine technische Richtlinie für Technologieprodukte, sondern vielmehr um die gesellschaftliche Verantwortung von Tech-Unternehmen. Ich war in der IEEE Gastexperten-Gruppe, als im Herbst 2019 der Entwurf des Standards vorgestellt wurde. Wir (von IEEE eingeladene Experten aus der Branche) haben uns lange darüber unterhalten, welche Aspekte davon realistisch und operationalisierbar sind und wie die Umsetzung aussehen könnte. Ich bin gespannt auf den weiteren Verlauf des Projektes und vor allem darauf, wie die beteiligten Tech-Unternehmen dessen Umsetzung annehmen.

Es gibt also bereits verschiedene Initiativen und viele Möglichkeiten, um KI-Lösungen immer besser zu machen. Doch eine Vollkasko-Sicherheit gibt es nicht. Welche Initiativen sich letztendlich durchsetzen, wird sich zeigen. Aber auch wenn vieles noch den Anschein von Chaos hat, ist das eine normale Situation, wenn man bedenkt, dass wir über die größte technologische Revolution unserer Zeit sprechen. Wir stehen vielerorts erst am Anfang, die Unsicherheiten sind noch groß und die Risiken vielfältig. Aber die Potenziale sind noch viel gigantischer, und solange wir von unseren bisherigen Fehlern lernen, haben wir gute Chancen, das Ganze in den Griff zu bekommen. Und Qualitätsstandards sind eine sinnvolle Methode auf diesem Weg.

Die Kunst des Ausschaltens

Ein anderer aus meiner Sicht wichtiger Aspekt wäre, zu überlegen, wann KI überhaupt sinnvoll ist und wann nicht. Das hört sich nach gesundem Menschenverstand an, aber in meinem beruflichen Alltag und im Austausch mit anderen Experten merke ich oft, dass viele Projekte entstehen, ohne diese scheinbar simple Frage zu beantworten. Als wäre KI eine reine Modeerscheinung und als würden alle den letzten Style tragen wollen, obwohl er gar nicht zu ihnen passt.

Im Businesskontext heißt das: Alle sprechen über KI, und wer keine KI macht, ist nicht innovativ.

Wenn in einem Projekt zum Beispiel maschinelles Lernen um jeden Preis betrieben wird, obwohl das überhaupt nicht zielführend ist, werden dafür Daten gesammelt und Ressourcen verschwendet, ohne dass das Projekt am Ende irgendein Bedürfnis befriedigt. Mit Ressourcen meine ich nicht nur den Arbeitseinsatz, die Zeit und das Geld. Daten, die man gar nicht braucht, zu sammeln, zu speichern und auszuwerten, frisst auch unnötig viel Energie. Natürlich kann man KI dafür nutzen, den Strombedarf in einem Rechenzentrum zu reduzieren, aber viel besser ist es, wenn man den Verbrauch direkt reduziert oder komplett vermeidet.

Dann kommt häufig der Einwand, dass die Ergebnisse ja vielleicht auf andere Anwendungsfälle übertragen werden können, auch wenn es schon vorab hätte klar sein müssen, dass die laufenden Projekte erfolglos abgeschlossen werden. Meistens werden sie aber enttäuscht, denn wirklich übertragbar sind die Lösungen in der Regel nicht. Die Maxime lautet also: Erst denken, dann coden – oder es eben bleiben lassen und sich sinnvollen Projekten zuwenden. Oder auf eine der vielen traditionellen statistischen Methoden zurückgreifen, die sich seit Jahren bewährt haben und nur einen Bruchteil der Energie benötigen.

Energie scheint auch plötzlich durch Carlos Körper zu fließen, als er Maria in unserer Küche entdeckt. Ich habe das Gefühl, die beiden einzuladen war doch eine gute Idee. Vielleicht hilft hier auch die traditionelle Methode, und wir können auf die Attraktivitätsalgorithmen verzichten!

NACHWORT

Wir sitzen am Esstisch und unterhalten uns über meinen letzten TEDxTalk. TED steht für Technology, Entertainment, Design und ist eine Innovationskonferenz, bei der unterschiedliche Redner kurze Vorträge halten. Die Konferenz wurde erstmals 1984 in Kalifornien veranstaltet, inzwischen gibt es viele lokal organisierte Konferenzen (TEDx) weltweit. Ich war im Juni 2018 in Hamburg und habe über die Wichtigkeit von Diversität in der Entwicklung von KI-Lösungen gesprochen.[121] Carlos und Maria hatten das Video online gesehen, wollten aber mehr darüber erfahren. Ich hatte dem Publikum in Hamburg ein paar Beispiele von KI-Diskriminierung gezeigt und erklärt, wie sie entstehen. Da ich mich normalerweise auf Fachkonferenzen bewege, war mir gar nicht klar, wie unbekannt das Thema beim breiten Publikum war. Viele Leute haben mich nach dem Vortrag kontaktiert und gefragt, wie sie sich einbringen können. Damit hatte ich nicht gerechnet, aber ich finde es natürlich super, wenn viele Leute sich engagieren und einbringen wollen. Denn es geht darum, unsere Welt zu gestalten, und da sollten alle mitmachen.

Für Maria ist das Thema noch etwas neu, sie hatte in ihrem Job bisher nur wenig Berührungspunkte mit Technik oder KI. Für Carlos, obwohl er im Vertrieb arbeitet, haben das Sammeln von Daten und der Einsatz von maschinellem Lernen in den letzten Jahren hingegen drastisch zugenommen. Gefühlt alle unsere Freunde, egal, welches Studium sie absolviert haben, beschäftigen sich heute in irgendeiner Form mit künstlicher Intelligenz. Der Luft- und Raumfahrtingenieur macht Zukunftsforschung und nutzt KI für seine Trendanalysen, die Chemieanlageningenieurin nutzt KI, um ihre Anlagen besser zu steuern, die Ärztin informiert sich über das neue Ultraschallgerät, der BWLer beschäftigt sich mit KI und Automatisierung in der Steuerberatung, die Bildungswissenschaftlerin lernt Python, um den Zug nicht zu verpassen, und die Journalistin schreibt über alle möglichen Aspekte von KI. Und als Konsumenten sind wir sowieso alle davon betroffen.

Maria: »Hm. Bin ich etwa die Einzige, die mit künstlicher Intelligenz beruflich nichts zu tun hat?«

Ich: »Noch, aber es wird bestimmt nicht lange dauern, bis sich das ändert.«

Carlos: »Was machst du denn genau?«

Maria: »Ich bin Juristin, im geistigen Eigentumsrecht.«

Carlos: »Oh, toll!«

Maria erhält zum ersten Mal eine positive Reaktion auf ihren Beruf, und das von einem Mann. Das kommt ihr ein bisschen spanisch vor.

Maria: »Danke, aber wie meinst du das?«

Carlos: »Arbeitest du mit Künstlern?«

Maria: »Nein, eigentlich eher mit großen Firmen.«

Carlos: »Ich habe neulich von einem Berliner Künstler gelesen, der ein künstliches neuronales Netz mit seinen Bildern trainiert hat, und das Netz schlägt ihm jetzt neue Bilder vor, die er dann nachmalt.«

Maria: »Oh! Das ist ja interessant, er hat also eine intelligente Muse gebaut.«

Carlos: »Genau!«

Maria: »Wie schön ... und was hat das mit mir zu tun?«

Carlos: »Na ja, im Artikel ging es auch darum, ob er denselben Preis für die Bilder verlangen kann, die ihm seine Muse vorgeschlagen hat, wie für die, die er ganz alleine gemalt hat. Die Frage des geistigen Eigentums scheint in dem Zusammenhang noch nicht geklärt zu sein.«

Ich: »Das stimmt!«

Maria: »Oh, das ist ja wirklich spannend. Ich habe mir noch nie Gedanken darüber gemacht!«

Carlos: »Es gibt viele Künstler, die eine Form von KI schöpferisch nutzen, dieser Berliner Künstler ist keine Ausnahme.«

Ich: »Das ist wohl wahr. Noch letztes Jahr dachte ich, dass die Kreativwirtschaft vor der KI geschützt ist, aber dann habe ich das Buch *Die Kreative Macht der Maschinen* von Holger Volland gelesen und war total überrascht, wie groß der Einsatz von der KI im kreativen Bereich tatsächlich ist. Ich kann dir das Buch mal leihen.«

Maria: »Super, danke! Das klingt total spannend, und ich mag ja Kunst.«

Carlos: »Wir können uns auch die Ausstellung des Berliner Künstlers zusammen anschauen, wenn du möchtest. Ich wollte sowieso bald mal hin.«

Maria grinst, und mein Mann und ich schauen uns kurz an: Bingo! Das scheint ja gefunkt zu haben ...

Alle mal mit anpacken!

Dass jemand heute von der KI beruflich nicht betroffen ist, heißt nicht, dass es noch lange so bleibt. Unser Leben verändert sich durch den Einsatz der Technik, und das wird nach und nach alle Aspekte umfassen. Daher empfehle ich jedem und jeder, aktiv zu werden und sich mit dem Thema auseinanderzusetzen. Wir müssen nicht alle Informatik studieren oder Datenwissenschaftler werden, jeder kann sich auf seine Art und Weise engagieren und die Zukunft mitgestalten. Wir brauchen die Diversität und die Fähigkeiten, die alle zusammen einbringen können.

Joy Buolamwini hat die Algorithmic Justice League gegründet und macht es anderen möglich, sich im Kampf gegen Diskriminierung durch und mit KI zu engagieren. AlgorithmWatch engagiert sich in Deutschland sehr, um Diskriminierungsfälle aufzudecken, zu verfolgen, zu erforschen, das Wissen mit der breiten Öffentlichkeit zu teilen und so zur Aufklärung beizutragen. Jeder kann an diesen Veranstaltungen teilnehmen, sich informieren, Fragen stellen und auch spenden, damit sie unabhängig bleiben.

Generell wünsche ich mir, dass mehr Leute Tech-Veranstaltungen besuchen. Es gibt in den meisten deutschen Großstädten kostenlose Meet-ups (persönliche Veranstaltungen für Personen mit ähnlichen Interessen, meistens finden sie einmal in der Woche nach Feierabend statt), wo man sich informieren und Fragen diskutieren kann. Es werden auch Vorträge zu verschiedenen Themen gehalten oder Podiumsdiskussionen über kontroverse Aspekte organisiert. Diese Meet-ups werden bisher hauptsächlich von der Tech-Community besucht, doch wir könnten frischen Wind und einen anderen

Blickwinkel sehr gut gebrauchen. Fragen zu stellen führt zu mehr Reflexion, und davon profitieren alle. Wir können es uns nicht mehr leisten, passiv zu bleiben, mit dem Finger auf die anderen zu zeigen und sie zu beschuldigen, wenn die Probleme längst da sind.

Um sich zu informieren, braucht man heutzutage noch nicht einmal das Haus zu verlassen. Es gibt natürlich auch zahlreiche Videos und Online-Kurse, die man besuchen kann. Private Anbieter wie Udemy, Coursera, Udacity etc. sind bereits etabliert und bieten sogar verschiedene Abschlüsse an. Es gibt aber auch kostenlose Kurse, wie zum Beispiel die vom Deutschen Forschungszentrum für Künstliche Intelligenz (DFKI) in Kooperation mit dem Bundesverband Informationswirtschaft, Telekommunikation und neue Medien (BitKom).[122] Sehr zu empfehlen ist auch der kostenfreie Onlinekurs »Elements of AI« der Universität Helsinki, der momentan zwar nur in englischer Sprache vorliegt, aber bald in allen EU-Sprachen verfügbar sein soll.[123]

Auch Schülerinnen und Schüler können sich informieren und einbringen. Der *Bundeswettbewerb Künstliche Intelligenz* ist eine gute Möglichkeit für Kinder und Jugendliche (bis maximal 19 Jahre), sich zu informieren, mit anderen Schülern eigene Ideen zu entwickeln, Projekte umzusetzen und Preise zu gewinnen.[124] Kinder ab sechs Jahren können bereits spielerisch verstehen lernen, wie man Roboter programmiert. Dazu gibt es viele Möglichkeiten, zum Beispiel Scratch, Cognimates oder Lego, die wir zu Beginn des Buches erwähnten. Und damit schließt sich der Kreis.

Jetzt heißt es: Alle mal mit anpacken!

DANKSAGUNG

Den Beginn dieser außergewöhnlichen Reise habe ich Hendrik Lennarz zu verdanken, er brachte mich überhaupt auf die Idee, ein Buch zu schreiben. Während der achtzehn Monate, die ich für die Recherchen benötigt habe, durfte ich mit vielen Experten sprechen, Fachkenntnisse dazugewinnen und meine Fähigkeiten verbessern, komplexe Zusammenhänge zu vereinfachen. Den vielen Kollegen, Freunden und auch neuen Menschen, die ich während dieser Zeit kennenlernen durfte, gilt mein großer Dank. Wir haben Ideen ausgetauscht, diskutiert und an Struktur und Stil geschliffen. Ganz besonders möchte ich mich bei meinen Kolleginnen Claudia Pohlink und Zuzana Krifka Dobes bedanken, die meine Erklärungen der KI Methoden geprüft haben und mich gewarnt haben, wenn ich das Thema an der einen oder anderen Stelle zu sehr vereinfacht habe. „Wenn man das liest, denkt man, dass ist total simpel. Ist es aber nicht!" sagte Zuzana. Das stimmt! Vieles habe ich stark vereinfacht, aber mein Ziel ist, dass so viele Menschen wie möglich verstehen, wie KI funktioniert. Claudia verzeiht es mir, und ich hoffe die Experten unter meinen Leserinnen und Lesern tun es auch. Für die inhaltliche Prüfung bedanke ich mich zusätzlich bei meinen Freunden Zina Petrushyna, Enise Lauterbach, Wibke Christel, Florian Ansgar Jaeger und Nico Weiß, die ihre jeweiligen Expertisen beigetragen haben.

Ohne meine Agentin Michaela Röll hätte der gesamte Plan nicht funktioniert. Sie hat mich bei meinem Abenteuer auf unbekanntem Terrain super begleitet und mir den richtigen Weg gezeigt. Dass ich auf dem dann auch geblieben bin, hat meine Verlagsleiterin Angela Gsell sichergestellt. Sie hat stets die richtigen Fragen gestellt und mich darauf hingewiesen, wenn meine Erläuterungen doch mal zu komplex wurden. Meinem Lektor Steffen Geier bin ich sehr dankbar. Er hat nicht nur meinen Text ganz genau unter die Lupe genommen und mich auf jede Ungenauigkeit hingewiesen, er hat ihn auch zurechtgebogen und poliert. Als Nicht-Muttersprachlerin war es für mich eine Herausforderung, das Buch in deutscher Sprache zu verfassen, aber für Steffen war es sicher eine noch größere Herausforderung, ihn zu korrigieren.

Während des gesamten Schreibprozesses konnte ich mich immer auf meinen Mann verlassen, der mir nicht nur mit den familiären Verpflichtungen geholfen hat, sondern auch nie müde wurde, mit mir Themen zu analysieren, zu diskutieren und zu strukturieren. Meinen Kindern danke ich sehr, dass sie so gut mitgemacht haben. Meinem Chef bin ich ebenfalls sehr dankbar dafür, dass er mir stets den Rücken freihält, damit ich mich beruflich entfalten kann und solche Ideen entwickeln und umsetzen kann. Zu guter Letzt bedanke ich mich bei meiner Mutter, die immer an mich geglaubt hat und mich so aufs Leben vorbereitet hat, dass ich an mich selbst glaube. Ohne diese Sicherheit hätte ich solch eine Herausforderung nie angenommen. Danke Mama!

Und euch, liebe Leserinnen und Leser: Danke, dass ihr mir euer Vertrauen geschenkt habt. Den schwierigen ersten Schritt habt ihr mit der Lektüre des Buches geschafft. Nun könnt ihr die digitale Welt mit eurem Wissen und eurem Handeln jeden Tag ein bisschen besser machen.

ENDNOTEN

1. https://de.wikipedia.org/wiki/Von-Neumann-Architektur
2. https://codelab.cognimates.me/
3. https://sciencev2.orf.at/stories/1768537/index.html
4. http://www.captcha.net/
5. https://www.zdf.de/nachrichten/heute/google-will-captchas-unsichtbar-machen-100.html
6. https://www.methodenberatung.uzh.ch/de/datenanalyse_spss/zusammenhaenge/ereg.html
7. https://deepmind.com/research/case-studies/alphago-the-story-so-far
8. https://www.reuters.com/article/us-amazon-com-jobs-automation-insight/amazon-scraps-secret-ai-recruiting-tool-that-showed-bias-against-women-idUSKCN1MK08G
9. https://www.tum.de/nc/die-tum/aktuelles/pressemitteilungen/details/31438/
10. https://www.youtube.com/watch?v=rPKrdxiEkQo
11. https://www.myfico.com/credit-education/whats-in-your-credit-score
12. https://www.theguardian.com/technology/2019/nov/10/apple-card-issuer-investigated-after-claims-of-sexist-credit-checks
13. https://www.gsb.stanford.edu/insights/giving-credit-underserved
14. https://www.mastercardcenter.org/our-team/marla-blow
15. https://algorithmwatch.org/blackbox-schufa-auswertung-von-openschufa-veroeffentlicht/
16. https://www.spiegel.de/wirtschaft/service/schufa-so-funktioniert-deutschlands-einflussreichste-auskunftei-a-1239214.html
17. https://www.nytimes.com/2012/08/19/business/electronic-scores-rank-consumers-by-potential-value.html
18. https://www.zeit.de/digital/datenschutz/2017-11/china-social-credit-system-buergerbewertung/komplettansicht
19. https://www.bertelsmann-stiftung.de/fileadmin/files/aam/Asia-Book_A_03_China_Social_Credit_System.pdf
20. https://www.zeit.de/wirtschaft/2019-09/social-scoring-sozialkredit-system-china-ueberwachung-unternehmen
21. https://www.pwc.de/de/finanzdienstleistungen/studie-ist-deutschland-bereit-fuer-social-scoring.pdf
22. https://www.wsj.com/articles/hurricane-michael-to-test-floridas-unique-insurance-market-1539250200
23. https://www.focus.de/finanzen/news/unternehmen/studie-atommeiler-sind-viel-zu-gering-versichert_aid_626226.html
24. https://www.gdv.de/de/zahlen-und-fakten/publikationen/keyfact-booklet
25. https://www.gdv.de/de/themen/news/wo-der-roboter-schon-schaeden-reguliert-11166
26. https://www.ergo.com/de/Wir-bei-ERGO/Wir-erzaehlen/Digitalisierung-und-Innovation/2018/Artificial-Intelligence

27 Cathy O'Neil: Angriff der Algorithmen. Wie sie Wahlen manipulieren, Berufschancen zerstören und unsere Gesundheit gefährden. Carl Hanser Verlag 2017.

28 https://www.corporatecrimereporter.com/news/200/cfa-rips-allstates-auto-insurance-pricing-policy/

29 https://www.heise.de/newsticker/meldung/China-Gesichtserkennung-zur-Verkehrserziehung-3761915.html

30 https://mobilsicher.de/ratgeber/cyber-grooming-bei-tiktok-neue-app-alte-probleme

31 https://www.reuters.com/article/us-google-eu/alphabet-ceo-backs-temporary-ban-on-facial-recognition-microsoft-disagrees-idUSKBN1ZJ18O

32 https://www.huffingtonpost.com.au/entry/facial-recognition-google_n_869583

33 https://www.nytimes.com/2020/01/18/technology/clearview-privacy-facial-recognition.html?smtyp=cur&smid=tw-nytimes

34 https://www.sueddeutsche.de/digital/gesichtserkennung-clearview-app-polizei-gesicht-1.4764389

35 https://www.computerbild.de/artikel/cb-News-App-Check-Find-Face-App-Gesichtserkennung-15738083.html

36 https://www.bmi.bund.de/SharedDocs/pressemitteilungen/DE/2017/08/gesichtserkennungstechnik-bahnhof-suedkreuz.html

37 https://www.sueddeutsche.de/muenchen/oktoberfest-polizei-super-recogniser-1.4107827

38 https://taiwanheute.tw/news.php?unit=118,119,120,121&post=174109

39 https://www.tagesspiegel.de/wissen/wie-breitet-sich-das-coronavirus-aus-rki-bekommt-handydaten-von-deutscher-telekom/25655144.html

40 https://www.chip.de/news/So-funktioniert-PEPP-PT-Wie-Smartphone-Apps-das-Coronavirus-bald-stoppen-sollen_182591674.html

41 https://cvdazzle.com/

42 https://hackernoon.com/algorithms-arent-racist-your-skin-is-just-too-dark-4ed31a7304b8

43 https://hackernoon.com/response-racial-and-gender-bias-in-amazon-rekognition-commercial-ai-system-for-analyzing-faces-a289222eeced

44 https://www.vox.com/2015/9/18/9348821/photography-race-bias

45 https://www.gartner.com/smarterwithgartner/gartner-top-10-data-analytics-trends/

46 http://www.cnbc.com/id/100646197

47 https://www.berliner-zeitung.de/zukunft-technologie/facebook-experiment-computer-entwickeln-eigene-sprache-li.26800

48 https://www.pandorabots.com/mitsuku/

49 Information aus dem Vortrag von Steve Worswick und aus einem Gespräch zwischen Steve und der Autorin während der Konferenz »FUTURAS IN RES – what's the IQ of AI?« im November 2019.

50 https://qz.com/911681/we-tested-apples-siri-amazon-echos-alexa-microsofts-cortana-and-googles-google-home-to-see-which-personal-assistant-bots-stand-up-for-themselves-in-the-face-of-sexual-harassment/

51 https://en.unesco.org/Id-blush-if-I-could

52 https://www.adac.de/rund-ums-fahrzeug/ausstattung-technik-zubehoer/autonomes-fahren/grundlagen/autonomes-fahren-5-stufen/?redirectId=-

quer.5stufen

53 https://www.bundestag.de/dokumente/textarchiv/2017/kw13-de-automa-tisiertes-fahren-499928

54 https://www.theverge.com/2020/2/6/21125358/nuro-self-driving-deli-very-robot-r2-fmvss-exemption

55 http://moralmachine.mit.edu/

56 https://www.adac.de/rund-ums-fahrzeug/ausstattung-technik-zubehoer/autonomes-fahren/technik-vernetzung/car2x-kommunikation/

57 https://www.aerzteblatt.de/pdf.asp?id=79711

58 https://www.thi.de/forschung/newsarchiv/einzelansicht/news/siche-res-automatisiertes-fahren-bei-allen-witterungsbedingungen

59 https://www.autozeitung.de/autonomes-fahren-alle-teststrecken-196209.html

60 https://www.ndr.de/nachrichten/niedersachsen/braunschweig_harz_go-ettingen/Teststrecke-fuer-autonomes-Fahren-ist-in-Betrieb,teststrecke214.html

61 https://www.handelsblatt.com/unternehmen/industrie/kalifornien-way-mo-darf-autonome-autos-ohne-sicherheitsfahrer-testen/23250264.htm-l?ticket=ST-15701-SZcHlAkkfg9cIDrmc16U-ap3

62 https://www.tuvsud.com/de-de/branchen/mobilitaet-und-automotive/au-tomotive/autonomes-fahren

63 https://mediatum.ub.tum.de/doc/1142084/file.pdf

64 https://arxiv.org/pdf/1707.08945.pdf

65 https://arxiv.org/abs/1710.08864

66 https://www.pflanzenforschung.de/index.php?cID=8096

67 https://www.pflanzenforschung.de/de/journal/journalbeitrage/aus-dem-labor-auf-das-feld-auf-den-teller-neue-technolo-10609

68 https://www.yara.de/pflanzenernaehrung/tools-services/n-sensor/

69 https://cropsat.com/com/de-de

70 https://www.jagd-bayern.de/jagd-wild-wald/landwirtschaft/kitzrettung/

71 https://www.forbes.com/sites/andrewwight/2019/10/01/this-ai-helps-ke-nyan-farmers-to-know-when-to-plant-their-crops/#6c20a9286be4

72 https://news.microsoft.com/en-in/features/ai-agriculture-icrisat-upl-india/

73 file:///C:/Users/A4354231/Downloads/8189-31448-1-SM.pdf

74 https://www.bitkom.org/Presse/Presseinformation/Kuhstall-40-gut-fuer-die-Tiere.html

75 https://www.bitkom.org/Presse/Presseinformation/Rasante-Digitalisie-rung-im-Stall-und-auf-dem-Acker.html

76 https://www.smartbow.com/en/home.aspx

77 https://www.farmtool.de/

78 https://porcovision.com/

79 https://gil-net.de/Publikationen/139_77.pdf

80 https://gil-net.de/Publikationen/139_269.pdf

81 https://gil-net.de/Publikationen/139_151.pdf

82 https://www.vision-impulse.com/#our_solutions

83 https://new.siemens.com/global/de/unternehmen/stories/infrastruktur/kuenstliche-intelligenz-sorgt-fuer-bessere-luft.html

84 Informationen aus einem Interview der Autorin mit dem Entwicklungsteam von Siemens im Februar 2020.

85 https://www.dfki.de/web/news/detail/News/fuehler-im-netz-2-0/

86 https://new.siemens.com/global/de/unternehmen/stories/for-schung-technologien/kuenstliche-intelligenz/wenn-die-erfahrung-zaehlt.html

87 https://www.pwc.com/gx/en/industries/healthcare/publications/ai-ro-botics-new-health/ai-robotics-new-health.pdf

88 https://www.marburger-bund.de/mb-umfrage-digitales-krankenhaus-2017

89 https://apps.who.int/iris/bitstream/handle/10665/252410/9789241151163 6-eng.pdf

90 https://blog.verily.com/2018/02/eyes-window-into-heart-health.html

91 https://www.theverge.com/2018/2/19/17027902/google-verily-ai-algo-rithm-eye-scan-heart-disease-cardiovascular-risk

92 Information aus einem Interview der Autorin mit Dr. Enise Lauterbach.

93 https://www.aerztezeitung.de/Wirtschaft/Wer-Brustkrebs-besser-diag-nostiziert-405409.html und https://www.nature.com/articles/s41586-019-1799-6

94 https://www.varahealthcare.com/news/germanys-first-ai-software/ und https://www.handelsblatt.com/unternehmen/industrie/merantix-he-althcare-erste-zulassung-fuer-digitale-krebsdiagnose-im-hochrisiko-be-reich/25149050.html

95 https://www.aerzteblatt.de/nachrichten/102433/Kuenstliche-Intelli-genz-erkennt-Melanome-zuverlaessiger-als-Uni-Dermatologen

96 https://ada.com/de/

97 https://www.aerzteblatt.de/nachrichten/106679/Gesundheits-App-Ada-wegen-Datenschutz-in-der-Kritik

98 https://www.ottobock.com/de/unternehmen/innovationen/

99 https://industrie.de/top/kuenstliche-intelligenz-laesst-prothesen-vom-an-wender-lernen/

100 https://www.intuitive.com/de-de

101 https://medizin-und-technik.industrie.de/medizin/mediziner-ueber-tech-nik/deutsche-hersteller-haben-die-roboterchirurgie-verschlafen/

102 https://deepmind.com/research/open-source/computational-predic-tions-of-protein-structures-associated-with-COVID-19

103 https://www.zeit.de/digital/internet/2020-03/covid-19-kuenstliche-intelli-genz-coronavirus-diagnose-technik/seite-2

104 https://www.theverge.com/2019/3/15/18267772/tinder-elo-score-desirabi-lity-algorithm-how-works

105 https://blog.gotinder.com/powering-tinder-r-the-method-behind-our-matching/

106 https://www.technologyreview.com/s/609091/first-evidence-that-online-dating-is-changing-the-nature-of-society/

107 https://bumble.com/the-buzz/a-letter-from-whitney-wolfe-herd-founder-and-ceo

108 https://www.fastcompany.com/90396193/inside-bumble-ceo-whitney-wol-fe-herds-mission-to-build-the-female-internet

109 https://ainowinstitute.org/discriminatingsystems.pdf

110 Emiliy Chang: Brotopia. Breaking Up the Boy's Club of Silicon Valley. Portfo-lio Books 2018

111 Caroline Criado-Perez: Unsichtbare Frauen. Wie eine von Daten beherrschte

Welt die Hälfte der Bevölkerung ignoriert. btb Verlag 2020.

112 https://deepmind.com/blog/article/Causal_Bayesian_Networks
113 https://dsgvo-gesetz.de/art-4-dsgvo/
114 https://www.telekom.com/de/medien/medieninformationen/detail/tele-kom-zeigt-innovative-smart-city-angebote-564630
115 https://www.telekom.com/de/blog/netz/artikel/glasfaserausbau-kuenstli-che-intelligenz-577688
116 https://initiatived21.de/app/uploads/2019/05/denkimpuls_daten-schutz-neu-verstehen_20190528.pdf
117 https://www.google.com/search/howsearchworks/crawling-indexing/
118 Katharina Zweig: Ein Algorithmus hat kein Taktgefühl. Wo künstliche Intelli-genz sich irrt, warum uns das betrifft und was wir dagegen tun können. Wil-helm Heyne Verlag 2019.
119 https://ethicsinaction.ieee.org/#set-the-standard
120 https://ethicsinaction.ieee.org/
121 https://www.youtube.com/watch?v=5AgIduLQdqg
122 https://www.bitkom-akademie.de/seminare
123 https://www.elementsofai.com/
124 https://bw-ki.de/

IMPRESSUM

© 2020 GRÄFE UND UNZER VERLAG GmbH, München
Alle Rechte vorbehalten. Nachdruck, auch auszugsweise,
sowie Verbreitung durch Bild, Funk, Fernsehen und Internet,
durch fotomechanische Wiedergabe, Tonträger und
Datenverarbeitungssysteme jeder Art nur mit
schriftlicher Genehmigung des Verlages.

Projektleitung: Angela Gsell
Lektorat: Steffen Geier
Covergestaltung: independent Medien-Design, Horst Moser, München
Coverfoto: Hendrik Gergen
Herstellung: Markus Plötz
Satz und Innenlayout: Björn Fremgen, KONTRASTE
Reproduktion: Repro Ludwig, Zell am See
Druck und Bindung: CPI BOOKS, Ulm

ISBN 978-3-8338-7546-5
1. Auflage 2020

Die GU-Homepage finden Sie unter www.gu.de

 www.facebook.com/gu.verlag

Umwelthinweis:
Dieses Buch ist auf FSC-zertifiziertem Papier aus
nachhaltiger Waldwirtschaft gedruckt.

Ein Unternehmen der
GANSKE VERLAGSGRUPPE